この1冊ですべてわかる

新版

ITコンサルティングの基本

The Basics of IT Consulting

克元 亮［編著］

Katsumoto Ryo

日本実業出版社

はじめに

本書の旧版は、ITコンサルティングのニーズの高まりに応えるべく、2009年に上梓されました。発刊以来、IT業界を中心に10年以上にわたって読者が増えつづけており、ロングセラーの1つとなっています。

ITは、変化が非常に激しく、今の最新技術が明日、役に立たなくなる可能性もあります。たとえば、ここ10年の間に起きた大きな変化は、ソーシャルメディアの台頭です。また、DXは、あらゆる仕事の大きな変革を後押ししており、今後、企業は、ITなしではビジネスをますます継続できなくなっていくことでしょう。

このように変化の速いITですが、ITコンサルティングの視点から見たとき、10年経ってもけっして変わらない本質があります。それは、経営課題の解決手段として、ITが存在すること。また、ITの利活用によって顧客関係を構築するCRMやサプライチェーンの最適化をはかるSCMなどのコンセプトです。

最近では、これに、IoTやAIなど、ビジネスのみならず私たちのライフスタイルまで変革しうるテクノロジが登場し、ますますITの重要性が大きくなっています。

そこで、本書では、最新ITやIT経営の動向をふまえ、ITコンサルティングのテーマとして、CRMやSCM、ERPといった本流に、IoTやAI、デジタルマーケティング、セキュリティガバナンスなどを加えました。

また、門外不出ともいえる「ITコンサルティングの営業の進め方」を公開し、コンサルティングの手法やガイドライン、システム開発関連の標準も大幅に最新化しました。

一方、人物としてのITコンサルタントにも焦点を当てます。ITコンサルタントは、同じくITを使いこなすSEとは立場や役割が異なります。問題解決力やIT戦略立案力、コーディネート力など、必要なスキルを体系的に解説し、キャリアパスやスキルアップ法、具体的な年収レベルなども紹介します。

最後に、ITコンサルタントになるためのノウハウとして、実際の募集要件と採用方法、就職・転職における準備のポイントを解説し、採用担当者が何を考えているのか、面接での評価基準も公開します。

ITコンサルタントとして実務経験を積めば、さらに活躍の場は広がります。ITコンサルタントをキャリアゴールとして捉えるだけでなく、その先のキャリアとして、ベンチャー企業のCIOや事業会社の企画部門などへの道も紹介します。

本書は、ITコンサルティングの実践的入門書の位置づけにあり、ITコンサルタントを目指すSEを主な読者層として想定しています。なかには、SE とITコンサルタントの大きな違いを目にして、ショックを受ける方もいるかもしれません。しかし、そのギャップこそがITコンサルタントの付加価値へとつながるものなのです。本書を入り口にさらにスキルアップをはかっていただければと心から願っています。

また、現場ですぐに使えるリファレンスとするため、用語解説も充実しました。常に手元に置いていただき、ご活用いただければ幸いです。

著者を代表して　克元　亮

注　記

①本文中の右肩に「＊」のあるものは、巻末の「用語集」を参照してください。

②本書に記載されている社名、商品名、製品名などは各社の商標または登録商標です。©、®、ＴＭは省略しています。

③本書は2021年３月現在の情報をもとにしているため、各社の情報が変更されている可能性があります。

新版
ITコンサルティングの基本

CONTENTS

はじめに

第1章 ITコンサルティングとは何か

第2章 ITコンサルティングのテーマ

第3章 ITコンサルティングのツール

第4章 ITコンサルタントのスキル

第5章 ITコンサルタントのキャリア

第6章 ITコンサルタントになるための就職・転職ノウハウ

装丁／志岐デザイン事務所　秋元真菜美
本文DTP／ダーツ

第1章

ITコンサルティングとは何か

▶ ITコンサルティングとは

▶ ITコンサルティングの付加価値

▶ ITコンサルティングの流れ

▶ ITコンサルタントの働き方

▶ ITコンサルティングの値段

▶ ITコンサルタントのやりがい

1-1 ITコンサルティングとは

▶クライアントの経営課題をITの視点から解決

ITコンサルティング = IT × コンサルティング

「ITコンサルティング」に明確な定義はありません。文字どおり、「IT」と「コンサルティング」を組み合わせた造語ですが、「IT」「コンサルティング」の単語1つをとっても、人によって使い方が異なります。そこで、本書における定義を明らかにします。

「コンサルティング」とは「問題を解決する」、「コンサルタント」とは「クライアントの問題解決を支援する人」を意味します。また、IT（Information Technology）は、コンサルティングと組み合わせて使うとき、クライアントの問題を解決するための、ソフトウェア開発やサービスの利用、コンピュータの導入やインターネットの活用などを指します。

規制緩和やグローバル化の大きな流れのなかで、企業は生き残っていくために経営の舵取りに苦労しています。なかには、高度な専門知識が要求されるなど、企業自身では解決が難しいテーマもあります。

また、組織再編まで含む大幅な業務改革や他社との提携については、利害関係や組織に属する人々のモチベーションの問題もあり、外部の専門家に手を入れてもらったほうが動きやすい側面もあります。そこに、コンサルタントの出番があります。

コンサルタントは、クライアントが抱える問題を把握し、原因を特定して解決策を立案します。そして、クライアントによる解決策の選択を支援し、実行結果を評価します。ITコンサルティングは、「ITによる問題解決」と読み換えられ、解決策の1つとしてITを活用することに他なりません。

IT業界には、専門職業的サービスに位置づけられるITコンサルタントと、ERPパッケージ（☞81頁）などの製品や通信、教育サービスを売るための付随的サービスに位置づけられるコンサルティング営業が存在します。

本書では、そのなかでも専門職業としてのITコンサルタントに焦点を当てます。

◎コンサルティングの流れ◎

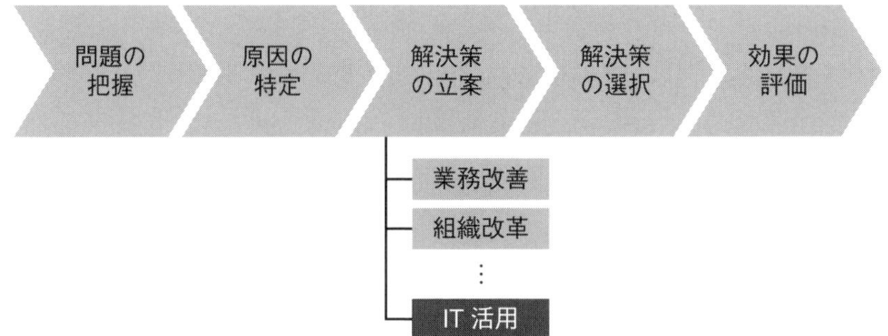

❖経営コンサルタントとは対象範囲が異なる

ITコンサルタントの活動領域は、経営コンサルタントと異なります。経営コンサルタントは、経営戦略や事業戦略などの戦略レベルから、業務プロセスの改革やCRM（☞60頁）の構築などのマネジメントレベルまでを主な範囲としています。

これに対して、ITコンサルタントは、経営戦略に基づくIT戦略の立案から、マネジメントレベルのITによる業務改善、システムの企画やITインフラの整備など、ITレベルまでを範囲としています。

しかし実際には、問題の原因がIT以外の分野と関わっていることも少なくありません。したがって、必要に応じて、マーケティングや人事など、他の分野のコンサルタントともコラボレーションして解決に臨む必要があります。

◎ITコンサルタントの対象範囲◎

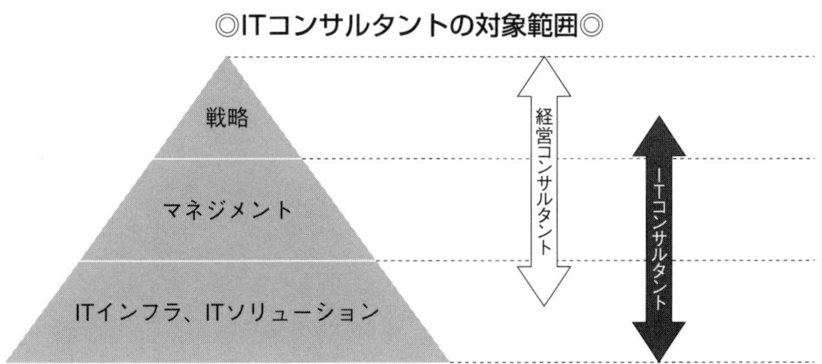

❖ 最新ITを活用した経営戦略立案の重要性が増大

従来、上位概念である経営戦略を策定し、それに基づいてIT戦略を立案して実行するのが一般的でした。しかし、昨今のスマートデバイスの普及やインターネットの高速化などを背景に、単なるシステム化にとどまらず、AI（☞53頁）やビッグデータ*などのデジタル技術やデータを活用して、新しい製品やサービス、これまでにないビジネスモデルを創出して企業の経営革新を図っていく「DX」が注目を浴びています。

Amazon.comやGoogleなどのプラットフォーマーは、デジタル技術を使って、グローバルに利用できる新しいビジネスモデルを生み出しており、まさにDXを体現する企業といえます。

Amazon.comは、1994年に設立後、書籍のインターネット販売から事業を開始し、商品の陳列や決済、物流連携などの小売業の仕組みをインターネットで効率的に実現することで、他社の追従を許さないECサイトを構築してきました。また、ビッグデータを活用したデジタルマーケティングや、デジタルコンテンツ販売、オンデマンドサービスへの参入など、ITを駆使してビジネスモデルを強化しています。

2020年に発生した新型コロナウイルスの感染拡大は、企業のDXへの取り組みを後押しし、さらに加速させています。オフィスに出社せずにテレワークを可能にするオンライン会議の普及や、IT機器をリモートで安全に使うためのセキュリティ環境の充実、対面を前提としていた金融機関の窓口や小売販売のオンライン化、医療機関におけるオンライン診療など、様々な分野でDXが進められています。これらのサービスが確立すれば、通勤時間の有効活用や場所に縛られない顧客獲得が可能になることから、コロナ禍が落ち着いた後も定着するにちがいありません。

ITを専門とするITコンサルタントは、従来型の経営戦略からIT戦略への展開だけに縛られず、「DXコンサルタント」として、最新ITを活用した経営戦略の見直し、経営革新にも貢献することが期待されているのです。

❖ 大きな成長が期待できるITコンサルティング

このようなITコンサルティングが登場した背景には、ITの進化やユーザーニーズの高まりのほか、コンサルティングファームやシステムインテグレーターにおける新たな収益源の必要性があげられます。

特に大きな影響を及ぼしたのが、ERPパッケージの登場です。デロイト トーマツ コンサルティングなど、会計系のコンサルティングファームは、財務会計を中心にコンサルティングビジネスを展開し、1990年代からERPパッケージの適用を解決策として提供してきました。

企業活動がグローバル化するにつれ、国際会計基準*への適合や透明性の確保が重要となっています。財務会計分野へのコンサルティングニーズが拡大するなかで、解決手段として有効なERPパッケージに着目し、下流のシステム構築まで手がけるようになったのは、収益性を上げようとすれば、当然の流れといえるでしょう。ERPパッケージによって標準化が進んだ結果、高度な専門スキルをもつコンサルタントを多数そろえなくても実行可能になり、ビジネスを効率的に拡大することができました。

一方、下流をもともと担当していたシステムインテグレーターは、高い付加価値を求めて、逆に上流のITコンサルティングへ進出していきます。それを表す顕著な動向が、システムインテグレーターによるコンサルティングファームの買収です。近年、IBMやNEC、NTTデータなど、大手のシステムインテグレーターがコンサルティング事業を強化するために、監査法人のコンサルティング部門や、コンサルティングファームを買収するケースが増えています。

企業活動においてITの重要性は高まる一方であり、DXをはじめとするITコンサルティングのニーズも拡大基調にあります。コンサルティングファームやシステムインテグレーターによる積極的な事業展開もあり、今後も大きな成長が期待できます。

1-2 ITコンサルティングの付加価値

▶ IT戦略立案から個別のシステム構築まで多岐にわたる

❖ ITの活用によるビジネス変革への期待

ITは、企業の経営や事業における課題を解決するための手段として用いられるだけではありません。企業活動を維持・発展していくために欠かせない事業基盤としても位置づけられるようになっています。

たとえば、金融業界は、「IT装置産業」といわれるほど、ITが重要な基盤となっています。口座の管理や株式の自動売買、クレジットカードの決済など、どれもがITなしには成立しません。

金融業界では、金融ビッグバン以降、規制緩和が進んで銀行や証券、保険など、業態間の垣根が低くなり、業界全体で再編が起きています。そのなかで、ITを活用した新しいビジネスモデルとして、インターネット銀行やコンビニ銀行が登場しています。メーカーや流通業から新規参入した、ソニー銀行やセブン銀行は、無店舗で営業し、低い運営コストと利便性の高さを強みに急成長しています。

また、グローバル化の進展も無視できません。電子機器や自動車など、海外展開を積極的に進める企業は、グループ企業間での決済効率化や国際会計基準*への対応が必須要件となりつつあります。

このように、顧客サービスの向上やグローバル展開、業務プロセスの改革などを進めるうえで、ITの活用は欠かせなくなっています。

本来ならば、ITは経営戦略を実現するうえでの１つの実現手段にすぎません。しかし、ITが企業活動の基盤として位置づけられるようになった結果、IT戦略の主導によって経営戦略を差別化するアプローチが大切になってきています。

たとえば、スマートフォンによる客先での営業プレゼンやQRコードを使った店頭での商品在庫の棚卸、AIによる交通渋滞の緩和や自動運転化などがあげられます。

また、GPS、画像センサーなどの技術革新とともに、これまで接続できなかったものがインターネットに容易に接続できるようになるIoT（☞46頁）が進展しています。居場所の近くにいるタクシーの効率的な予約、医療における遠隔手術の実施、工場設備のセンサー情報に基づく適切な点検タイミングの計画など、生産性の向上や生活の質の向上に貢献できるITの重要性がますます大きくなっています。

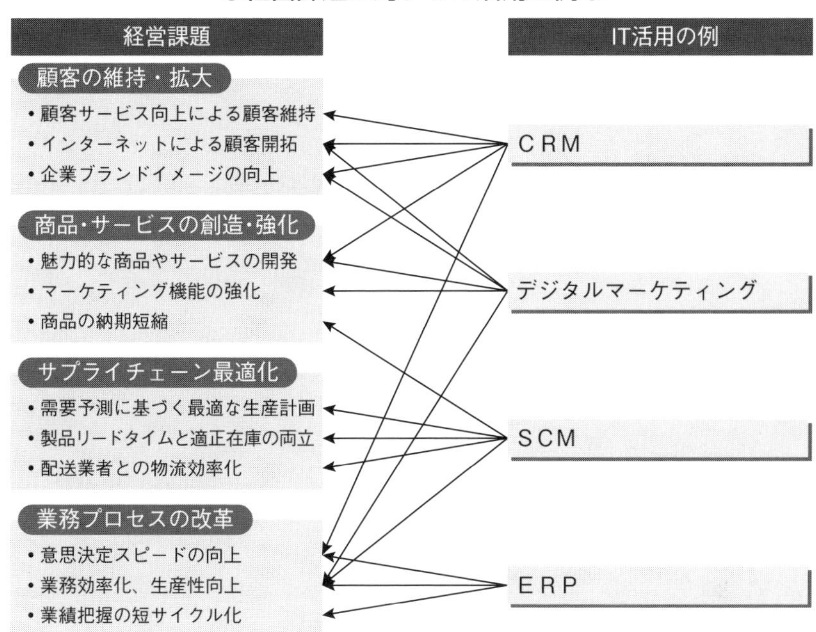

❖ ITコンサルタントは3つの役割をもつ

ITコンサルタントは、戦略策定をはじめシステムの企画から開発まで一貫して携わることもありますが、IT戦略の立案やアウトソーシングの導入支援など、その一部だけでも仕事が成立します。また、システム構築プロジェクトを円滑に進めるのは難しく、PMO*支援の期待も大きくなっています。

その業務視点に立てば、ITコンサルタントは次頁の表に示した役割を併せもっているといえるでしょう。しかし、これらの役割をすべてこなせるスーパーマンはそうそういません。したがって、どれかの役割に強みを

◎ITコンサルタントの役割◎

問題解決人	クライアントの問題を把握して、IT戦略の立案やシステム化の企画、システムの運用評価などを支援し、解決に導く
ファシリテーター	クライアント内のさまざまな利害関係者を調整して、問題を浮き彫りにし、クライアント自身での解決策実行を後押しする
エキスパート	特定の業務やITについて高い専門性をもち、それを軸にクライアントの事業戦略や業務プロセスの改革、プロジェクトの実行を支援する

もって他のITコンサルタントとコラボレーションしたり、コンサルティングファームやシステムインテグレーターなどに所属し組織的に活動するのが一般的です。

❖ 問題の明確化とITによる解決策の提供

顧客が抱える問題は、複数の原因が絡み合っていることが多く、解決は容易ではありません。たとえば、製造業における「従来よりも売上は増えているのに利益が出ない」という問題を考えてみましょう。

原因としては、原材料の費用が上がっている、工程の問題で製造コストがかかっている、物流コストが高いなど、さまざまな要素が考えられるでしょう。また、価格競争に巻き込まれて高く売れないというマーケティングの視点や、従業員のスキルが低いという人材面の不足も捨てきれません。さらに、経営的な視点から見れば、利益目標の達成に向けた短期的な目標が不明確なのかもしれません。

どれもが重要に思えて、手当たり次第に解決しようとしても、無駄になったり、時間がかかりすぎたり、かえって逆効果になることもあります。

したがって、まずは問題を構造化し、根本的な原因を特定したうえで、解決の優先順位をつける必要があります。ITコンサルタントは、顧客から情報収集やヒアリングを行ない、論理的思考によって問題を深掘りし構造化していきます。

解決策の立案では、明日にでも実行可能な具体的手段に落とし込む必要があります。ITコンサルタントは、問題の構造化によって得られた原因に対して、ITによる解決策を中心に立案し実行を支援します。

❖ 専門的なナレッジやITに関するノウハウの提供

新規事業への展開など、その企業自身が知見のない領域を推進するためには、外部の専門家による支援が不可欠です。また、現在の業務プロセスにおいても、専門家から見れば改善できる余地がないともいいきれません。

ITコンサルタントは、業務プロセスのベストプラクティス*に精通し、クライアントの業務プロセスの現状を分析することにより、改善すべき点を明確にします。また、最新のITやその適用事例についての知見を生かし、導入すべき製品の選択やシステム活用のノウハウなども提供します。

❖ 第三者としての客観性

たとえ、理路整然とした問題解決のストーリーがあったとしても、クライアントの誰もが納得してくれるわけではありません。経営陣から経営企画部門、現場にいたるまで、立場に応じた考え方や価値感があり、その違いによって前に進まないことがままあります。

特に、不採算部門のリストラや事業の撤退をともなうとき、その実行は容易ではありません。これを社内の人間に指摘させるのは内輪もめになりかねず、外部の人間の権威を借りたほうがより効果的でしょう。

ITコンサルタントは、第三者としてクライアントの問題を構造化し解決策を立案します。その解決策を経営層やマネジメント層にプレゼンテーションし、利害関係を超えて解決に取り組むよう説得します。時には、マネジメント層が行なうべきトップへの諫言を代弁するケースも少なくありません。

1-3 ▸ITコンサルティングの流れ

▶ITによる解決策の実現までが仕事の範囲

❖コンサルティングとシステム構築の2つのフェーズがある

ITコンサルティングの仕事は、大きく、コンサルティングのフェーズとシステム構築のフェーズに分けられます。コンサルティングのフェーズは、クライアントから依頼を受けて接触し、提案書を作成してコンサルティングプロジェクトを立ち上げるところから始まります。プロジェクトが立ち上がれば、経営層へのインタビューや現地調査などを通してクライアントの問題を把握し、原因を分析して解決策を立案します。そして、解決手段としてのシステム構築を提案し、経営層へ報告します。

戦略系コンサルティングや人事系コンサルティングの場合は、このコンサルティングフェーズで経営層への報告を完了すれば、プロジェクトは終了です。ITコンサルティングの場合は、解決策を実現するシステム構築フェーズに移っていきます。

解決策としてシステムの仕様を取りまとめ、開発するベンダーを選定し、システムの開発中もプロジェクトの推進を側面から支援します。システム開発が完了し、稼働を始めた段階で支援は終了します。

しかし、本来、解決策によって効果が発揮されるまでは、ITコンサルタントの役割は終わっていません。ITコンサルタントは、システム開発完了後もフォローし、システムによる効果の評価をしたり、より効果を引き出すためのシステム改善を支援したりすることもあります。

◎ITコンサルティングのプロセス◎

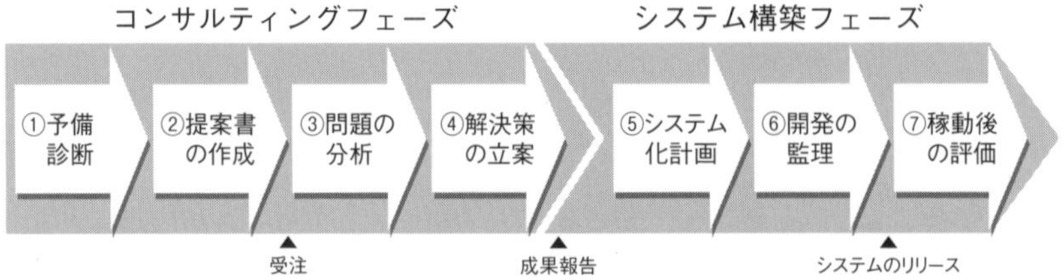

①受注の前に予備診断で当たりをつける

どんな仕事にも営業活動があるように、ITコンサルティングにも営業活動は存在します。ただ、ITコンサルティングは、ハードウェアやパッケージなどの機器販売とは異なるサービス提供が中心であり、経験しない限り良し悪しがわからない「経験財」です。したがって、どちらかといえば売り込み的な営業ではなく、クライアントの口コミや、セミナーの開催、書籍や雑誌などでの実績アピールが中心となります。

小さな業務改善ならまだしも、SCM（☞74頁）の導入など複数の部門が絡むようなコンサルティングでは、経営層の主導による全社的な推進が欠かせません。したがって、主に経営層に対して営業的なアプローチを行ない、受注活動を本格化させていくことになります。

しかし、現場レベルの担当者を無視しすぎると、実行に移ってから反対に回られ苦労することになります。したがって、円滑に進めるためには、経営層をターゲットにしたトップダウンだけではなく、現場視点でのボトムアップの営業活動も並行して進めていく必要があります。

また、営業活動は、受注につなげるだけではなく、クライアントのことをよく知る機会でもあります。したがって、営業段階とはいえ、ITコンサルタントは予備診断を行ない、顧客の抱える問題や案件規模、実行上のリスクなどを把握します。この予備診断の結果でリスクが高いと評価すれば、いくらクライアントが発注したいといっても、受注を辞退することもありえます。

なお、プロジェクトが正式に立ち上がるまでは、プリセールスの期間であり、コンサルティングを行なう企業側の持ち出しであることが多くなっています。ここでの費用は、プロジェクトが立ち上がった後に回収していくのが一般的ですが、予備診断であっても、クライアントにその付加価値を訴求できそうであれば、単なるプリセールスとせず受注することもあります。

②コンサルティングプロジェクトを提案する

予備診断で、業務の課題や既存システムの課題、経営層の意向などを把握できたら、続いて提案書を作成し、プロジェクトの立ち上げをプレゼンテーションで提案します。提案書は、一般的に「クライアントをとりまく環境変化」「クライアントが抱える問題と原因分析」「問題解決へのアプローチ」「コンサルティングのマスタスケジュール」「コンサルティングの実行体制と役割分担」「コンサルティングの費用」などの内容で構成されます。

複数の企業による入札形式になる場合には、これに類似案件でのコンサルティング実績や自社ならではの強み、コンサルタントの業務経歴などを追加し、他社との優位性を明確にしたうえで提案書を提出します。

③問題を構造化し検証する

提案した内容についてクライアントから合意が得られたら、受注してコンサルティングプロジェクトがスタートします。関係者でキックオフミーティングを開催し、顔合わせをします。

キックオフして、さっそく行なわれるのが、経営層や現場担当者に対するインタビューです。また、インタビューを効率的に実施するために、事前にクライアントの組織図や業務マニュアル、業務用語集やシステム構成図などを入手し読み込んで予習を行ないます。

ここで、クライアントから情報を収集する方法は、インタビューに限りません。ITコンサルタントは、幅広い関係者から情報を効率的に収集できるアンケートや、客観的な情報収集が可能な現場観察なども取り混ぜて実行し、問題の実態や目指すべき方向性を掴むようにします。

そのためによく使われるフレームワークがロジックツリー（☞179頁）です。ロジックツリーによって、「なぜ」を繰り返し、問題→原因（問題）→原因と深めていき、表面的な問題を真因にまで落とし込むことができます。

ただし、この問題の構造化は入手した情報をもとにした思考の産物、いわゆる「仮説」でしかありません。したがって、いったん問題の構造化ができた段階でクライアントにぶつけて、仮説の確からしさを検証します。クライアントの反応によっては、仮説を修正していく必要があります。

④複数の解決策を立案し検証する

問題の構造化によって、解決すべき課題が見えたところで、その解決策を検討します。解決策の検討でも、やはりロジックツリーの活用が効果的です。その際は、「どうやって」を繰り返して、目的→手段（目的）→手段というように具体化し、最終的にはITによる解決策まで展開していきます。

なお、解決策の立案では、1つに絞らず代替案も出します。たとえば、新しいビジネスプロセスの案やシステム化の範囲などを複数設定し、投資対効果の最大化、コスト/期間のミニマム化などの軸で評価します。

◎ロジックツリーによる解決策の展開例◎

（注）白抜きは、ITによる解決策

- 利益向上
  - 売上拡大
    - 既存顧客の売上増
      - 新規商品の開発
      - 購入数の増加
    - 新規顧客の獲得
      - 営業力の強化
      - 販売チャネル拡大
  - 費用削減
    - 固定費の削減
      - 人件費の削減
      - 設備投資の削減
    - 変動費の削減
      - 材料費の削減
      - 外注費の削減

解決策：
- 新商品の開発支援（白抜き）
- OEM商品の投入拡大
- 顧客データの分析支援（白抜き）
- アフターサービス充実
- デジタルマーケティング（白抜き）
- マーケティング部創設
- 在庫引当処理の自動化（白抜き）
- クレーム対応業務のアウトソーシング
- eラーニングによる人材の能力アップ（白抜き）
- 製造する商品の絞込み

ここで立案した解決策も、最初は仮説にすぎません。したがって、複数の代替案を含む解決策を立案したあとに、クライアントの経営層などから意見を聞いて、解決策の妥当性や実現性などを検証していきます。また、IT戦略を経営戦略とかけ離れたものにしないためには、戦略との整合性についても確認しなければなりません。

最終的に検証した結果を報告書に反映して、コンサルティングプロジェクトの報告会に臨みます。

⑤システム化の計画と調達支援

コンサルティングフェーズの結果をうけて、システム構築による解決策を実行していきますが、実行の方法は1つではありません。たとえば、同じビジネスプロセスの実現をシステムで支援するにしても、ERPなどの業務パッケージを適用するのか、スクラッチ（ゼロからニーズに合わせて手作りする）で開発するのかといった選択肢があります。

ITコンサルタントは、システム開発のプロセスや方法論、適用製品などに精通し、IT戦略の一環としてシステム導入の計画を立案します。そして、その計画実現に向けて、必要な作業を詳細化しソフトウェアやハードウェアなどの調達仕様も整理していきます。

特に中立的な立場で役割を果たす場合には、これらを最終的にRFP*（Request For Proposal：提案依頼書）の形でまとめてベンダーに提示し、システム化の提案と見積もりの提示を求めます。RFPに記載する項目は、システム化の目的や範囲といった「システムの概要」、リリースのタイミングや成果物、採用技術などの「発注前提」、開発体制やシステム構成、費用といった「依頼事項」から構成されます。ベンダー各社からの提案書・見積書の提示を受けて、提案内容や実績、費用面などを総合的に評価し、発注先を決定します。

なお、システムインテグレーターやベンダーなどがITコンサルティングを行なう場合、それはシステム開発を受注する前段階として営業活動の位置づけにあります。したがって、コンサルティングの結果を前提に提案書と見積書を作成し、クライアントの承認を得て、次の開発フェーズに移ることになります。

⑥システム開発プロジェクトの監理

システム開発に入れば、ほとんどの作業は開発する企業側に移りますが、この間、ITコンサルタントは遊んでいるわけではありません。プロジェクトが円滑に進むよう、「監理」をしていきます。

特に上流の要件定義では、クライアントの意向や業務の特性が適切に反映されているか、将来にわたる業務の変化に追従しやすい形になっているかといった視点でレビューに参画します。また、システムの実装やテストに入れば、性能や保守性、拡張性などについてもクライアントの投資保護の観点から評価していきます。

最終的には、システム開発が完了するまで、プロジェクトの推進状況をモニタリングし、開発企業側だけではなく、クライアント側のユーザー教育やシステム移行の準備状況などもマネジメントの視点で確認します。

プロジェクトの推進では、業務改善の効果が小さい、そもそも要件を満足しないなど、多かれ少なかれ、なにかしらの問題が発生するものです。結果としてシステム化の狙いが実現できなければ、ITコンサルタントの存在価値はありません。ITコンサルタントは、プロジェクトの"真の成功"に向けて、クライアントの経営層やIT担当者、ベンダーなどのステークホルダーを粘り強く調整し、推進上の問題解決を図っていきます。

⑦システム稼働後の評価とフォロー

システムは、開発を完了して終わりではありません。業務でシステムを使うクライアントにとっては、それからがスタートになります。いくらよいシステムを作っても現場に定着しなければ、宝の持ち腐れになってしまいます。

ITコンサルタントは、コンサルティングで立案した狙いどおりの効果を発揮しているかという視点で、ITの活用度を成熟度を測るCOBIT（☞138頁）などで評価します。また、定期的に投資対効果を評価し、今後必要なIT戦略についても見直しをかけていきます。

また、ビジネス継続性の観点から、この機会に次のコンサルティングを打診します。クライアントの顧客満足が得られたときこそ、次の仕事を提案する絶好の機会であり、さらに付き合いを深めれば、クライアントのグループ企業などに紹介してもらえる可能性も高まります。仕事を単発では終わらせない取り組みが重要です。

1-4 ‣ITコンサルタントの働き方

▶ フルラインからIT専門の企業系、フリーの道もある

❖ 経営とITの融合を支援するITコンサルティングビジネスが拡大

ITコンサルティングのビジネスは、突然、登場したわけではありません。そもそもは、会計監査法人が経営コンサルティングを手がけ、海外に展開する企業へERPパッケージの導入を進めたところからITコンサルティングのニーズが高まりました。

その後、経営とITの関係が強まるとともに、経営コンサルティングとITコンサルティングの境界がなくなってきています。経営戦略を実現する手段としてITが欠かせない現在、この流れは当然ともいえるでしょう。

ITコンサルティングを手がける企業には、総合系コンサルティングファーム、システムインテグレーター、独立系ITコンサルティング会社、シンクタンク系ITコンサルティング会社があります。また、ITコンサルタントとして、起業しフリーで活動する人も存在します。

◎ITコンサルティング企業の種類◎

ITコンサルティング企業の種類	特徴	代表例
総合系コンサルティングファーム	事業戦略からIT戦略、業務改革支援、システム導入支援まで手掛ける。システム開発の自社リソースは保有していないことが多く、パートナーと連携して推進	・アクセンチュア ・デロイトトーマツ コンサルティング ・PwCコンサルティング ・日本IBM
システムインテグレーター	金融や製造業の専門知識、AIなど先進ITの活用、ERP製品の導入ノウハウなどを強みに、IT戦略立案からシステム開発、運用保守までフルラインに対応	・富士通 ・アビームコンサルティング（NEC） ・NTTデータ ・日立コンサルティング（日立）
独立系ITコンサルティング会社	ITを切り口に業務改革を支援する。人事管理など特定の分野に強みをもつことが多く、ERPの導入コンサルティング、システムの構築まで手がける	・ワークスアプリケーションズ ・ウルシステムズ ・フューチャーアーキテクト
シンクタンク系ITコンサルティング会社	もともとは、銀行・証券の親会社のリサーチやシステム部門。親会社が幹事の顧客企業が中心だったが、政策立案能力の高さから、官公庁にも強みをもつ	・野村総合研究所 ・日本総合研究所 ・みずほ情報総研

❖ 幅広くカバーする総合系コンサルティングファーム

総合系コンサルティングファームは、ITだけではなく、マーケティングや人事、財務など、さまざまなテーマに対して多機能を提供しています。戦略立案からシステム構築、運用のアウトソーシングまでをトップダウンで一貫して手がけることが多いため、「フルライン・コンサルティング・ファーム」とも呼ばれます。

代表的な企業は、アクセンチュアやデロイト トーマツ コンサルティングなどです。大手の多国籍企業をクライアントとすることが多く、差別化のため、財務やITなど、特定の分野で高い専門性をもっていたり、金融や製造など、特定の業種向けに専門サービスを提供していたりします。

たとえば、会計事務所から派生したアクセンチュアは、特に財務に強みをもち、ERPなど、ITによる経営改革やアウトソーシングをグローバルに展開しています。また、会計事務所のコンサルティング部門を買収した日本IBMは、グローバルに展開するIBMグループとしての総合力を発揮し、先進的なITを適用した業務改革支援やアウトソーシングに強みがあります。

❖ システム構築に強みをもつシステムインテグレーター

システムインテグレーターは、システム構築を中核事業とし、その前段として、ITコンサルティングをサービスとして提供しています。システム構築そのものが最終目的にあるため、ラインナップとしてそろえている製品やサービスメニューへ落とし込むのがほとんどです。

NTTデータや、アビームコンサルティングなど、数多くのシステムインテグレーターがITコンサルティングも手がけています。

たとえば、NTTデータは、巨大なNTTグループの１つとして、通信系に強みをもち、大手金融機関や官公庁のシステム構築を手がけています。また、2009年にコンサルティングファームのクニエを設立しており、総合系コンサルティングファームの領域までビジネスを広げつつあります。

アビームコンサルティングは、NECの子会社として、ERP製品のSAP導入を主力ビジネスとしており、「日本発のグローバルコンサルティングファーム」を掲げて日系企業の海外進出支援にも注力しています。

また、従来はメーカーとしての色合いが濃かった富士通や日立などもDXをはじめとするITコンサルティングに力を入れています。たとえば、富士通は、DXビジネスの事業展開を加速するため、DXコンサルティングの専門企業Ridgelinezを設立し、コンサルティングから最新ITの実装までワンストップでサービスできる体制を整えようとしています。

❖ 特定のITを専門とする独立系ITコンサルティング会社

独立系ITコンサルティング会社は、システムの構築や導入前の企画、導入後の評価をサービスとして提供しています。独立系としてだけでなく、国内大手ベンダーのグループ企業としても活動するのが一般的です。

代表的な企業は、ワークスアプリケーションズやウルシステムズ、フューチャーアーキテクトなどです。たとえば、ウルシステムズは、独立系のコンサルティングファームとして、システム構築を軸に、ITを活用した業務改革、プロジェクトマネジメント支援などを事業としています。

❖ 金融業界を強みとするシンクタンク系ITコンサルティング会社

シンクタンク系ITコンサルティング会社には、野村総合研究所やみずほ情報総研などがあります。メガバンクや大手証券会社の子会社であり、もともとは親会社のリサーチ部門やシステム部門からスタートしています。親会社の法人顧客を中心にコンサルティングやシステムインテグレーションを展開できる強みをもっており、金融の業務や証券パッケージに精通しています。

❖ 経営コンサルティングも手がけるフリーコンサルタント

企業に属さないITコンサルタントも存在します。中小企業診断士などの公的資格を活用し、中小企業基盤整備機構などの公的機関に専門家として登録したり、他分野のコンサルタントから仕事の紹介を受けます。

少人数で活動するため、顧客は小規模な場合がほとんどで経営企画できる人材が少ないため、IT以外の相談も必然的に多くなります。したがって、ITを入口として経営や業務全体にまでコンサルティングの範囲が広がっていくことがよくあります。

❖ 企業系とフリーの違い

総合系やIT系のコンサルティングファーム、システムインテグレーターなどの企業に勤めるコンサルタントの場合、クライアントの多くは、中堅以上の企業になります。したがって、ある程度、ポジションが上がれば、大きなチームをリーダーとして動かしたり、大規模・グローバルな案件に対応できる醍醐味が得られます。また、社内の上司や先輩からノウハウを盗みやすく、成長過程にあるITコンサルタントにはよい機会になるでしょう。その反面、サラリーマンであるため、苦労に見合った収入が得られず納得がいかないことがあるかもしれません。

一方、フリーITコンサルタントのクライアントの多くは、中小企業から中堅規模になります。そのため、クライアントの経営を左右するような仕事に出会うことが多く、経営層と直接話す機会も多いため提案内容に納得すれば素早く実行に移してもらえます。ただし、小規模企業では経営方針も簡単に変わるため、途中でプロジェクトの方向がずれたり自然消滅したりすることが少なくありません。したがって、クライアントに提案内容を最後まで実行させきれるかどうかも、腕の見せ所になります。

また、フリーの場合、コンサルティングの対価を自分で決めることができ、必要経費以外は全額が自分の取り分となります。したがって、リスクはありますが成功すれば企業系よりも高い収入を得やすくなっています。自分の価値観を貫いて仕事を選ぶこともできるでしょう。

◎企業系コンサルタントとフリーコンサルタントの比較◎

	企業系コンサルタント	フリーコンサルタント
人　数	多い	少ない
業務特性	ITコンサルティングだけでなく、システムインテグレーションなども手がける	中立的な立場で、IT以外の経営コンサルティングなども行なう
収　入	社内規程に則った給与や賞与が得られる	必要経費以外は売上のすべてが自分の収入となる
やりがい	チームで仕事を進めるため、大規模、グローバルな仕事ができる可能性がある	自分で方針を立てて仕事を選べる
制　約	会社の方針に従わなければならず、仕事を選べない	ひとり仕事のため、リスクを抱えやすい

1-5 ITコンサルティングの値段

▶料金体系や格付け、業務内容の違いが値段を決める

ITコンサルティングの契約形態と料金体系

ひと口にITコンサルティングのサービス契約といっても、Time & Material、一括請負、成功報酬型など、いくつかのパターンが存在します。

Time & Material契約は、いわゆるプロフェッショナルサービスの形態では一般的な契約の方法で、1時間（もしくは1日）あたりのサービス単価を設定し、一定期間（通常は1か月間）の実績を積み上げて、依頼主に請求するものです。

一括請負は、あらかじめ想定された成果物（報告書など）に対して見積もりを提示し、所定の金額で作業を実施する形態です。成功報酬型では、あらかじめ、コンサルティング実施後の改善効果（期待値）への還元率を定めておき、これを報酬として受け取ります。改善効果とは、売上高の増加、在庫の削減、原価や事務コストの低減など、定量的に金額換算可能なKPI*の改善を意味します。

Time & MaterialとITコンサルタントの格付け

Time & Material契約の場合、ITコンサルティングの費用総額は、その仕事にかける人数と期間、コンサルタントの単価から算出されます。単価については、担当するITコンサルタントの格付けと担当する役割（業務の責任範囲、ポジション）によって変わります。

総合系コンサルティングファームやITコンサルティングファームでは、社内に明確な認定制度があり、知識と経験に応じてコンサルタントを格付けし、それに基づいて料金を割り出しています。具体的には上から「プリンシパル（もしくは、パートナー）」「ディレクター」「シニア・マネージャー」「シニア・コンサルタント」「コンサルタント」「アソシエイト」といったクラスがあり、それに対応したタリフ（単価料金表）をもっています。アソシエイトとプリンシパルとでは3～5倍、著名なコンサルタント

になると10倍以上の開きがあります。システムインテグレーター系のITコンサルタントでも、呼称は異なりますが、ある程度のクラス分けがあります。

大企業の顧客を相手にする大規模なコンサルティングの場合には、対象となる業務や部門が多く検討要素が多いため、3か月から1年程度をかけてプロジェクト形式でコンサルティングを実行するのが一般的です。したがって、少なくとも2、3人以上のチームを組み、チームを構成するコンサルタントの総額がコンサルティングの費用となります。

たとえば、リーダーを務めるシニアが500万円/月、2名のアソシエイトが1人あたり150万円/月とすると、3か月のコンサルティング費用は、2,400万円となります。このように、大規模なコンサルティングプロジェクトは、数千万円から1億円、小規模な場合で、数百万円から1千万円程度となるのが相場です。

Time & Material契約では、原則的には、必要な期間、過不足ないランクのコンサルタントを必要な人数だけ投入することで、所定の課題が解決できるとの前提に立っています。ただし、業務やITの年間予算など、顧客（クライアント）側の事情により、量質ともに十分なコンサルタントの投入ができない場合は、期待どおりの効果が出ないこともありえます。

◎ITコンサルタントのキャリアパスとランク◎

キャリアレベル	調査担当	プロジェクト業務担当		プロジェクトマネージャー		トップセールス	
役割	マネージャーの指示で、作業を実施	プロフェッショナルとして、チームリーダー的な立場で、作業を遂行		プロジェクトの現場責任者（メンバーの作業を管理し、クライアントと向き合いながら、プロジェクトを推進）		複数の大規模プロジェクトの管理責任者、クライアント開拓・関係構築、人材育成、ファーム経営	
フューチャーアーキテクト株式会社 ※アーキテクト系キャリア	アソシエイトコンサルタント	コンサルタント	シニアコンサルタント	マネージャー	エグゼクティブマネージャー	ディレクター	プリンシパル
アビームコンサルティング株式会社	アナリスト	コンサルタント	シニアコンサルタント	マネージャー	シニアマネージャー		プリンシパル/ダイレクター
PwCコンサルティング合同会社	アソシエイト	シニアアソシエイト		マネジャー	シニアマネジャー	ディレクター	パートナー

※各コンサルティングファームのキャリアパスの公開情報をもとに作成

❖所定の成果物を請け負う「一括請負」

改善提案書などの報告書類を成果物とし、そこに至るまでの調査・分析、仮説と解決案の策定など、想定される一連の作業項目に基づく見積もりを提示したうえで、所定の金額で作業を実施する形態が一括請負です。

一定の金額で成果物を見積もり一括請負する方式は、IT業界でのシステム開発の受託や他の建設・エンジニアリングなどの業界において、一般的な契約形態です。所定の予算で所定の成果を手にするメリットがあります。

しかし、眼に見えない経営上の問題点や業務とITの課題を調査・分析し、最適解や最善策を提案していくコンサルティングサービスで、必要な作業の全体量をあらかじめ決定することは極めて困難です。結果、あらかじめ見積もった請負金額と実際の作業量とが乖離する可能性が高くなります。見積もりが過小であれば、コンサルティングファームは当該案件について赤字となり、見積もりが過大であれば、クライアントにとって成果を得るために必要以上の支出が発生したことになります。

コンサルティングの内容やクライアントの事情にもよりますが、コンサルティングサービスの契約に関しては、Time & Material契約のほうが、妥当な場合が多いといえるでしょう。

なお、一括請負でも、プロジェクトの途中でChange Order（変更契約書）を取り交わすことで、契約内容や金額を是正できる場合もあります。クライアントとコンサルティングファームとの合意のもと、契約の変更点（追加／削除される作業項目や成果物）を明記し、金額を改定します。

❖ 成果に応じて還元される「成功報酬型」

コンサルティングサービスの結果として業務やITが改善されたことに対価を支払う契約形態が成功報酬型です。業務やITの改善効果は、増加した売上高、削減された在庫金額、原価、事務コスト、TCO*など、コンサルティングの内容に応じたKPI*を用いて識別します。

たとえば、「削減できたTCOの２％を対価としてお支払いください」というように効果に対する還元率を定めておき、これを報酬とします。作業工数や成果物のボリュームに応じて請求する方法とはまったく異なる発想です。依頼主にとっては、結実したコンサルティングの成果に対して所定の対価を支払えばよいという納得感があります。

しかし、実際の改善効果を生み出すのは、コンサルタントではなくクライアントです。的を得た改善策や質の高い報告書が提供されても、クライアントの業務やシステムの改善につながらなければ評価されません。コンサルタントとクライアントが目標を共有し、改善活動を推進して成果を分かち合うことが重要です。先進的なコンサルティングファームで採用されている契約方法ですが、業界のデファクト・スタンダードになるには、まだまだ困難な面もあります。

◎ITコンサルティングの契約形態の比較◎

	Time & Material契約	一括請負	成功報酬型
価格体系（クライアントへの請求金額計算方法）	• 1時間（もしくは1日）あたりのサービス単価を設定し、一定期間（通常は1か月間）ごとの作業実績（人数×時間数）を積み上げて請求	• 作業完了時の成果物（報告書など）に対して、あらかじめ調査内容やページ数に見合った見積もりを行ない、所定の金額を請求	• 作業完了後の改善効果（期待値）に対する還元率をあらかじめ設定し、これに基づいて請求 • 改善効果としては、売上高の増加、在庫の削減、原価や事務コストの低減などの金額換算可能な数値目標を採用（改善効果金額の所定の割合を報酬として請求）
長　所	• 作業実績（コンサルタントのランク、人数と時間数）の把握が単純明快で、請求金額の計算根拠に納得性がある（クライアント側、コンサルタント側双方とも） • 妥当なサービス単価を設定している限り、収益構造の維持が容易である（コンサルタント側）	• 依頼内容に対して金額が一定であるため予算取りがしやすい（クライアント側） • コンサルティングファームのマネジメントや担当者の裁量で、作業時間や作業場所をある程度コントロールできる（コンサルタント側）	• 成果が出てはじめて報酬を支払えばよく、納得感が得やすい（クライアント側） • コンサルティングによる成果に比例して売り上げを大きくできる（コンサルタント側）
短　所	• 依頼内容によっては、作業期間の目途が立ちにくくなり、総予算の管理がしにくくなる可能性がある（クライアント側） • コンサルティングファームの裁量では作業時間や作業場所をコントロールできず、人的リソースの有効活用がしづらい（コンサルタント側）	• 当初の見積もりが過大であった場合、Time&Material契約の場合より割高になる可能性がある（クライアント側） • 当初の見積もりが過小であった場合、実際に掛かったコストが請求金額を上回る可能性も出てくる（コンサルタント側）	• コンサルティング内容が適切であっても、クライアント企業の経営事情によって、成果に結びつかない可能性もある（コンサルタント側）

コンサルティングの値段への納得感は信頼関係から生まれる

コンサルタントの仕事は、あるテーマに関してゴールを設定し、所定の期間で成果をあげることにあります。ただし、その作業過程においては、クライアント企業が抱えるさまざまな業務とITの問題に直面します。その際には、いずれの契約形態や立場、格付けであっても、その違いを越えて、クライアントの悩みに真摯に向き合い、支援する姿勢が重要です。

そこからコンサルタントとクライアントが連携し合い、ともに学びあっていく雰囲気や相互の信頼関係が生まれてきます。コンサルティングの値段の納得感は、このあたりから醸成されるのではないでしょうか。

1-6 ▸ITコンサルタントのやりがい

▶ 多くの成長機会と経営課題に直接関与できる醍醐味

❖ 圧倒的な成長スピードの速さがキャリア形成を後押しする

ITコンサルタントの魅力の1つは仕事を通じて多くの成長機会が与えられるため、若くして高度なビジネススキルや知識を身につけられることです。具体的には、①基本スキルを超高速に習得できる、②仕事を通じてビジネスの俯瞰力を養える、③コンサルティングに特化すれば上流工程を短期間で多数経験できるといった特徴があげられます。

◎ITコンサルタントの魅力◎

①基本スキルを超高速に習得	▶コンサルティング会社での徹底的な基礎トレーニング ・コミュニケーションスキル ・問題解決スキル ・プロジェクトマネジメントスキル など
②仕事を通じてビジネスの俯瞰力を養う	▶経営層や各事業部門など多様なメンバーとのインタビューやディスカッション ▶全社的なヒト・モノ・カネ・情報の流れの把握と因果関係などの整理
③上流工程を短期間で多数経験	▶ITコンサルタントには経営課題の整理からシステム化要件策定までの上流工程の依頼が多い ▶若手スタッフは、短期間で上流工程に次々とアサインされる傾向があり、当該スキルが蓄積しやすい

①基本スキルを超高速に習得できる

新卒の学生をふくめ、ITコンサルタントの未経験者がコンサルティング会社に入社すると、インタビューやレポーティング、プレゼンテーションといったコミュニケーションスキル、ロジカルシンキングなどの問題解決スキル、プロジェクトマネジメントスキルなどを徹底的にトレーニングさせられます。

これらのスキルは業種を問わず、ビジネスを円滑に進めていくうえでは、極めて有効なスキルです。コンサルティング会社で5年間鍛えられれば、クライアントの同年代のメンバーと仕事の進め方に顕著な差が出るのが一般的です。若手であっても、この基本スキルに関して、クライアントの責任者からお褒めの言葉をいただくこともしばしば見受けられます。

②仕事を通じてビジネスの俯瞰力を養える

ITコンサルタントとしてクライアントが抱える本質的な問題を解決するためには、クライアントの業務やシステムの詳細を理解することに加えて、ビジネスの全体像を俯瞰することが重要となります。

プロジェクトにおいては、クライアント側メンバーもシステム部門の方だけでなく、経営層や各事業部門のメンバーなど多岐にわたり参画するのが一般的です。これら多様なメンバーとのインタビューやディスカッションを通じて、対象となるビジネスのヒト・モノ・カネ・情報の詳細な流れを把握し、そのつながりや因果関係を解きほぐし、整理していきます。これを何度か繰り返すうちに、会社というものが一般的にどのように動いているのかを会得することができ、ビジネスの全体構造を俯瞰して改善に向けた提案ができるようになります。

③コンサルに特化すれば上流工程を短期間で多数経験できる

ITコンサルティングのニーズは、システム化構想策定といった上流工程のものから、ベンダー選定や要件定義のサポート、開発から立ち上げまでのプロジェクトマネジメントを支援するものなどさまざまです。このなかでも特に経営課題を整理しシステム化の要件に落とし込むという上流工程の業務は、ITコンサルタントへの依頼が最も多いテーマです。

下流工程のコンサルティングがベンダーとの役割分担のなかで進むことも多い一方、上流工程はコンサルティング会社単独で実施するのが一般的であるため、比較的多くの若手コンサルタントが関わります。

上流工程のプロジェクトが完了したのち、マネージャークラスのコンサルタントは開発・立ち上げまでを引き続きサポートする一方、スタッフはリリースされて他のプロジェクトにアサインされる傾向にあります。

そのため、若手のコンサルタントは、比較的短期間にさまざまなクライアントの上流工程プロジェクトのみを次々と経験し、当該領域の問題解決に必要な知識・経験を蓄積していきます。

❖ あらゆる場面においてやりがいを感じられる

ITコンサルタントは、システム化構想策定からシステム導入支援まで幅広く関わります。特に、クロージングにおいて、成果を評価されるタイミングが最もやりがいを感じる瞬間ですが、各場面においてさまざまな達成感が得られます。

◎ITコンサルタントのやりがい◎

①初期相談	▶役職者から重要な相談を受け、信頼を置かれているという喜び、これからプロジェクトが立ち上がる可能性に気分が高揚
②提案プレゼン	▶考え抜いた提案書を経営陣へプレゼンテーションし、結果として受注確定の返事をもらえた時は最初の達成感
③現状調査	▶経営陣へのインタビューやディスカッションで、その生き方や考え方に直接触れて得られる学び
④システム化構想	▶よい解決策が見つからないなかで考え続け、あるときパッと解決に向けたアイデアがひらめいたときの喜び
⑤システム導入支援	▶開発過程で発生するさまざまな問題の切り分けや対策案を助言することで、プロジェクトメンバーから頼られる存在へ
⑥クロージング	▶プロジェクト終了後にクライアントからの感謝の言葉をいただき、その後も長いお付き合いが続く

①初期相談におけるクライアントの信頼

多くのコンサルティングプロジェクトの第一歩は、過去もしくは現時点でお付き合いのあるクライアントから、軽いお悩み相談を受けるところから始まります。

一般的に、ITコンサルタントの年齢よりも一回り以上年上の役職者の方からお声が掛かり、まだ社外にはオープンになっていない社内の重要課題について相談され、意見を求められます。このような場面では、全幅の信頼を置かれているという喜びを感じるとともに、これから新たなプロジェクトが立ち上がる可能性に気分が高揚します。

②提案プレゼンによる受注獲得

その後、提案へと進みますが、入札無しで随意契約となるケースと、クライアントが提案依頼書を発行し、入札となるケースがあります。

特に後者のケースでは、クライアントの課題を読み込み、それぞれ専門領域が異なるチームメンバーと議論しながら、現段階での課題仮説を考え、クライアントの期待を超えられるような提案作成に取り組みます。

作成した提案書をもとに経営陣を含むクライアントのキーマンにプレゼンテーションを行ないます。このプレゼンテーションの質疑応答で、コンサルタントが考えた課題仮説やアプローチ方法に対して前向きな評価をもらい、結果として受注が確定した時が、最初に達成感を感じるタイミングです。

③現状調査におけるクライアントの理解

システム化構想策定プロジェクトでは、一般的に現状調査から始めます。プロジェクトを開始すると、現場のインタビューに入る前に、会社の現状や課題、今後の方向性について経営陣とのインタビューやディスカッションを行ないます。

経営陣と直接話す機会が得られるのはコンサルタントの特権でもあり、その生き方や考え方に直接触れることにより多くのことが学べます。

④システム化構想策定における解決策捻出

インタビューや社内資料の収集・分析を行なった後、あがってきた課題を構造化（MECE☞179頁）し、改善の方向性を検討していきます。まずは、課題をグルーピングしたり、因果関係を整理したりしながらまとめていきますが、なかなかすっきりとした改善策が見つからないこともあります。

通勤途中や入浴中、寝る時もずっと考えていると、ある時パッとアイデアがひらめき、いくつかの課題を統合的に解決できる改善策が見つかることがあります。答えが出ない間はかなり苦しい時間を過ごすことになりますが、このひらめきが出てきた時はコンサルタント冥利に尽きる瞬間です。

⑤システム導入支援における問題解決

自社で開発をしないケースでは、構想策定後にRFPを発行し、ベンダーを選定した後に、開発フェーズに入ります。開発フェーズにおいては、ITコンサルタントは、開発チームとユーザーとの間に立って、システム化要件の詳細検討やプロジェクトマネジメントの支援を行ないます。

プロジェクトでは、営業部門と製造部門の間における要求機能の矛盾など、さまざまな問題が発生するため、ITコンサルタントの業務知見やIT知見が重宝されます。また、基本スキルの１つである問題解決能力を生かして、問題の切り分けや対策案の助言を行ないます。プロジェクトメンバーから大いに頼られる瞬間です。

⑥クロージング後の成果達成の喜び

ITコンサルタントの最大の喜びは、プロジェクト終了後にその成果に関して、クライアントから感謝の言葉をいただくときです。大きな変革を伴うようなプロジェクトが無事成功した場合などでは、数年後に社長と面談しても、「現在我が社が順調に経営できているのは、あなたのおかげです」と感謝の言葉をいただくこともあります。

また、プロジェクトの過程では、クライアントのキーマンと定期的にディスカッションを兼ねた合宿や懇親会などを行なうこともあり、仕事だけでない個人的なお付き合いにまで広がるケースも多いです。

長期間にわたる難しいプロジェクトを無事完了させた後には、外部のコンサルタントであっても自分自身がクライアントの一員であるかのように感じることがよくあります。クライアントからも「同じ釜の飯を食った仲間だ」と社内の人間と同じように接してもらえるようになることも多く、そのような時にもITコンサルタントという仕事を選んでよかったと感じることでしょう。

第2章

ITコンサルティングのテーマ

- ▶ IT戦略立案
- ▶ IoT
- ▶ AI
- ▶ CRM
- ▶ デジタルマーケティング
- ▶ SCM
- ▶ ERP
- ▶ BCP
- ▶ ITデューデリジェンス
- ▶ 情報セキュリティガバナンス

2-1 ‣IT戦略立案

▶ 最新ITを軸にした経営戦略立案の重要性が増している

❖ IT戦略とは

IT戦略とは、その上位目的である経営戦略の実現に寄与するため、中長期的なあるべきIT像を具体的に描いたものです。作成にあたっては、各種IT施策の選択と集中を検討しながら、資金や人材、時間など限られたITリソースの最適な配分計画を実行可能な形で取りまとめることが必要です。

この定義を前提として、逆説的にIT戦略とはいえないものを考えてみましょう。

◎IT戦略の定義は…◎

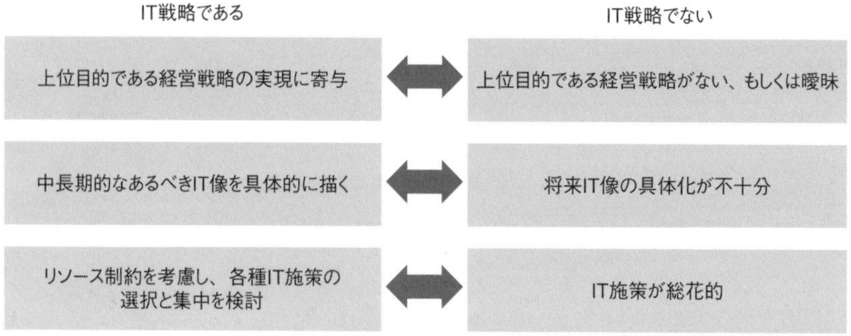

IT戦略である		IT戦略でない
上位目的である経営戦略の実現に寄与	⟷	上位目的である経営戦略がない、もしくは曖昧
中長期的なあるべきIT像を具体的に描く	⟷	将来IT像の具体化が不十分
リソース制約を考慮し、各種IT施策の選択と集中を検討	⟷	IT施策が総花的

①上位目的である経営戦略がない、もしくは曖昧

上位目的である経営戦略を実現することがそもそもの始まりですので、経営戦略がなかったり、曖昧な状態であったりすれば、中長期的なITの投資案を実効性のある形でまとめることはできません。このようなケースでは、IT戦略を作る前に経営戦略を明確にする必要があります。

②将来のIT像の具体化が不十分

IT戦略は、経営戦略の実現をどうITで支えるかという観点で、上位の経営目的と実現手段であるIT像が論理的につながっていなければなりません。バズワードを並べた曖昧なIT像しかなければ、中長期的なIT予算まで落とし込むことは不可能です。また、IT像を検討する際には、「攻め」の経営戦略に対応するだけでは不十分で、既存システムが抱える将来リスクを分析し、事業の継続性を担保するという「守り」の内容も具備しておく必要があります。

③IT施策が総花的

リソースが無限にあれば、あれもこれもと方向性や施策を詰め込むことも可能ですが、現実的にはITに投下できるリソースには一定の制約があります。実現可能性が担保されないイメージだけでは戦略とはいえず、最終目的を達成するために必要な施策案を絞り込む必要があります。

なお、IoTやAIなど新技術の実証試験を行なうPoC（Proof of Concept）などは、次の時代のIT戦略を形作るためのR&Dの１つであると捉えると、一定額は目的を明確にせず、予算枠として確保しておくことも一案です。

❖ IT戦略の検討プロセス

IT戦略の検討プロセスは、①現状分析、②あるべきIT像の検討、③IT戦略・計画の作成と進めます。

◎IT戦略の検討ステップ◎

Step1 現状分析	Step2 あるべきIT像の検討	Step3 IT戦略・計画の作成
1. ビジネスアセスメント ・経営戦略・計画の確認 ・業界環境・トレンドの調査 ・現状ビジネスプロセスの調査	1. 課題とリスクの整理 ・課題の抽出 ・リスクの評価	1. IT戦略の取りまとめ ・施策オプションの評価 ・戦略骨子のまとめ
2. ITアセスメント ・アプリケーションの調査 ・ITインフラの調査 ・ITトレンドの調査 ・IT部門の調査	2. 戦略方向性の検討 ・アプリケーション・ITインフラの将来方向性検討 ・IT部門の将来方向性検討	2. アクションプランの作成 ・担当者・担当部門の設定 ・スケジュールの作成 ・報告会の実施

❖ ビジネスアセスメントの進め方

①経営戦略・計画の確認

経営者や事業部門へのインタビュー、各種の計画書のレビューを通じて、中長期的に展開しようとしている各事業の戦略や定量目標を確認します。経営戦略立案の段階で、すでにIT部門が確認していることもありますが、あらためて、ビジネス規模の急速な拡大や顧客接点の多様化、サプライチェーンの見直し、KPIの変更など将来のIT像に影響を及ぼしそうな内容に関しては整理をしておく必要があります。

②業界環境・トレンドの調査

経営戦略のなかですでに明確になっているケースもありますが、競合企業のビジネスプロセス改革によるQCD*高度化等のベストプラクティスを調査し、自社に適用できないか、業界の競争環境に重要な影響を与えないかといった点を分析します。またビジネスプロセスに影響を与える規制や法律の改定などが予定されていないかといった点も抑えておく必要があります。

③現状ビジネスプロセスの調査

ユーザー部門へのインタビューなどを通じて、現状のビジネスプロセスとその課題を概観します。手作業や二重入力で業務効率を落としている点はないか、対応スピードや対応の柔軟性の不足などで顧客満足度を低下させている点はないか、業績管理やリスク管理が不十分な点はないかといった観点で課題を抽出していきます。

❖ ITアセスメントの進め方

①アプリケーションの調査

現状の業務アプリケーションを棚卸し、ソースコードそのものの品質やメンテナンス性、運用コストなどを調査します。基盤としているOSやミドルウェアなどのサポート切れのリスク、ユーザーインターフェイスの利便性やユーザーの満足度、他システムとのデータ連携の不足点などを多面的に分析し、評価を行ないます。

②ITインフラの調査

サーバ、ネットワーク、クライアント、ミドルウェアなどITインフラを棚卸し、コストやサポート期限、老朽更新の必要性などを評価します。データセンターなどの物理環境やセキュリティ、バックアップ体制やシステム運用管理ツールなども評価の対象とします。

③ITトレンドの調査

最新のITトレンドを調査し、自社へ適用できないかを検討します。加えて、スクラッチで開発しているアプリケーションのパッケージやクラウドサービスへの代替可能性なども整理しておきます。

④IT部門の調査

現状のIT部門の要員数、スキル、体制、外部リソースの活用状況などを整理します。さらに、新規システム開発への対応状況、改善要望のバックログ、管理レベル向上の必要性など定性的な分析も加えたうえでIT部門の課題を抽出していきます。

❖ あるべきIT像の検討の進め方

①課題とリスクの整理

ビジネスアセスメントとITアセスメントの結果をもとに要素ごとに課題を整理し、その因果関係や真の原因を明確にします。各課題の緊急性、重大性から脅威・リスクを評価するとともに、経営戦略実現上の要請などを考慮し、着手の優先順位をランクづけします。

②アプリケーション・ITインフラの将来方向性検討

現状の課題を解決するために、他社ベストプラクティス*や新技術の適用可能性を考慮しながら、各アプリケーションやインフラの更改、追加システム開発や新規システムの導入といった施策オプションを作成します。各オプションに対して、概算コストや効果、開発工期、リスク、難易度などを検討していきます。

③IT部門の将来方向性検討

中長期的なアプリケーション・ITインフラ像を実現していくにあたっての現状IT部門の課題とギャップを評価します。経営企画部門や事業部門などとの役割分担の適正化、教育や採用などによる要員の強化、外部リソースの活用などの施策案を作成します。

❖ IT戦略・計画の作成の進め方

①IT戦略の取りまとめ

IT予算・要員などの資源制約を明確にしたうえで、各施策オプションを総合的に評価し、取捨選択することによって、中長期的なIT戦略を取りまとめます。関係者に方向性が浸透しやすいよう、課題や背景、重要施策などをグルーピングし、戦略骨子としてまとめます。

②アクションプランの作成

各施策をプロジェクトとしてくくり、大まかなタスクに振り分けたうえで、中長期のスケジュールに落としていきます。この段階で各タスクの責任者や担当部門を明確にし、報告会などを通じて経営層や関係者にオーソライズすることによって、戦略の実行が円滑に進みます。

❖ ITドリブン型の経営戦略立案

これまで、上位目的である経営戦略が事前に検討され、IT戦略のインプットとなる前提で説明してきましたが、昨今ではITをどう活用するかといったことが、経営戦略立案のインプットになるケースも出てきました。

これまでのITは主として業務プロセスの効率化のツールとして活用されていましたが、昨今のインターネットやモバイル機器等の消費者への普及によって、ITが経営戦略の根幹となる製品市場戦略に影響を与えるようになったからです。

具体的には、ITを活用してフィンテック*やMaaS*、オンデマンドサービス、デジタルコンテンツ販売といった新商品・新サービスを作り出す例や、ECやSNSなどを活用してこれまでアプローチしていない新市場に進出する例などがあげられるでしょう。また、UberやAirbnb、メルカリなどのシェアリングエコノミー*と呼ばれるビジネスは、全く新しい市場に新しいサービスを提供する新規事業といえます。これらもITを前提としたものとなっています。

このような「ITドリブン型の経営戦略」を策定する場合には、オーソドックスな経営戦略策定とは異なり、ITコンサルタントやIT部門のメンバーも積極的に関与する必要があります。

◎ITドリブン型の経営戦略◎

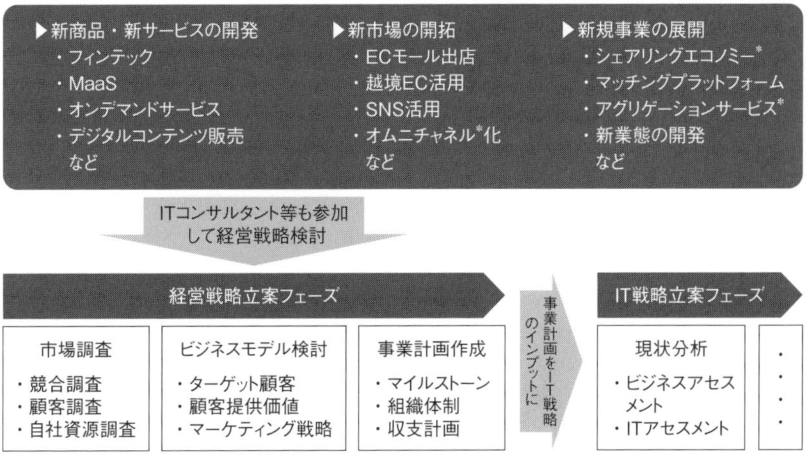

経営戦略策定にあたっては、まず市場調査から着手します。ITの専門家ともコラボレーションしながら、競合サービスの詳細とその技術的な背景、先進ユーザーのニーズや不満などを分析します。そのうえで、IT活用を前提に、ターゲット顧客像や提供サービスの具体的なイメージを検討し、ビジネスモデルを固めていきます。最終的に、収支計画も試算しながら、サービス提供内容や投資額、提供開始時期などを事業計画書にまとめます。

これに続くIT戦略立案フェーズでは、この事業計画書が重要なインプットとなります。IT戦略では、当該新システムの開発計画を織り込むだけでなく、既存システムと連携するための必要な改修なども整理したうえで、将来IT像を具体化することが必要となります。

2-2 ▸IoT

▶ビジネスやライフスタイルを変革するモノのインターネット

❖ IoTとは何か

IoT（Internet of Things）とは、さまざまなものがインターネットにつながる仕組みです。これまでインターネットにつながるものは、パソコンやサーバなどの情報端末に限られていました。人々は情報端末にデータを入力し、イントラネットやインターネットを介して情報交換することで生産性の向上を図ってきました。

近年、スマートフォンをはじめとするコンピュータの小型化・低価格化の進展、また通信環境の高速化により、工場の設備やウェアラブル端末など、あらゆるものをインターネットにつなげられる環境が整ってきています。

これらの端末からデータを自動的に収集し、インターネット上のクラウドサービスに蓄積したデータを分析することにより、業務の効率化や設備機器の制御など、ITによる業務革新の可能性を大きく広げています。

IoTは、企業での活用のみならず、社会問題の解決を支援する面でも注目されています。例えば、少子高齢化にともなう労働人口減少に対する生産性の向上、過疎地域の医療対策として遠隔医療の実現などにも活用されています。

❖ 製造業におけるプロセスイノベーション

日本の製造業では、ドイツで発表されたインダストリー4.0*の考え方に触発され、IoTの取り組みが進んでいます。製造業のIoT活用は、プロセスイノベーションとプロダクトイノベーションの2つの方向性があります。プロセスイノベーションとは、これまでのやり方を新しくすることで価値を生み出すことです。工場のなかのムダ削減やコスト削減を目標とし、IoTを使って工場の見える化を進めます。

工場の見える化は最新設備を導入すると、比較的簡単にデータを取得することができます。しかし、企業によっては最新の設備だけではなく、何十年も使っている古い設備があり、見える化を進めるうえではこれらの設備からも情報収集が必要です。このような古い設備の場合であっても、動体センサや光センサなどを使うと設備の稼働状況を見える化できます。稼働状況を見える化した後、人が分析して問題点を絞り込み、課題を解決していきます。最近では、分析をAIが行なうことで改善のフィードバックを素早く行なうシステムも構築されています。

◎プロセスイノベーションとプロダクトイノベーション◎

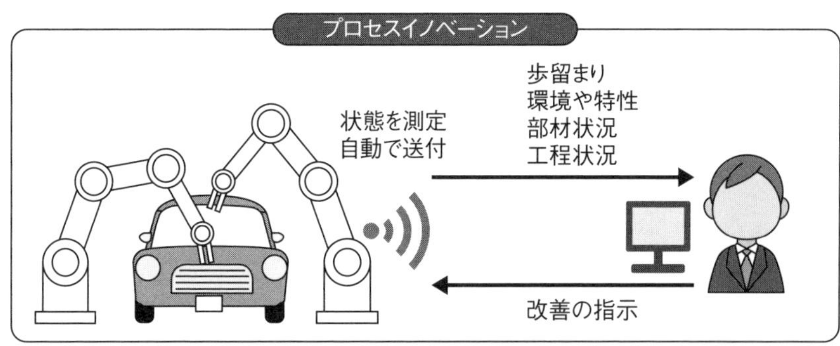

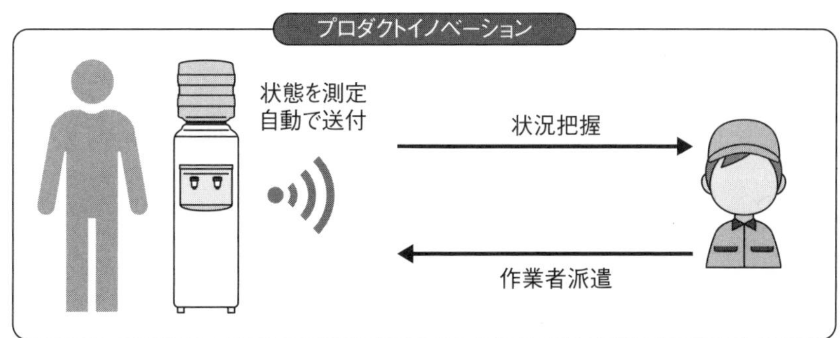

❖ プロダクトイノベーションによる新事業開発

プロダクトイノベーションとは、新しい製品やサービスを生み出すことです。たとえば、ダイドードリンコや日本コカ・コーラは自動販売機に通信デバイスを取り付け、どの製品がいつどのくらい売れたかということをリアルタイムに把握しています。宅配水サービスを提供する富士山の銘水株式会社はウォーターサーバのボトルにセンサを取り付け、天然水の残量が少なくなると、自動で再注文するというサービスを提供しています。

❖ 家庭や社会のスマート化

家庭ではIoT製品が身近になってきました。たとえばLED照明やエアコン、テレビなどの操作はスマートフォンがリモコン代わりになります。Amazon Echoなどのスマートスピーカーを組み合わせると、音声による操作も可能です。これらはホームエネルギーマネジメントシステムと呼ばれ、電気の使用量と連動して、安全で快適なライフスタイルを実現しようとしています。

個人ではウェアラブルデバイスの利用も進んでいます。Apple Watchに代表されるスマートウォッチは、電話の受発信だけでなくSNSなどの着信機能も備えています。

少子高齢化を背景に、赤ちゃんや高齢者の見守りという分野も拡大しています。たとえば、離れた部屋で寝ている赤ちゃんの状況や睡眠の状態をセンサで把握し、問題があればスマートフォンやアラーム等で知らせま

◎医療分野での利用◎

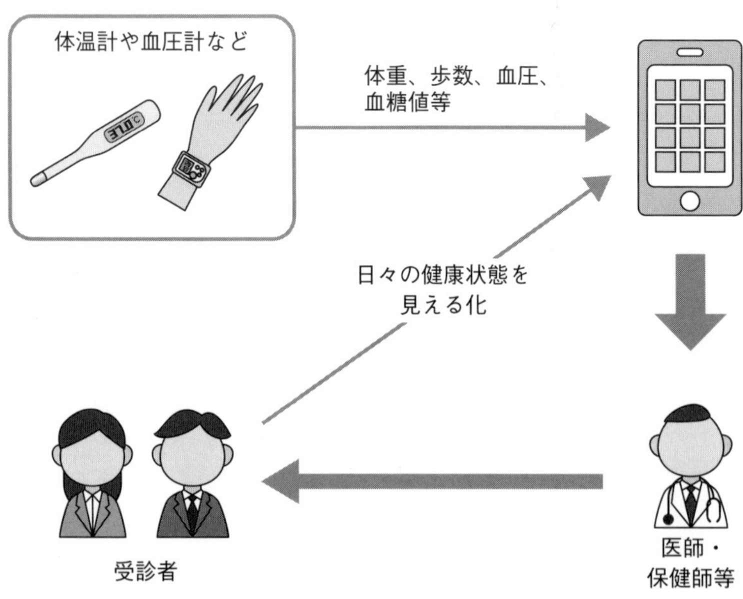

す。高齢者の見守り分野では、遠く離れた家族のためにエアコンの温度をコントロールすることによって、気温が高いときの熱中症を防げます。

医療分野では医療費の増加や医師不足を背景に、ウェアラブルデバイスを使った健康管理が行なわれています。日常的に使用されることの多い、体重計や血圧計もスマートフォンにデータを蓄積できます。またスマートウォッチを使い、心拍数や歩数などをクラウドサービスに自動的に蓄積できます。これらのデータを医療機関が分析して活用することで生活習慣病の予防や改善に役立てることができます。

❖ IoT の構成

IoTは、センサ、IoTデバイス、ネットワーク、クラウドプラットフォーム、分析制御基盤などで構成されています。

①センサ

センサは身の回りの状況を把握するデバイスです。モノの状態の変化を捉えアナログ信号やデジタル信号を出力します。身近な例では、エアコンの自動温度調整です。エアコンの温度を20度に設定すると温度センサが現在の温度をデータ化して本体が温度制御を行ないます。

また、スマートフォンには加速度センサやジャイロセンサが搭載されて

◎センサの種類◎

センサ	検出対象	利用例
温度/湿度	温度/湿度	環境測定、製造、医療
光	自然光や照明	証明システム、農作物環境測定
加速度	移動の速度変化	歩数、ドローン
ジャイロ	物体の回転	デジタルカメラの手ぶれ補正、カーナビ
磁気	南北の方位	パソコンのスリープモード
バイオ	化学物質（味や匂い含む）	ガスなどの爆発物質探索、麻薬探知
生体	脈派（血管の体積変化）	心拍数
画像	画像	異常値や位置関係測定
音	音	動作制御
タッチ	接触	タッチパネル、スイッチ
距離	測定対象の距離	自動運転
GPS	地球上における位置	スマートフォン、自動運転

※株式会社エムティブレイン、株式会社サートプロ「IoT の技術とマネジメント入門セミナー」より引用

おり、スマートフォンの向きや傾きを検知して画面を適切に表示します。

②IoTデバイス

IoTデバイスは、中継デバイスやエンドデバイスとも呼ばれ、センサからアナログ信号やデジタル信号を受け取り、デジタル信号に変換してクラウドサービスに送る役割を担っています。クラウドサービスからデータを受け取り、装置を制御する役割もあります。

IoTデバイスには、Raspberry Pi（ラズベリーパイ）やArduino（アルドゥイーノ）に代表されるシングルボードコンピュータやマイクロコンピュータと呼ばれる小さなコンピュータがよく使われます。Raspberry PiやArduino は数千円から販売されており、IoTの普及に一役買っています。

◎IoTの構成◎

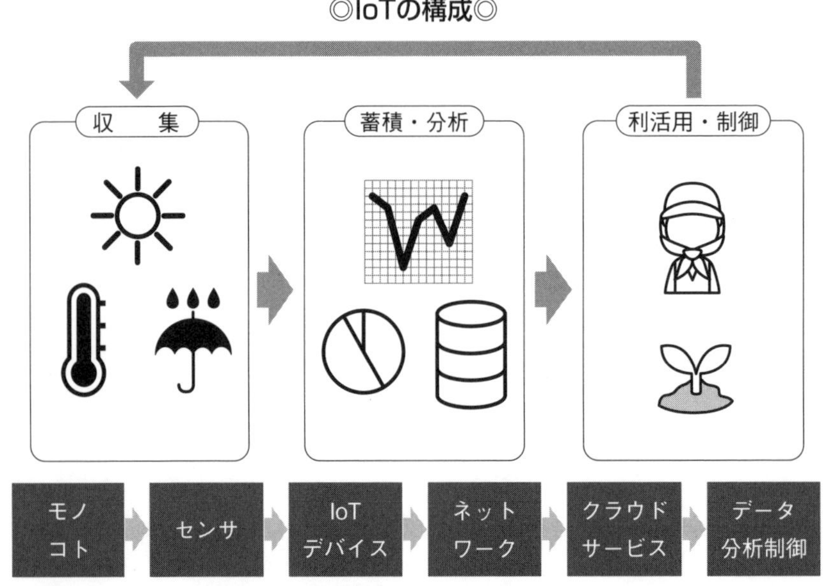

③ネットワーク

ネットワークは、機器と機器を接続する状態やその構成です。IoTを構成する機器は、センサや中継デバイス、クラウドサービスなどさまざまな機器やシステムがあり、相互接続が必要です。ITコンサルタントは、機器の特性や利用方法により4GやBluetoothなどの通信規格を選択します。

IoTは多くのセンサからネットワークへ大量にデータを送信するため、効率のよい送信手段が必要です。センサからデータを流すスピードは低速でよいケースもありますが、データを集約してクラウドサービスに送信する際は大容量のデータになります。センサとIoTデバイスは近距離であったとしても、IoTデバイスからクラウドサービスへの接続は、携帯電話と同じような遠距離でも安定的に通信できる手段が必要です。ネットワークは適材適所に応じた通信規格を選択する必要があります。

次世代通信規格の5Gは、超高速（4Gの20倍）、超低遅延（4Gの1/10）、多数同時接続（4Gの10倍）という特徴をもっています。自動運転技術における周辺状況の監視、製造業の生産ラインにおけるセンサ情報をもとにしたリアルタイム制御など、5GのメリットがIoTの活用をますます加速させると予想されます。

◎各通信方式の位置づけ◎

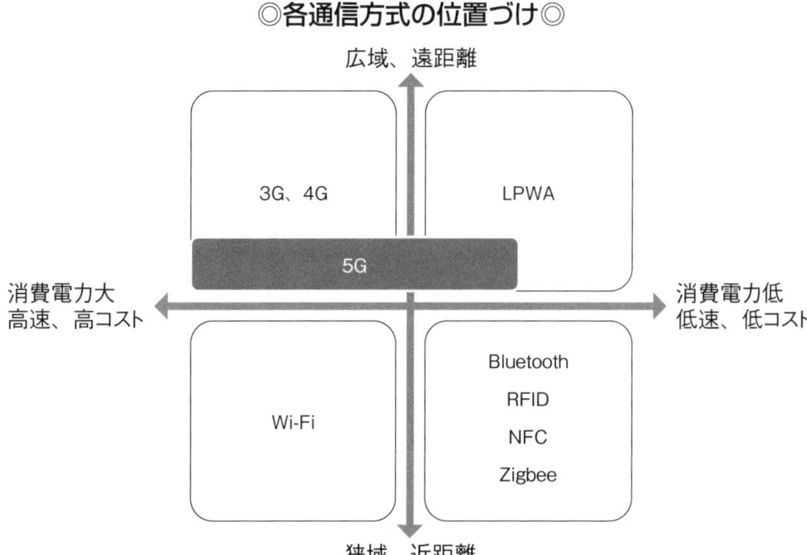

※総務省「平成29年度版情報通信白書」より引用

④クラウドプラットフォーム

センサで取得したデータの蓄積や分析をするプラットフォームとしては、Amazon AWSや Google Cloud 、Microsoft Azureなどがあります。これらはIoT のデータを収集するだけでなく、そのデータを分析するサービスも備えています。

⑤データ分析制御

クラウドプラットフォームに蓄積されたビッグデータを分析することで、原因分析や将来予測などに活用できます。この分析作業は、従来、人間が行なうのが一般的でしたが、AIによる効率的な分析が可能となってきています。

ただし、データ分析は、単にデータを集めるだけではなく、目的に合わせて分析して次のアクションを意思決定することが大切です。この活用目的を明確にするのが、ITコンサルタントの存在価値です。

⑥IoTの適用ではセキュリティ対策が必須

IoTの適用で忘れてはならないのが、セキュリティ対策です。IoTにより自動的にデータを収集できるからこそ、プライバシーを守ったうえでデータを収集しなければなりません。

特にRaspberry Piに代表されるIoTデバイスは、汎用的なOSが使われることが多く、悪意ある第三者からの攻撃を受け、情報漏(ろう)えいにつながる可能性があります。

たとえば自宅に設置したWebカメラを外部から操作され、不特定多数の人に公開されるという被害が報告されています。他には自動車の車載システムに外部から侵入して遠隔操作されたり、医療機器を不正に操作することで生命の危険にさらされたりする可能性があります。

IoTを導入する際、どのようにセキュリティを確保するか、セキュリティ事故を防ぐためにはどのようすればよいか、ITコンサルタントの使命の1つとして考えなければなりません。

2-3 AI

ディープラーニングの技術進歩により実用化が加速

AIとは

AIは、人工知能（Artificial Intelligence）の略です。コンピュータが、まるで人間のように言語を処理したり推論したり判断したりすることを指しています。

元々は、1956年のダートマス会議にて提唱され、自然言語処理などの基礎研究を中心に第１次AIブームが始まりました。その後、1980年代から1990年代にかけて、音声認識や知識ベースなどの第２次AIブームが訪れ、現在のブームは、機械学習やディープラーニングを中心とする第３次AIブームと呼ばれています。

第３次AIブームでは、コンピュータの処理性能の大幅な向上やインターネットによる膨大な情報収集の容易性拡大を背景に、応用技術の開発が進み、適用拡大への期待がますます高まっています。

シンギュラリティの2045年問題

2005年に、人工知能が人間の知識を2045年に上回るという説「シンギュラリティ」も提唱されました。シンギュラリティ（技術的特異点）に到達すると、AIが人間の能力を超えるため、人間にしかできなかった多くのことが機械によって代替され、社会生活や雇用環境が大きく変わると予想されています。

この2045年問題に懐疑的な研究者も多く、現実化するかどうかは定かではありません。しかし、AIの技術進歩の速さから、いずれシンギュラリティが起こる可能性を秘めており、その世界観は注目に値します。

AIの応用分野

第３次AIブームの主役は、ディープラーニング（深層学習）です。生活や医療、金融、自動運転など、多くの領域において研究開発や実証実験が進められており、さまざまな産業分野にイノベーションをもたらすことが期待されています。

ディープラーニングは、機械学習の１つで人間の神経（ニューラル）を真似たニューラルネットワークを活用してコンピュータで自動的に学習を進める技術です。パターンに応じた簡単な処理を複数の層に深めていくことで、複雑な処理を可能にするため、深層学習とも呼ばれています。コンピュータの性能向上とインターネットによる大量の情報入手が可能になったことにより、実用レベルに達してきました。

ただし、AI技術は、ディープラーニングだけではありません。機械学習やルールベース、探索アルゴリズムなど、第３次AIブーム以前の古くからある技術も含めて広く実用化されています。

◎ディープラーニングの位置づけ◎

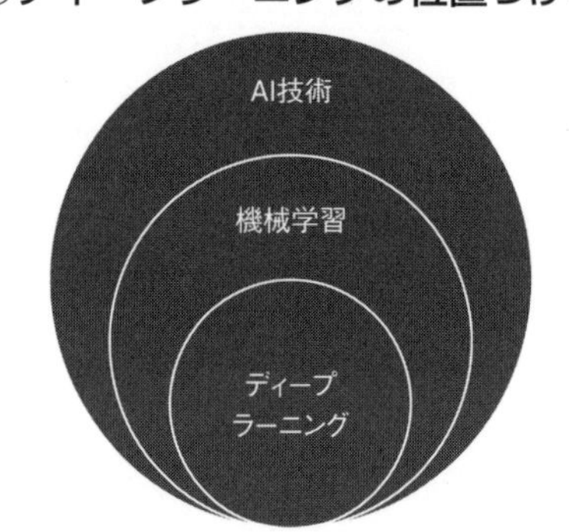

①画像認識

画像認識は、カメラで撮影した画像を入力し、画像データから特徴を抽出することで物体を認識します。近年、大量の画像を読み込ませて特徴から対象を認識するしくみを実現する機械学習（マシンラーニング）が台頭しています。そのなかでも、人間の神経細胞を模したモデルを使う方法がディープラーニングです。

ディープラーニングも機械学習の一種であり、前処理として大量のデータによる学習処理が必要ですが、ニューラルネットワークによる非線形な深層学習が行なわれるため、人間に特徴を教えてもらわなくても自ら発見でき、問題によっては人間を超える性能を達成できる可能性があります。

身近な例としては、スマートフォンで標準提供されている顔認証によるロック解除があげられるでしょう。また、2020年には主要空港の国際線に顔認証ゲートが設置されました。顔認証ゲートでは、パスポートリーダーにパスポートをかざして、顔認証カメラで撮影する必要があります。撮影されたパスポートの顔写真と実際の顔写真の特徴をディープラーニングで抽出し、アルゴリズムで類似度計算をすることで効率的に照合しています。

製造業では、これまで人の目に頼っていた製品のキズ判定や不良品の識別作業に画像認識を適用し、人間以上の高速な検出を可能にしています。少子高齢化による労働人口の減少により、工場内の危険区域における1人作業も増えています。安全管理のため画像認識を使った危険予知が実用化されています。

流通業では、マーケティングの観点から活用が進んでいます。来店客の数をカウントするのはもちろん、店舗内エリア単位の滞在時間や動線などを画像から分析してデータとして可視化します。このデータを分析することで、店舗のレイアウトや商品配置の改善に活用しています。

◎画像認識の応用例

業界	応用例
製造業	・外観検査による不良品の自動識別 ・監視カメラによる設備故障の予兆判断 ・アナログメーターやデジタルメーターの自動読み取り ・立ち入り制限区域の人物検知による安全管理強化
流通業	・棚割管理における商品の種類や数の識別 ・顔認証による来店客の行動分析 ・商品と来店客の顔認証による決済
医療福祉	・画像から病巣を特定する画像診断支援 ・人を検知し自律走行する介護ロボット
物流業	・画像の識別によってバーコードなしに入出荷の検品 ・ロボットによる自動ピッキング作業
農業	・野菜の色や形状から収穫時期や収穫量を判定 ・不良な作物を検知して除去 ・果実を自動収穫するロボット
交通	・線路の状態をリアルタイムに遠隔監し最適なタイミングで補修 ・ホームの混雑状況を可視化し駅構内の設備を見直し ・酔っ払いや転落の危険のある人物を検出し自動通知 ・走行中のカメラ画像から走行環境を認知し自動運転
防犯・防災	・不審者や不審行動を検知 ・河川などの変化を監視し異常通知 ・ドローンからの画像による被災地の人影検知

②音声・言語認識

音声認識とは、人が発した音声をコンピュータに認識させることを目指した技術であり、日常的に使われる言語を解析する自然言語処理と組み合わせて応用されていることが多くなっています。

身近な例としては、iPhoneの音声応答アプリであるSiri、Googleの音声検索、Amazon Alexaなどのスマートスピーカーなどがあげられます。

ビジネス向けでは、機械翻訳、チャットボット（chatbot）などがあります。機械翻訳は、従来、手間がかかるルールベースや統計ベースで実現されていましたが、ディープラーニングを使うことによって、文脈を捉えた自然な文章を生成でき、翻訳のレベルが大幅に向上しました。

この音声認識のAI技術を適用することによって、手で入力する手間を大幅に効率化できるだけでなく、たとえば長時間の会議でも音声から議事録をテキストとして記録できるため業務の精度向上にもつながります。

また、音声だけで応対する必要があるコールセンターの業務改善手段としても適用が進んでいます。音声を元に顧客やオペレータの状態や感情を可視化することによってオペレータのモチベーションを把握し、管理者によるオペレータ向けのコーチングを支援する取り組みがあります。

③その他のAI技術

画像認識や音声認識、自然言語処理以外のAI技術としては、プランニング技術やマッチング技術などがあります。

プランニング技術は、処理時間など一定の制約の下で最適な作業順序の候補を洗い出し、生産性や費用などの評価関数を最大化する計画の選択を支援します。

たとえば、配送のルート計画やロボットの複雑な動作実行でプランニング技術が採用されています。配送のルート計画では、目的地まで運ぶルートが複数あり、トラックの台数や空き状況などの制約の下、同一時間内に荷物をできるだけ多く運び、かつ費用を抑える必要があります。従来は経験豊富な専門家が担当していましたが、AIにより計画案を効率的に作成することができます。

マッチング技術は、さまざまなニーズをもった人や物などを、最適な形で引き合わせる仕組みです。最適なマッチングを実現するためには、多くのデータを照合する必要がありますが、組み合わせ数が要素の掛け算になるため、人間の手で行なうには多くの人員と手間が必要になります。マッチング技術によって、組み合わせの制限や優先度を満たす組み合わせを候補として洗い出し、満足度などの評価関数を最大化する案を効率的に選択できます。例としては、保育園の待機児童のマッチングサービスやビジネスパーソンの人材マッチングなどがあげられます。

❖ AIシステムを実現する基盤

ディープラーニングを代表とする機械学習の学習処理では、大量のデータをメモリに展開して反復しながら精度を高めていく計算を実行するため、膨大な計算機能力が必要となります。特に画像認識は、一般的なパソコンやサーバでは対応できず、画像処理に特化したGPU（Graphics Processing Unit）をもつ計算機の導入が欠かせません。

AIシステムの基盤には、サーバ、クラウドサービス、エッジの３種類があります。

①サーバ

ディープラーニング向けのGPUとして、デファクトスタンダードになっているのがNVIDIA社とAMD社が提供する製品です。これらGPUを搭載したサーバ上に学習用ソフトウェアを開発しディープラーニングの学習環境として使います。開発で使われるプログラミング言語としてはPython、ソフトウェアライブラリとしてはTensorFlowなどがあります。

②クラウドサービス

ディープラーニングを効率的に実行するためには、前述したGPUを大量に搭載したサーバが必要となりますが、費用面から企業が個別に導入するのは難しく、GPUや学習用ソフトウェア技術の進展も速いため、AI開発向けの環境を提供するクラウドサービスのニーズが高まっています。

これに対して、クラウドベンダー各社からSaaS*（Software as a Service）やIaaS*（Infrastructure as a Service）の形態でサービスが提

供されています。SaaSはGPU搭載の計算機にディープラーニング用のミドルウェアとしてフレームワークやライブラリなどを提供する形、IaaSはGPU搭載の計算機を提供しミドルウェアは自前で導入する形をとります。

◎代表的なAIクラウドサービス◎

ベンダー	サービス名	特徴
Microsoft	Azure Cognitive Services	視覚、音声、言語など、認知（Cognitive）機能に着目した事前学習済モデルを提供している。
Google	Google Cloud AI	機械学習に特化したクラウドサービス。音声翻訳など、事前学習済モデルも提供されている。
Amazon	AWS Machine Learning	Amazonが提供するクラウドサービス。画像分析や需要予測などのサービスが無料で提供されている。
IBM	Watson	AIを人間の知識を拡張するAugmented Intelligenceと捉え、自然言語処理や機械学習などのサービスを提供している。

③エッジ

パソコンや旧型のスマートフォンといった端末（エッジ）側の性能レベルでは、ディープラーニングの学習済モデルによる推論を効率的に実行できません。したがって、ネットワークに接続してサーバやクラウドサービスを活用するわけですが、自動運転やロボット制御などの分野では、モバイル通信やインターネットの障害発生時の停止が許されないため、エッジ側で推論をする必要があります。また、製造業の生産現場では、現場で集まるデータを元に学習精度を高めるのみで外部との通信は通常不要です。

このような用途において、エッジ基盤上のAIが有効で、スマートフォンが搭載するセンサーなどを活用したIoTの利用が広がるにつれて、注目を浴びるようになっています。代表的なエッジ基盤としては、iPhoneのAI専用SoC（System on Chip）に搭載されているNeural Engine、安価で高速なシングルボードコンピュータのRaspberry Piなどがあります。

❖ AI本格導入の課題

AIシステムの実証実験から本格導入へ移るケースが増えています。2020年10月に富士キメラ総研が発表した「2020人工知能ビジネス総調査」では、AIビジネスの国内市場は、2020年に１兆円を超え2025年には２兆円規模に急成長すると予測されています。

AIを容易に活用できるクラウドサービスの環境が整ってきていることが市場の成長を後押ししており、加えて構築したAIシステムを長期的に運用保守していくビジネスも伸びが見込まれます。一方で、普及が進むにつれて、AIの認識精度など品質が問われることは間違いありません。

自動運転や医療診断など、推論結果が重大な結果を引き起こす可能性のある分野では、なぜその推論を導いたのか、という説明可能性が重要です。しかし、AIは、入力したデータに対する推論のプロセス自体が見えないため、人間にはその理由が理解しにくいものとなります。

この説明可能性を人間が解釈しやすいようにモデル化したり、ブラックボックスの中身を検査したりするなどの研究も引き続き行なわれており、今後の動向に注意する必要があります。

AI導入のプロセス

AIシステムを導入するにあたり、ITコンサルタントは、業務における課題や目的を明確にし、業務フローなどで人間とAIの作業分担を決めAIの導入範囲を決める必要があります。ここまでは、通常のシステム企画と同じですが、AIの場合、選んだAIモデルが実運用に耐えうるのか把握するため、AI環境を整備してデータを機械学習させ、学習済のモデルで推論を実行してみる必要があります。これをPoC（Proof of Concept）といいます。精度評価の結果によっては、適用するAIモデル自体を変更したり、データを増やして再学習させたりする必要が出てきます。

最終的に確定したAIモデルを実運用の環境に導入し、周辺のIoT機器や生産管理システムなどと連携し、業務システムとして稼働させます。

◎AI導入のプロセス◎

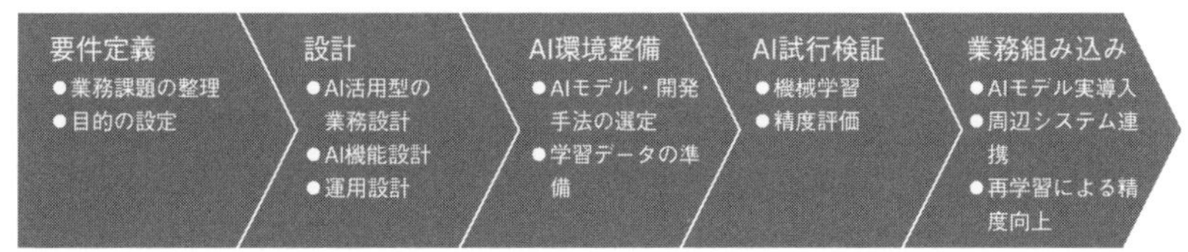

2-4 ▸CRM

▶顧客の個別ニーズへの対応と収益性の両立を図る経営手法

❖インターネット活用によるCRM適用領域の拡大

顧客情報を販促活動に活用するという発想は古くからあり、その手法や技術の変遷を通じて発展してきました。CRM（Customer Relationship Management）の歴史的背景としては、1880年代以降のアメリカにおける通販ビジネスの成功が大きな影響を与えています。当時のアメリカの主要産業は農業であり、国土の広大さから農民は馬や鉄道で市街部へ行くか、個人商店から高額の商品を買うしか選択肢がありませんでした。シアーズはここに商機を見出し、カタログ上の商品をハガキで発注してもらい商品を郵送で提供するダイレクトマーケティングビジネスを軌道に乗せました。このシアーズの成功は、顧客データに基づく販売活動の展開、今日のCRMの成立を決定づけたといえます。

そして1980年代、各国で多数の通販会社が運営されるなか、顧客コンタクトチャネルとしては従来の郵便に加えて電話が主流となり、多くのコールセンターが開設されました。1990年以降の携帯電話の普及は、電話番号による個人識別を可能とし、CRMとの連動を後押しすることとなりました。

2010年以降は、スマートフォンの普及によるSNSやアプリによる顧客へのダイレクトなコンタクトが可能となり、消費者行動の即時収集や分析などにより、CRMの新たな適用領域が広がっています。

❖経営戦略とCRMの活用範囲

近年、B2B（Business to Business）、B2C（Business to Consumer）を問わず、顧客ニーズの多様化に合わせて顧客１人ひとりに個別対応しながら、顧客満足度と事業の収益性を両立させることが課題となっています。

解決策として、まずは経営戦略における顧客関係構築の在り方やCRM活用の方針の設定、顧客セグメントや重要顧客の定義を行ない、顧客分析を実施することが有効です。

◎経営戦略とCRMの活用◎

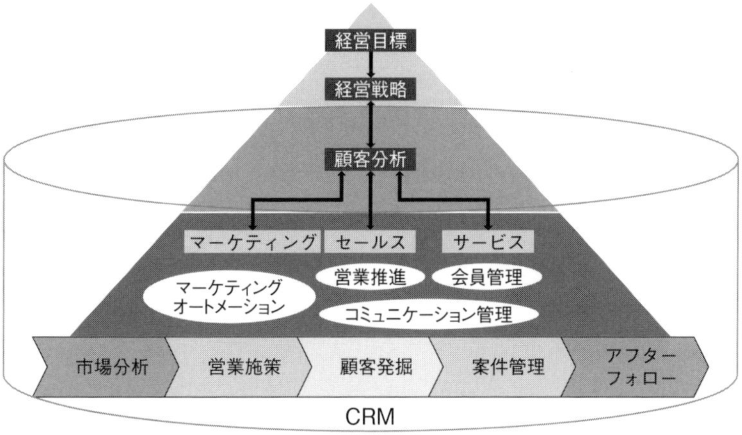

❖ CRMのプロセス

CRMは、顧客関係管理プロセスとして、市場分析・営業施策・顧客発掘・案件管理・アフターフォローの５つのステップで進める必要があります。

市場分析では、マクロ、ミクロ、および顧客の3つの視点で市場を分析し、市場規模や発展性、顧客の潜在ニーズを発見します。マクロ分析によって、景気変動、人口動態や流行の変化、新技術の普及、法改正などの社会的変化を捉え、ミクロ分析で、業界特有の構造や事業の収益性を把握します。マクロとミクロの知見に基づき、顧客分析によって、顧客ニーズや価値観の動向を明確にします。

営業施策では、顧客をセグメント化して最適な販売施策を策定し、キャンペーンやポイント付与の企画と実施、市場分析で得た知見に基づく仮説検証などを行ないます。

顧客発掘では、新規顧客の開拓と見込み顧客のデータ管理を行ないます。開拓の方法にはアウトバウンドとインバウンドがあります。潜在顧客や見込み客に電話をかけて商品を紹介するのは典型的なアウトバウンドであり、文字通り、企業側から情報を発信するアプローチです。反対にインバウンドは、潜在顧客や見込み客が発信する商品への興味や問い合わせを企業側で受信し、コミュニケーションを通じて顧客関係を築いていくアプローチです。電話や電子メールによる問い合わせ、セミナーや展示会への参加、SNSでの「いいね!」や「リツイート」はインバウンドに該当します。

案件管理は、営業日報管理、商談スケジュール管理、テリトリー管理、受注進行管理など、営業領域のサブプロセスからなります。

アフターフォローは、購入後の顧客からのクレーム対応に代表されるように、解約率の低減や顧客関係維持のために重要なプロセスです。

❖CRMシステム導入による課題解決

CRMシステムは、顧客関係管理プロセスのカバー領域によって、マーケティング型、営業推進型、コミュニケーション型、会員管理型の4つに分類されます。期待される導入目的や利用シーンに応じて解決すべき課題が異なっており、各々に適した機能が装備されています。

◎顧客関係管理プロセスとCRMシステムのタイプ◎

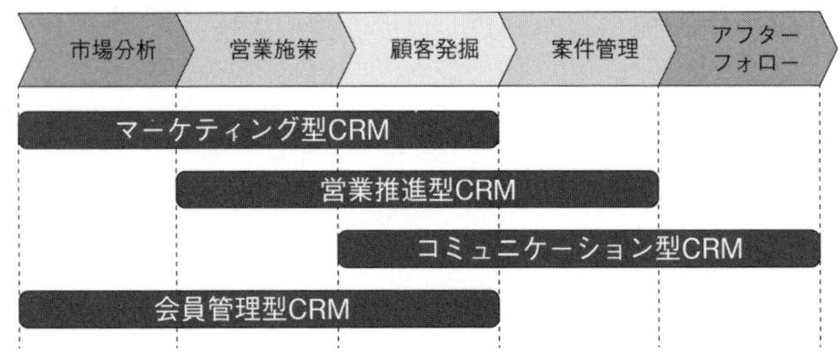

①マーケティング型CRM

マーケティング型CRMは、顧客に対する販売促進施策の推進を目的としています。「市場分析」における顧客セグメントの設定、「営業施策」におけるキャンペーン管理、仮説検証、電子メール/スマートフォンPush通知、レスポンス管理、「顧客発掘」におけるマーケティングオートメーションなどを実現します。マーケティングオートメーションによって、顧客へのコンタクト（電子メール/スマホPush通知などの発信）とレスポンス

（受信・開封・URLリンクなどへのアクセスなど）の自動認識、結果に連動した次ステップの自動化シナリオの登録機能など、販売施策の精度向上と省力化を図ることができます。

②営業推進型CRM

営業推進型CRMは、新規顧客獲得・案件獲得などの営業プロセスの効率化を目的としています。「営業施策」における顧客セグメント管理機能やキャンペーン管理機能、「顧客発掘」における新規顧客開拓機能や見込み顧客情報管理機能、「案件管理」における案件進行管理や営業日報管理などを実現します。

さまざまな顧客接点（電話、メール、セミナーなど）を通じて掘り起こした潜在顧客を、自社商品情報の提供や訪問などの密なコミュニケーションを通じて見込み顧客化し、具体的な案件リストを作成して進行管理するプロセスがサポートされます。潜在顧客を実際の顧客に育成するまでの「ナーチャリング*プロセス」が特に重要となります。

◎顧客との関係性による顧客の分類◎

顧客の分類	説明
潜在顧客	商品やサービスに対する潜在的なニーズはあるはずだが、まだ自覚がない。
見込み顧客	商品やサービスに対する顕在化したニーズがあり、必要性の自覚をもっており、コミュニケーションのパスもできている。
既存顧客	すでに商品やサービスを購入した実績がある。
優良顧客	高い頻度で商品やサービスを購入している。商品やサービスの売上全体に対して当顧客の占める割合が大きい。

③コミュニケーション型CRM

コミュニケーション型CRMは、顧客からの受注受付・問い合わせ対応などを対象領域としています。「顧客発掘」におけるインバウンド・アウトバウンド対応機能、「案件管理」における受注進行管理機能、「アフターフォロー」におけるクレーム対応機能などを実現します。

コミュニケーション型CRMにおける顧客接点は、コールセンター方式が主流であり、顧客からの受電を顧客データベースに連動させるCTI

(Computer Telephony Integration) 機能によって、オペレータの画面に自動的に顧客プロファイルや購買履歴などを表示させることができます。これにより、顧客の待ち時間短縮やスムーズな情報共有、オペレータの業務手順の簡素化と余裕をもった顧客対応時間の捻出に貢献しています。またコールセンター以外の重要機能として、FAQサイトの公開やAIチャットツールの運営、問い合わせ履歴に基づくVoC*分析なども、ビジネスに有効な手段を提供しています。

④会員管理型CRM

会員管理型CRMは、顧客の会員化によるリピートオーダーの獲得や継続的な購買履歴の蓄積・活用を主な目的としています。「営業施策」におけるキャンペーン管理、ポイント付与・利用、特典設定・交換、「顧客発掘プロセス」における新規会員獲得などを実現します。

具体的には、商品購入時や試供品提供時に会員登録を促すことによって、顧客属性や購買履歴データの蓄積が可能となります。ポイント制度を導入して会員入会の動機づけを行ない、購買額に応じたにポイントの付与により、蓄積されたポイントを一定の金額と見なして使用できるようにすることで、実質的な値引きによる販売促進効果も生まれます。

一度購入した顧客を会員として囲い込み、リピートオーダーの回数・頻度・金額を上昇させることで、業績向上につながります。会員顧客を購買履歴に基づいて、優良顧客、一般顧客、新規顧客、離反顧客に分類し、優良顧客の購買額の拡大、新規顧客のリピート受注確保、離反顧客の呼び戻しなど、それぞれに適した施策を推進します。

◎購買履歴に基づく会員顧客の分類と適した施策◎

会員顧客の分類	とるべき施策
優良顧客	最上位ランクの会員に対するサポートを強化して満足度を維持・向上させる。購買額のさらなる拡大と未購買の商品ジャンルへの誘導を図る。
一般顧客	上位ランク会員の特典と移行条件を提示して誘導。
新規顧客	リピート受注の確保。上位ランク会員の特典と移行条件を提示して誘導。
離反顧客	ダイレクトメールやメールマガジンで、イベントやキャンペーン情報を提示して、呼び戻しを図る。

❖ データ分析による顧客の見える化

CRMシステムによって収集・蓄積された顧客属性や購買履歴などのデータを分析し、顧客の見える化を行なって、より効果的な営業戦略や販売施策を策定することが可能になります。

データ分析には、定型レポーティング、アドホック分析、データマイニング、テキストマイニング、数理統計分析（データサイエンス）、リアルタイム分析などの手法を活用します。収集・蓄積された膨大なデータ群はビッグデータ*と呼ばれ、特別な分析技術が必要となります。

◎ビッグデータの活用例◎

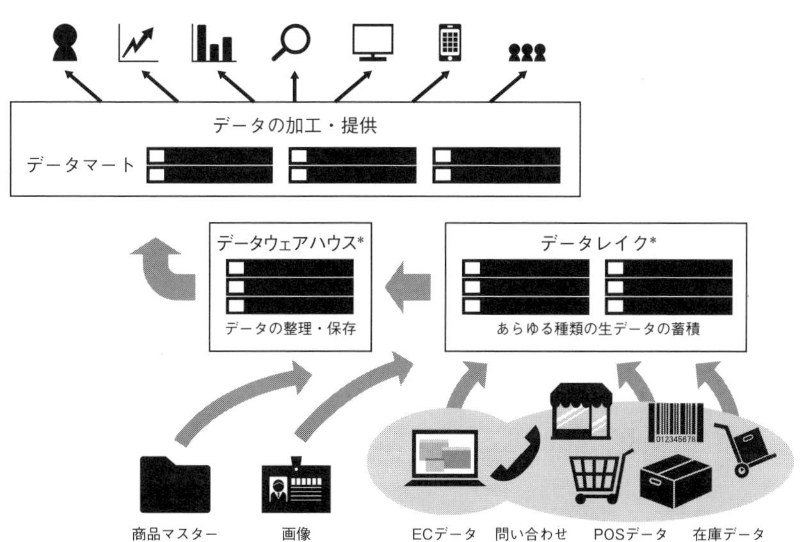

❖ CRMシステムの導入事例

①百貨店（会員管理型CRM、顧客の見える化）

百貨店においては、会員管理型CRMの導入やデータ分析による顧客の見える化が進んでいます。店舗が発行するクレジットカードに入会している会員情報と購買履歴に基づき、デシル推移分析から優良顧客、一般顧客、新規顧客、離反顧客などの識別を行ない、効果的な施策を実践しています。デシル分析とは、購入金額が多い順に顧客を並べて10等分し、10個のグループのそれぞれの購入金額を集計して、総売上の何パーセントを占めているか、さらに上位グループからの累計値として何パーセントを占めているのか（累積購入金額比率）を認識して、売上に対する貢献度の観点でマーケティングや販売施策を展開する手法です。

②化粧品通販（コミュニケーション型CRM）

化粧品通販においては、会員情報を活用したリピート受注の販売施策を展開し、コールセンターでの受注システムとCTIとの連動、顧客問い合わせにおけるチャットボットの活用などによって、受注効率の向上を実現しています。チャットボットとは、「チャット」と「ロボット」を掛け合わせた造語で、相手との会話（チャット）を自動化（ロボット）するしくみです。「配送・請求・支払や返品の方法について」のように、簡単で定型的な質問に対する回答パターンをチャットボットに設定しておくと、プログラムによって顧客対応を自動で行なえます。オペレータは、より多くの時間を難易度の高い質問への回答や重要顧客のケアに費やすことができ、業務の効率化とコスト削減の両立が可能となります。

③飲食店の事前発注システム（会員管理型CRM）

会員がスマホの専用サイトから商品を予約し、でき上がり時刻に来店することで、待ち時間の削減による満足度の向上、来店頻度の向上や追加オーダー獲得などの効果を上げています。

❖ IoTやAI によるCRMシステムの高度化

消費者がスマートデバイスを１台以上保有し持ち歩くのが一般的となり、アプリやWebサイトへの常時アクセスが日常化しています。これを背景に、IoT（☞46頁）やAI（☞53頁）を活用したCRMシステムの高度化が図られつつあります。

スマートデバイスをベースに、位置情報の取得、店頭への接近検知、キャンペーン情報のリアルタイム表示、会員証の電子化などが実現できています。さらに先進的な取り組みとして、顧客の顔認証を利用した店内動線分析、CRMシステム連動による店内棚配置、ショッピングモールにおける店舗配置の最適化などもあげられます。

一方、顧客ニーズが細分化し、ニーズの裏に潜む動機も多様化しています。顧客に対するお勧め商品の最適化や販促手法の選定にあたって、データを手作業で分析するのは容易ではありません。AIを活用したデータ分析によって、顧客向けの販促メッセージを自動生成するなどの研究が進められています。

❖ ITコンサルでは解決すべき経営課題を明確化する

インターネットによって顧客と企業が直結される時代となったことから、CRMは業種業態を問わず、今後ますます広範囲にわたって導入が進むと想定されます。CRMシステム自体も、インターネットのクラウドサービス上に構築される事例が多くなっています。

企業経営におけるCRMの重要性は増すばかりで、ITコンサルタントにとっての重要なテーマとなっています。CRMの提案・導入にあたっては、解決すべき経営課題を念頭に、刷新すべき顧客接点や顧客に提供すべき価値、会員制度のあり方などの経営戦略上の重要な論点を踏まえて、適切なシステムのデザインを行なう必要があります。コンサルティング活動の前提として、CRMのコンセプト用語を理解しておくことをお勧めします。

◎CRMのコンセプト用語◎

コンセプト	内容
コミュニケーションチャネル	ITの普及により、顧客チャネルが多様化している。WebサイトやSNSなどのチャネルでは、特定の顧客をターゲットにしたコミュニケーションが容易に行なえるので、良好な顧客関係の維持や顧客満足度向上のための有効な手段となっている。
コンタクトポイント	顧客が企業から商品やサービスを購買する一連のプロセスにおける、あらゆる接点をコンタクトポイント、あるいはタッチポイントと呼ぶ。Webサイト、広告、メールマガジン、ダイレクトメール、実店舗、担当営業、ECサイト、請求書、商品サービスそのもの、アンケート、アフターサービスなど、あらゆるものがコンタクトポイントとして認識される。
カスタマージャーニー	顧客が、商品やサービスの存在を知ってから購買決定するまでの流れを「顧客の旅」として捉えて可視化し、商品比較や意思決定などの行動パターンとそれらの要因を分析して、マーケティング活動の最適化や効果的な施策に結びつけていく。
RFM分析	特定の期間を設定して、顧客の購買データをR（Recency：最終購入日からの経過日数）、F（Frequency：購入頻度）、M（Monetary：累積購入金額）の切り口で集計、分類して、顧客のセグメント化を行なう分析手法。デシル分析では購買金額のみに着目して顧客をグループ化するが、RFM分析では購入頻度や最終購入日が分析軸となっているため、購買行動の傾向を反映した顧客セグメントを認識でき、マーケティングや販売施策に結びつけることができる。

2-5 ▸デジタルマーケティング

▶ オンライン時代の消費者との効率的なコミュニケーションの実現

❖ デジタルマーケティングとは何か？

デジタルマーケティングとは、インターネット接続されたパソコンやタブレット、スマートフォンなどを利用したマーケティング手法のことです。従来型のマーケティングでは、街頭調査や郵送などオフラインでの消費者アンケートでニーズを把握し、テレビやラジオ、新聞、雑誌といったマスメディアを使って、潜在顧客に幅広く広告メッセージを届けていましたが、いずれも価格が高く、またその投資効果もわかりにくいものでした。

しかし、消費者の情報収集源が従来型のマスメディアからデジタルメディアへシフトしていくにつれ、企業にとってもメリットが多いデジタルマーケティングの活用が進むようになってきました。

❖ 企業にとってのデジタルマーケティングのメリット

①ユーザーニーズや購買行動の把握・分析のしやすさ

消費者の情報収集活動や購買活動のオンライン化が進み、その行動履歴がデジタル情報としてリアルタイムで蓄積されるようになったため、消費者の心理状態や購買行動が正確かつ迅速に分析できるようになりました。

たとえば、誰が、いつ、何を買ったかという購買履歴情報を統計処理することによって、今どのような顧客層に何が売れそうかというリコメンド情報なども生成できるようになっています。また、Webベースでの消費者アンケートやSNSに投稿された顧客の声を分析すれば、これまでよりも安く、早く、正確にユーザーニーズを把握することも可能です。

②ターゲットアプローチのしやすさ

従来型のマスメディアではターゲット顧客層にピンポイントでメッセージを伝えることが難しく、その投資対効果も薄くなりがちでした。しかし、デジタルメディアでは、ユーザー端末にダウンロードされるCookieなどの技術を用い、年齢・性別・居住地などの属性情報やサイトの訪問履歴・検索履歴などを把握することで、特定領域に関心をもつ潜在顧客を対象に広告を配信することが可能になりました。また、SNSの普及によって、登録された属性情報に基づいて正確にターゲットにアプローチできるSNS広告も利用されるようになっています。

③取り組みやすい価格と効果測定の容易さ

寡占状態のなかで広告枠が限られていたマスメディアと比較すると、デジタルメディアではより手ごろな価格で広告配信に取り組むことができるようになりました。さらにデジタルメディアでは、特定のターゲットにどれだけリーチできたか、その効果を正確に把握できます。また広告内容の変更も容易であるため、効果に応じて広告メッセージや広告出稿量を適時コントロールすることも可能になりました。

◎デジタルマーケティングのメリット◎

メリット	従来型マーケティング	デジタルマーケティング
①ユーザーニーズや購買行動の把握・分析のしやすさ	●ユーザーニーズ調査に時間とお金がかかる ●顧客の正確な購買行動の把握が難しい	●顧客のオンライン上の行動履歴をデジタルデータで蓄積 ●正確かつ迅速なニーズ・行動履歴の把握・分析が可能
②ターゲットアプローチのしやすさ	●特定のターゲットへのピンポイントのアプローチが難しい	●属性・履歴情報から特定ターゲットへのアプローチが可能
③取り組みやすい価格と効果測定の容易さ	●マスメディアでは価格が高い ●効果測定が難しい	●低価格からでも利用可能 ●効果測定が容易

❖ AISAS：消費者の購買行動モデル

デジタル時代の消費者の購買行動をモデル化したものにAISAS（アイサス）があります。AISASとは、消費者が商品・サービスに気づく（Attention）、気づいたサービスに興味をもつ（Interest）、興味をもったものをインターネットで検索する（Search）、実際に購入を行なう（Action）、購入して使用した結果をSNSなどで共有する（Share）という５段階の購買行動を表す英単語の頭文字を取ったものです。

デジタル時代になって、興味をもったものを検索する（Search）や、利用後に情報を共有するという（Share）に着目した点がこのモデルの特徴といえます。以下、AISASモデルに沿って、代表的なデジタルマーケティングの手法を見ていきましょう。

◎消費者の購買行動モデル：AISAS◎

❖ Attention（気づき）段階のデジタルマーケティング手法

ここでは、自社の製品・サービスを全く知らない消費者からの認知を得ることが目的となります。消費者に対してプッシュ型で情報を配信していく必要があり、これまではマスメディアがその多くの役割を担ってきました。企業が費用を払って広告枠を買うため、ペイドメディアとも呼ばれ、代表的なものとして、下記のような手法があげられます。

①ディスプレイ広告

ディスプレイ広告は、さまざまなWebサイトの上段や右隅、記事の間に表示される画像や動画の広告のことで、デジタル広告のなかでも最も馴染みがあります。これら広告データはWebサイトのコンテンツとは別に広告管理サーバで管理されています。Webサイトが表示される際に、サイト閲覧者の属性情報や訪問履歴情報などが広告管理サーバに送られ、複数の広告主が登録している広告のなかからオークション形式で最適なものが表示されます。

②メール広告

メール広告はあらかじめ取得した顧客や会員などに送る電子メールにて広告を行なうものです。メールそのものが広告になっているものや、メールマガジンやニュースなどの下に広告リンクを付与しているものなどがあります。データベース化した見込み客に、自動でメールを配信し、その後の反応や対応を管理するマーケティングオートメーションの導入も進んでいます。

また、興味・関心のある領域のメール配信をあらかじめユーザーに許可してもらい、送信者とは別の広告主の広告を掲載するオプトインメールなども利用されています。

③動画広告

ブロードバンド化の進展で通信可能量が拡大するにつれ、画像やテキストよりもユーザーの視覚・聴覚に訴えやすい動画広告も増えています。YouTubeなどの動画共有サイトにおいて、動画コンテンツの前後や途中に挟み込むような形で配信される形が最もポピュラーですが、Webサイトのディスプレイ広告内やSNSのタイムライン上でも動画が利用されるようになってきています。

❖ Interest（興味）段階のデジタルマーケティング手法

この段階では、ターゲット顧客に商品やサービスのより詳細な特徴を理解してもらい、購入に向けての興味・関心を高めることが目的となります。オウンドメディアとも呼ばれる自社サイトでの情報発信が鍵となります。

④コンテンツマーケティング

自社サイトでは、一般的に企業情報や自社の製品・サービスを紹介しますが、Webだけでユーザーの情報収集が完結するよう工夫することが重要です。製品・サービスの詳細なスペックや魅力、利用事例などを紹介するとともに、パンフレットや価格表などもPDF等でダウンロードできるとよいでしょう。この企業目線での情報発信に加えて、顧客にとって貴重な情報を提供していくコンテンツマーケティングという手法も注目されています。具体的には、自社製品に関連した領域の知識・ノウハウを特集記事やブログ、e-book（電子書籍）、ホワイトペーパー（調査レポート）といった形で提供します。これらを通じて、自社や製品への認知度と信頼度を高め、ブランドロイヤルティを醸成することを目的とします。

⑤アクセス解析

アクセス解析とは、自社サイトへの訪問や製品・サービス購入を増やすために、訪問客の属性やWeb上での行動を分析することをいいます。「Googleアナリティクス」などのツールを利用すれば、訪問者の性別、年齢、地域、言語などの属性情報のほか、流入経路や新規・リピートの区分、利用端末の種類などがわかります。さらに、自社サイトへのアクセス数やUU（ユニークユーザー）数、特定ページのPV（ページビュー）数や滞在時間なども把握できます。これらを分析することによって、流入を増やすためのプロモーション施策の検討や購買決定に至るまでのページのコンテンツ改善などが可能となります。

◎消費者の購買行動モデルとデジタルマーケティング施策◎

Search（検索）段階のデジタルマーケティング手法

デジタル時代の消費者はある製品に興味をもったとしても、すぐに購買行動に移すのではなく、競合製品サイトや比較サイト、口コミサイトなどで追加的に情報収集するようになっています。購買行動まで進めるためには、自社製品の評価内容が重要となると同時に、自社製品に似た他社製品に興味をもった顧客が、自社サイトへ流入してくるようになりました。

⑥SEO（Search Engine Optimization：検索エンジン最適化）

SEOとは、検索エンジンの検索結果にて自社サイトが上位にくるよう、Webサイトのコンテンツや構成などを最適化する手法です。検索結果の上位にくることで自社サイトに訪問してもらえる可能性が増えるとともに、認知度や信頼度も上がるというメリットがあります。検索エンジンのロジック変更で、上位にくるサイトが変わってしまうというリスクもありますが、一般的にはコンテンツを充実させ、ユーザー体験を高めることがSEO対策上最も重要といわれています。

⑦検索連動型広告

検索連動型広告は、Googleなどの検索サイトにおいて、ユーザーが検索したキーワードに連動して表示される広告です。SEOとは異なり、各キーワードに対して高額で入札した広告が上位に表示される仕組みとなっています。そのため、広告主は目標反応数を得るために、どのようなキーワードにどれだけ費用を投下するかといった計画を立てやすいことが特徴です。

Action（購買行動）段階のデジタルマーケティング手法

消費者は必要な情報の収集と比較を終えた後、最終的な購買意思決定を行なってから、実際の購買に進みます。この段階でのマーケティング手法は多くはありませんが、最後の一押しを行なうことが考えられます。

⑧リターゲティング広告

リターゲティング広告とは、一度自社サイトを訪れたユーザーをターゲットに、再び自社の広告を配信することで、最終意思決定の後押しをしようとするものです。具体的には、最初にユーザーがサイトを訪問した際にリターゲティングのタグをもつCookieが端末にダウンロードされます。その後、当該ユーザーが他のサイトを訪問した際に、このCookieを介してリターゲティング広告がそのサイトの広告枠に配信されます。

ただし、あまりにしつこい広告はむしろブランドイメージを棄損する可能性があります。最初のサイト閲覧日や購買サイトまで閲覧したかといった情報を活用して、適切かつ効果的な広告配信を計画する必要があります。

Share（共有）段階のデジタルマーケティング手法

昨今、FacebookやTwitterといったSNSやブログ、各種の口コミ、レビューサイトが普及し、実際に製品・サービスを購入した消費者がそれらのプラットフォームに評価コメントを発信するようになりました。この消費者が自ら情報発信できるサイトのことを、信頼や評判を獲得する（earned）メディアという意味で、アーンドメディアと呼んでいます。

⑨ソーシャルリスニング

自社の製品・サービスの購買を後押ししていくうえでは、積極的に自社SNSサイトのフォロワーを増やしたり、コメントを投稿してくれた場合に割引したりするような施策も重要ですが、そもそもよいコメントを増やさなくてはこれら施策も逆効果となってしまいます。

ソーシャルリスニングとは、ソーシャルメディアで消費者が発信した情報を企業側が収集・分析し、顧客の声を製品・サービスの改善やマーケティング施策の見直しに生かしていくことをいいます。これまでは、顧客アンケート調査などで顧客の声を収集していましたが、ソーシャルメディアではよりリアルタイムに顧客が感じた生の声を集められる点が特徴です。ソーシャルリスニング専用ツールや専門サービスも提供されているため、多くの顧客の声からトレンドを統計的に分析し、新製品・新サービスの開発に生かすことも可能となっています。

2-6 ▸SCM

▶モノやサービスの連鎖を最適化し経営効率の最大化を図る

サプライチェーンの改善は業績の維持向上に不可欠

テクノロジーや物流インフラをはじめとして、経営環境は変化を繰り返しており、企業には俊敏で柔軟な対応力がつねに求められています。顧客の需要をいち早く感知して製品・サービスを開発し、生産から供給にいたる最適なプロセスの連鎖を形成することが、持続可能であるための必要条件になっているといっても過言ではありません。

たとえば、製造業では、需要予測や受注見込みに基づき生産計画を策定しますが、タイムリーに原材料や資材を手配して予定通りに製品を供給することができなければ、出荷遅延や販売機会の損失を引き起こすリスクを抱えています。リスクヘッジのために、必要以上の原材料を貯蔵したり、製品を見込み以上に作り置きしたりするといった目先の対応策では、過剰な在庫が財務を圧迫するばかりでなく、製品、原材料の期限切れや陳腐化によるロスが大量に発生するなど、あらたなリスクが生じてしまいます。

製品・サービスの需要管理から顧客への供給完了までのサプライチェーンにおいて発生しうる、リードタイム、在庫、コストのボトルネックを解消し、企業・組織の壁を越えた業務の最適化を図る管理手法と具体的なソリューションが求められています。SCM（Supply Chain Management）がつねに企業の重要課題となっているのはこのためです。

サプライチェーンのモデル化

サプライチェーンを最適化するために、業務オーナーやコンサルタントは、複雑に絡み合ったプロセスを可視化して分析し、それらの連鎖における改善ポイントを抽出していく必要があります。

サプライチェーンを可視化しながら理解するためには、ASCM（Association for Supply Chain Management）が提唱するSCOR（Supply Chain Operations Reference）をフレームワークとして活用するのが有効です。SCORにより、モノやサービスの需要と供給にまつわるサプライチェーンのプロセスを、大きく6つのカテゴリーに分類整理することで、体系化して捉えることが可能になります。

計画（Plan）は、サプライチェーン全体のリソースと要件を明確化して、事業課題や目標に合致する計画を策定するプロセスです。調達（Source）は、需要に応じてモノやサービスを調達するプロセスで、原材料の手配と受入、検査などを扱います。生産（Make）では、製品の製造、サービスの構成が実施されます。受注/納入（Delivery）は受注管理や輸配送管理など、モノやサービスを顧客に届けるプロセスです。返品（Return）は主に顧客からの返品を管理するプロセスですが、納入後のサポートプロセスも広く包含しています。さらに、調達、生産、受注/納入、返品の各プロセスの下支えとして、ビジネスルール、契約、コンプライアンス、リスクなどを管理するために重要なプロセスが業務基盤（Enable）です。

◎SCMのプロセスモデル◎

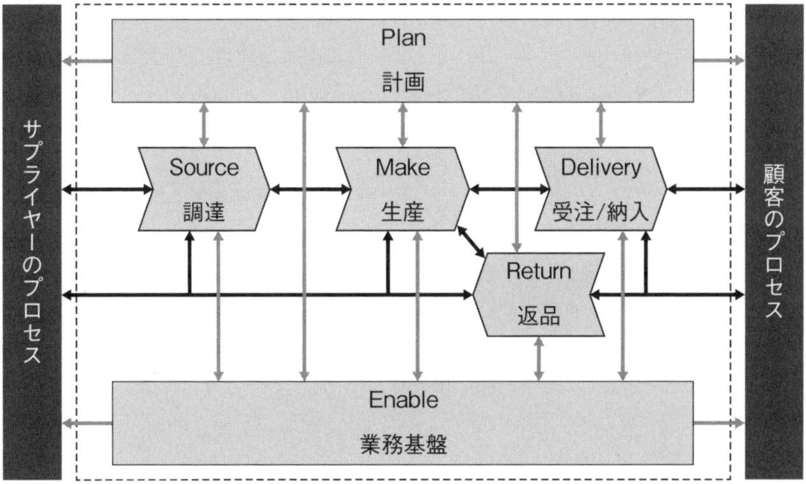

ITコンサルタントがサプライチェーンを概念レベルで認識し、分析するためのツールとして、SCORは有効なリファレンスです。しかしながら、SCMの理想的なプラクティスは、DXとともに進化しています。SCORの

開発や資格認定を行なっているASCMが、時代のニーズによりマッチしたリファレンスを発行する可能性があり、動向に注視が必要でしょう。

❖ 多拠点に及ぶ調達・生産・販売の統合管理による最適化

SCMによる企業の問題解決の具体例として、多拠点にわたる生産・物流・販売の一体化・最適化ソリューションをあげることができます。グローバル化によって、調達、生産、納入の拠点が世界各地に分散している企業環境において、情報を統合・一元化することにより、販売計画と生産計画を中心に複数の拠点の業務を同期させ、顧客の需要に応えながら、スループット（貢献利益）の最大化、在庫の適正化、トータルコストの最小化を実現していくものです。

◎多拠点の生販物流統合を支えるSCMシステム◎

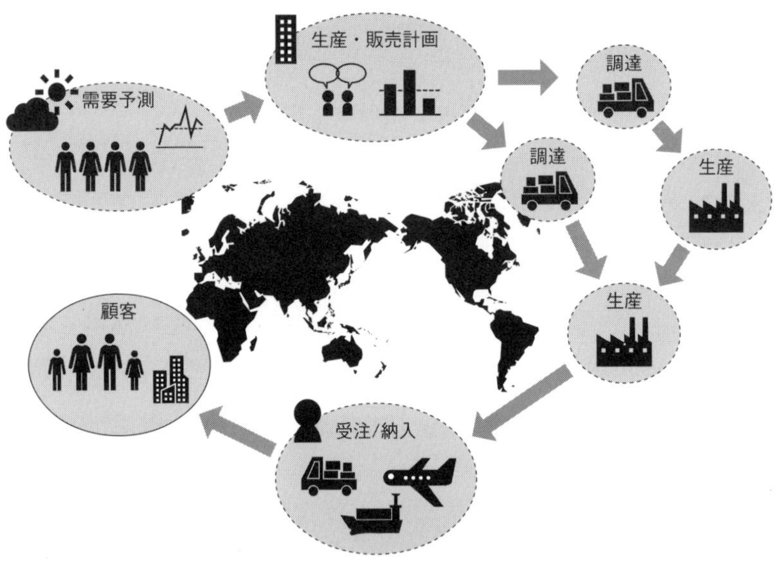

トヨタ自動車は、米国、欧州、中国、および東南アジアに海外統括拠点を置き、日本、南北アメリカ、ヨーロッパ、アフリカ、アジア・パシフィックで自動車の生産・販売事業を展開しています。自動車に限らず、消費者が工業製品を購入する際の決め手となるのは、コストパフォーマンス（支出に対して得られる性能・品質）であることはいうまでもありません。

また同程度に重要なのが納入のスピードです。トヨタ自動車の本社や統括拠点では、「月度生産計画」といって、毎月、向こう3か月の販売予測に基づく全体計画をまとめあげ、それを部品供給手配や各生産拠点、物流の計画・スケジュールと連携させて最適化し、タイムリーな製品供給を実現して、世界の自動車需要に応え続けています。

❖ SCMパッケージの適用による問題解決

SCMの実現では、調達、生産、受注、物流管理といったさまざまな業務領域における計画データを算出し、実績データを収集して対比分析することにより、事業推進上の意思決定を支援できるしくみづくりが必要です。

SCMは複数のITを組み合わせたソリューションとなるため、ITコンサルタントが主導して、業務課題の解決に有効なパッケージの選定や導入プランを検討する場面も多くなります。

SCMシステムは、SCPとSCEの２つの機能群から構成されています。

◎SCMシステムを構成するソフトウェア機能群◎

SCP（計画系）

需要予測/調達計画	拠点設計・最適化	S&OP（販売・業務計画）
市場の変動要因や傾向を分析して需要量を予測。予測と実績に基づく調達計画を立案。	長期的な拠点設計や在庫とロジスティックスの最適化を実施。	販売情報をもとに開発、調達、生産、物流、在庫、納入などの業務部門の情報共有を促進して、サプライチェーン全体を最適化。

SCE（実行系）

仕入先/調達管理	生産管理	輸配送管理
サプライヤーネットワークの管理、集中購買管理を行ない、調達リードタイムの短縮、調達在庫の削減、調達コストの低減を実現。	見込み生産や受注生産など各種生産方式に最適な予定と実績の管理を実施し、製造プロセス全体の最適化と情報の一元化を実現。	3PLのシステムと連携し、調達・生産・納入の効率を最大化する輸配送計画を実行。AIやIoTのメリットを生かして、経路の最適化、輸送費の決済をはじめとする業務の省力化・自動化を促進し、輸送コストの低減をはかる。
顧客/受注管理	**在庫管理**	**倉庫管理**
さまざまなチャネルを経由して届く注文、問い合わせ、変更情報を一元的に管理し、迅速かつ正確に対応して、顧客ロイヤリティの獲得を実現。	原材料、部材、完成品や委託品に関する在庫取引を、履歴も含めて、リアルタイムに可視化する。	最新のテクノロジーを駆使して、倉庫現場での業務を自動化、最適化し、さらに倉庫の在庫状況について受注、生産、調達管理との連携をはかる。

①SCP（Supply Chain Planning）

SCPソフトウェアは、サプライチェーン全体の計画精度と策定スピードの向上を促すことを目的に、需要予測、多拠点に及ぶ複数の計画の同期化、生産・物流統合計画、納期回答などの機能を提供します。

調達や生産能力の制約条件に基づき、納期遵守率の最大化、収益の最大化、在庫回転率の最大化を図るように計画を策定できるパッケージもあります。また、統計処理を用いて需要の変動要因や傾向を分析し予測精度を向上させることで、販売計画の最適化に役立つパッケージもあります。

SCPの代表的なベンダーに、米国のBlue Yonder（旧JDAソフトウェア）があります。同社が提供するS&OP（Sales & Operations Planning：販売・業務計画）ソフトウェアは、パナソニックのモバイルソリューションズ事業におけるグローバルサプライチェーン計画の高度化に活用されています。

2000年代初頭まではi2テクノロジーズとManugisticsの２大ベンダーが存在していましたが、いずれも旧JDAソフトウェアに買収されました。製品機能としては存続しており、SaaS*化が進んでいます。ERP（☞80頁）ベンダーとして知られているSAPやOracleもSCPパッケージを開発・販売しており、計画管理のSCPと実績管理のERPを組み合わせて企業内外の高度な統合管理を実現させるアプローチが多く見られます。

②SCE（Supply Chain Execution）

SCEソフトウェアは、計画に基づいて正確な業務オペレーションを実行できるしくみづくりを目的に、調達、生産、受注、倉庫、在庫、輸配送にまつわる情報の一元管理とプロセス制御機能を提供します。Blue Yonderをはじめ、SAPやOracleが、業種や業態の特性に応じた仕入先/調達管理、生産管理、倉庫や輸配送管理機能を提供しています。

❖ SCMの効果を生み出すためのITコンサルティングの役割

SCMの導入にあたっては、顧客が抱える問題であるリードタイムの短縮、在庫の適正化、各種コスト低減の３大テーマを中心に、まずはボトルネックとなっている業務を特定します。次に、それらを解消して業績を向上させるための改善策とKPI*を定義し、業務拠点やプロセス、データ管理についての再設計作業と改善に適したソフトウェアの導入を推進します。

しかし、改善ポイントであるリードタイム、在庫、コストには、実際は複数の要因が絡み合っていて、それらの解決は容易ではありません。たとえば、販売会社において製品在庫の削減と同時に製品供給のリードタイムの短縮を実現しようとすれば、それにともなって出荷元の工場側の中間在庫や配送回数が増え、在庫管理コストや物流コストは上昇してしまいます。

◎サプライチェーンのボトルネックの改善策検討の例◎

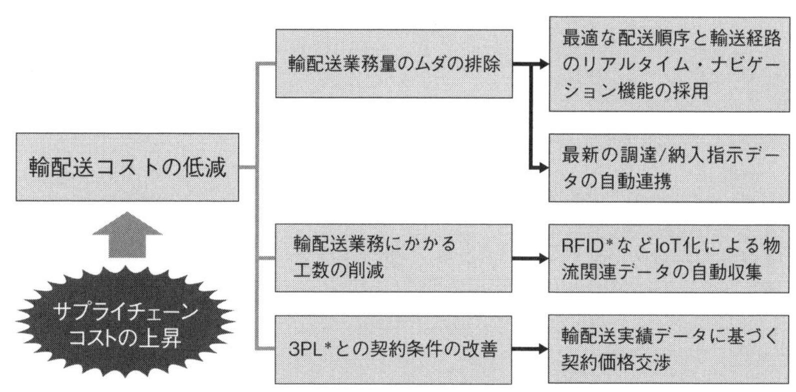

SCMを着実に導入していくためには、内外のステークホルダーとの合意形成を醸成し、サプライチェーン全体の目標へ導いていく強力なリーダーシップが不可欠です。ITコンサルタントは、実効性の高いSCMシステムの考案とシステム構築プロジェクトの支援を行なったり、ファシリテーターとして解決策実行を後押ししたりする役割を担います。実効性の高いシステムの提案やプロジェクトの円滑な推進において、現場のキーパーソンに対するチェンジマネジメント*も重要な成功要因となります。

定評のあるSCMパッケージを導入しただけで100%問題が解決するわけではありません。SCMシステム構築プロジェクトでは、「問題解決のプロセス」を現場と共有していくアプローチが求められます。問題解決では、現状の業務における不備や不満足なポイントを洗い出し、業務課題の構造や因果関係を可視化します。ITコンサルタントには、SCMパッケージが提供する機能と業務要件とのギャップを認識し、有効な代替案を示しながら、対応策を具体的に考案して導入を推進する役割も期待されています。

2-7 ▸ERP

▶ 業務プロセスとデータを統合管理し経営のダッシュボードを提供

❖ 企業情報の可視化とプロセスの統合管理による経営力の強化

企業を取り巻く環境が目まぐるしく変化し続けており、生き残りをかけたDXの重要性が注目されています。

経済産業省のDX 推進ガイドラインによれば、DXとは「企業がビジネス環境の激しい変化に対応し、データとデジタル技術を活用して、顧客や社会のニーズを基に、製品やサービス、ビジネスモデルを変革するとともに、業務そのものや、組織、プロセス、企業文化・風土を変革し、競争上の優位性を確立すること」とされています。

持続可能で競争優位な経営基盤を確立するうえで、ヒト、モノ、カネ、データおよびプロセスを企業全体にわたって可視化しながら、それらを最適に配分するERP（Enterprise Resource Planning）のコンセプトとERPパッケージの導入は、企業にとって必要不可欠なものとなっています。

ITコンサルタントは、IT戦略立案（☞40頁）、実現方法の検討に始まり、ERPパッケージの選定、導入プロジェクトの企画・推進、旧システムからの移行、本稼働後の安定化支援に至るまで、責任者、担当者、もしくはアドバイザーの立場で、ERPに深くかかわる場面が数多くあります。その際、今後のIT戦略と整合の取れたERP導入目的を定義し、導入後の期待効果をあらかじめ明確化し、それらに合致したERPパッケージを選定してスムースに導入することが、重要な成功要因となります。

❖ 企業全体にわたって業務を統合管理するERPのコンセプト

ERPは、もともと製造業において1960年代に考案されたMRP（Material Requirements Planning：資材所要量計画）から、MRP II（Manufacturing Resource Planning：製造資源計画）を経て発展してきました。

MRPでは基準生産計画（MPS）に従い、部品表（BOM）から生産に必要な資材の所要量を展開し、それを在庫情報に照らし合わせて資材の需要量や発注タイミングを割り出します。1980年代にMRP IIが考案されると、MRPの機能に加えて、資金所要量計画、ロット管理、配員計画など、製造に必要な資源の計画や管理業務の全体が網羅されるようになりました。

このMRP IIのコンセプトは1990年代になると、ものづくり以外の企業の全領域に展開されるに至り、ERPに進化しました。生産管理業務はもとより、購買、販売、物流、会計、人事・給与など、企業のあらゆる経営資源の最適化と業務の統合管理を行ない、経営の可視化と効率化を図るためのコンセプトです。

❖ 会計視点でKPIを可視化するERPパッケージ

ERPのコンセプトに基づきアプリケーションがパッケージ化されたERPパッケージでは、財務会計、管理会計、人事・給与、調達購買管理、在庫管理、生産管理、販売管理、物流管理の各業務プロセスとデータの一元管理、業務間の連携をサポートするしくみや手法が提供されています。

現在のERPパッケージは、MRP IIの発展形よりも、会計のデータを中核に、各業務を一元管理して重要業績評価指標（KPI*）を可視化する形が主流です。KPIとは、たとえば販売管理であれば、新規顧客獲得数、顧客当たりの単価、収益性、営業担当者ごとの受注状況、売掛金回収平均期間に関する計画値と実績値、それらの対比（目標達成率）などを指します。

◎ERPパッケージによる業務プロセスとデータの統合管理◎

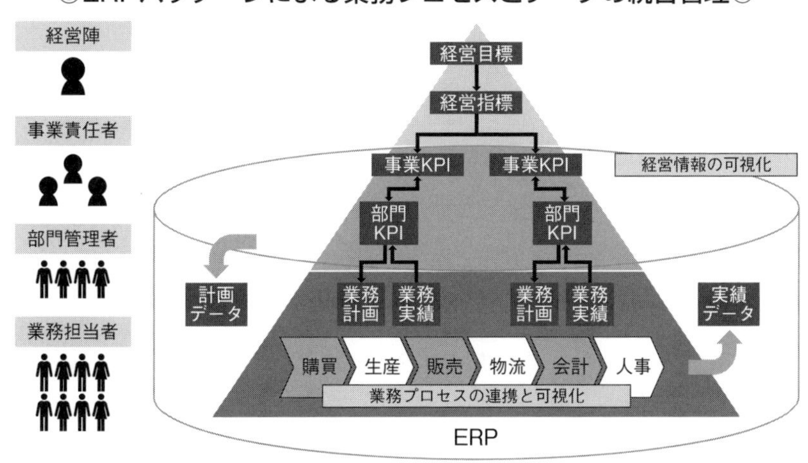

❖ERPベンダーによって提供する機能や特徴が異なる

ITコンサルタントは、導入目的や導入後の期待効果に最も適合するERPパッケージを検討するための評価チームに参画し、評価軸の策定、候補の選定、内容調査、評価結果の取りまとめ作業を担当することがあります。

基幹システムに必要な業務プロセスとデータの管理機能を提供するという基本コンセプトは同じでも、料金体系やカバーする業務の範囲、ユーザーの操作性、運用管理負荷において、ベンダーにより大きな違いがあります。また、海外ベンダーか国内ベンダーか、パッケージの源流が生産管理にあるのか会計なのか、利用形態がクラウド（SaaS*）型かオンプレミス*型か、両方ありなのか、などの視点も重要です。

製品ベンダーのWebサイトからの資料請求、マーケティング担当者への問い合わせ、ベンダー主催のイベント・セミナーへの参加、あるいはRFI提示などの方法で情報収集を行なって、比較検討する必要があります。

①SAP

SAPの歴史は長く、1970年代からドイツ国内で業務パッケージのビジネスを立ち上げ、1992年に出荷を開始したR/3シリーズによって、IT業界でERP市場を確立しています。R/3の後継であるSAP ERPは、オンプレミス型で、日本でも大企業（年商1,000億円以上の企業）を中心に2,000社以上で利用されています。現バージョン（SAP ERP 6.0）のメインストリームサポートは、2027年末までの継続が発表されており、今後は後継バージョンのS/4HANAへのアップグレードが加速すると想定されます。

S/4HANAは企業のさまざまなERP利用ニーズに対応し、オンプレミス版に加えてクラウド版の選択も可能となっています。本社はオンプレミス版で構築して、海外拠点はクラウド版で順次展開していくといった、基幹システムの2層ERP（Two-tier ERP）モデルの導入例も増えつつあります。

②Oracle

Oracleは、リレーショナルデータベース管理システムを製品化し、これを基軸に、ハードウェア、ミドルウェア、業務アプリケーション、プログラム言語に至るまで、常に最先端の技術ベンダーを買収し融合化していく戦略で、IT業界における市場と地位を築き上げてきた米国の企業です。

Oracle Cloud基盤、IaaS*からSaaS*にいたるまで、フルスタックでサービスを提供しています。大企業向けERPには、クラウド型のOracle ERP Cloudとオンプレミス*型のOracle EBS Fusion Applicationsがあり、中堅・中小企業向けには、クラウド型のOracle NetSuiteとオンプレミス型のOracle JD Edwardsを提供しています。

クラウド型ERPには、オンプレミス型と比べて安価で短期間に導入できるメリットがあるといわれていますが、実業務をパッケージの標準機能に合わせて導入することが前提です。ただしOracleの場合、他社のクラウド型に比べればカスタマイズによる変更の自由度や柔軟性を有しています。

海外パッケージに共通する特長としては、製品コンセプトがしっかりしていることや、多言語、多通貨、複数の会計基準への対応などが充実していて、海外拠点を含む場合の展開のしやすさがあります。

③国内ベンダー

国内パッケージは、ビジネスモデルが日本の商慣習に合致し、金融機関との連携など、外部とのインターフェイスを含む機能が豊富に提供されています。

富士通は、国内の年商5,000億円を超える超大企業に対しては、SAPもしくはOracle社製のパッケージ導入をサポートする立場を取っており、年商1,000億円から5,000億円の大企業向けには、自社製パッケージであるGLOVIA SUMMITを販売し、上記の海外大手２社に次ぐ売上げ規模を誇っています。現行システムを最大限に生かしながら、海外子会社を含むグループ経営に必要なデータを統合できるところに力点を置き、日本の税制や商習慣への適合性の高さも大きな特長です。

オービックは、主に国内の中堅企業（年商100億円以上1,000億円まで）向けに、システムインテグレーションを中核としたソリューション提供を展開する企業であり、その一環として、コンポーネント型ERPであるOBIC7シリーズを提供しています。導入先企業のニーズに応じて、会計・人事・給与・就業・販売・生産の業務領域から必要なコンポーネントだけ導入できるところがポイントです。

❖ERPパッケージの選定から導入までのステップ

ERP導入の前段として、パッケージ製品と導入支援ベンダーの選定、作業範囲記述書（SOW*）などの契約内容の精査、導入プロジェクト計画の策定、導入体制の確立といった作業が不可欠です。

ITコンサルタントは、責任者や担当、アドバイザーの立場で、ERPの選定プロセスから実際の導入プロジェクト完了までの作業に関与することが期待されます。導入プロジェクトがスタートした後は、PMO*のメンバーやパッケージ機能のFIT/GAP分析セッションの推進役を担う場合も多くあります。

①RFIの提示

まず、選定候補となる複数のパッケージ製品ベンダーもしくは導入支援サービスベンダーに向けてRFI*を提示し、その回答を得ます。各社の保有技術やソリューションの特徴、強みと弱みについての事前情報を入手し、同じ質問に対する各社の回答内容を比較しながら、RFP*発行へ向けて、候補の絞り込みを行なうことができます。

RFIを提示せずに、候補のベンダーと個別に面談し、概要レベルでの機能説明やパッケージのデモをその場で実施してもらい、判断材料を収集するケースもあります。

②RFPの発行

RFIの回答状況などを参考に、実際に提案してほしい相手先に対してRFPを発行し、見積もりを含む提案を依頼します。

RFPは単なる依頼書ではありません。IT戦略に従った次期システムを構築することによって、どのような業務範囲で、どこまでの目標達成を狙っているのか、対象業務のコアは何であり、どのようなシステム要件が求められるのかを明確に文書化することが重要です。ITコンサルタントとしてRFP作成を担当する際には、経営、事業、現場レベルでそれぞれの問題点を浮き彫りにし、ニーズを的確に盛り込んでいく必要があります。

なお、RFPを提示することは、依頼元企業の経営戦略をはじめ、次期IT戦略やシステム化構想などの機密事項を、候補先のベンダーに開示することになりますので、NDA（Non-Disclosure Agreement：機密保持契約）の締結が必要となります。

③導入ベンダーとパッケージの選定

RFPの回答として、指定した期限までに各社から提案書を受領し、提案の形式や内容の精査を行なった後、日時を指定してプレゼンテーションを実施してもらいます。チェックのポイントとしては、パッケージの機能範囲、アーキテクチャ*と操作性、ベンダーの技術力やサポート体制、導入実績と将来ビジョン、導入に必要な期間、導入企業側に求められる体制と作業負荷などがあります。そして、TCO*（導入完了までに必要な作業費や向こう５年間で発生するライセンス料、オンプレミス*の場合はさらに前提となるハード/ソフト費用、環境維持管理費用）も確認して、最適なベンダーとパッケージ製品を決定します。

◎候補ベンダー宛てに提示されるRFPの目次例◎

はじめに
１．会社概要
１．１　弊社および組織の概要
１．２　弊社の事業概要
２．システム概要
２．１　システム化の背景・目的・方針
２．２　解決すべき課題
２．３　現行システムとの関連
２．４　新システムの利用者(ユーザー)
３．提案依頼事項
３．１　提案の範囲
３．２　提案する業務の詳細
３．３　システム構成
３．４　納期およびスケジュール
３．５　納品条件
３．６　開発推進体制
３．７　導入方法論（開発手法）
３．８　移行方法
３．９　教育訓練
３．１０　保守条件
３．１１　費用見積
３．１２　貴社情報（提案ベンダーおよび製品開発元の情報）
４．開発に関する条件
４．１　開発期間
４．２　作業場所
５．用語集（提案依頼書に登場する用語の説明）
６．提案依頼手続きについて
６．１　提案スケジュール
６．２　提案依頼書に関する対応窓口・提案書提出先
６．３　提出資料一覧・プレゼンテーション概要

④導入プロジェクトの推進

ERP導入の中心となる作業は、導入プロジェクトの計画と推進です。プロジェクトの流れは表に示す通り、工程を段階的に完了させていくウォーターフォールモデル*が主流です。ERPの導入では、あらかじめ提供されているデータのタイプや検索パターン、標準画面・レポート・帳票やワークフローをベースに、業務要件に合致するよう機能をセットアップします。よって、スクラッチ開発の場合に有効なアジャイル*のような管理手法を持ち込んでも、プロジェクト推進上、同等の効果が期待できるわけではありません。

本稼働までに要する期間の目安は、企業規模や対象業務範囲によって長短がありますが、クラウド型の場合はおおむね4か月から９か月程度、オンプレミス型の場合は６か月から１年半程度を必要とします。複数の利用

◎ERP導入プロジェクトの流れ◎

作業工程	期間の目安	作業内容
計画・準備	0.5か月〜2か月	・プロジェクト計画策定（予算、スケジュール、体制） ・必要なプロジェクトリソースの調達（人員、場所、機器、管理ツール等） ・パッケージライセンス契約（クラウド型の場合は、サブスクリプション契約） ・オンプレミス型の場合は、さらに前提ハード/ソフトの手配・設置を行なうか、もしくはIaaS等の手配が必要 ・プロジェクト・キックオフ
要件分析	1か月〜5か月	・環境のインストール（クラウド型の場合は、サブスクリプションによるプロビジョニング完了の確認） ・要件の確認、明確化 ・FIT/GAP分析 ・GAP対応方針の検討、確定、文書化、承認 ・移行計画の策定
設定・構築	1か月〜6か月	・パッケージのセットアップ・GAP対応（カスタマイズ/アドオン開発） ・設定済み環境(テスト環境)でのテスト ・システムテスト ・移行手順の確立、移行プログラムの作成
教育・移行	0.5か月〜2か月	・ユーザーによる受入テスト ・エンドユーザー教育 ・検証済み設定情報、アドオン開発物の本稼働環境への反映 ・データ移行
本稼働対応	1か月〜2か月	・システム切替 ・実稼働 ・稼働後初期対応 ・プロジェクト評価・完了確認、今後の課題の認識合わせ ・サポートチームへの引継ぎ
維持・改善	運用期間中	・継続的なプロセス改善 ・ビジネス要件の変化への対応 ・パフォーマンス改善 ・最新バージョンへのアップグレード対応（クラウド型の場合は年に数回、ベンダーが自動更新→事前に影響度のチェックは必要）

拠点を対象に、段階的に導入する場合や、企業グループ全体を対象範囲とするプロジェクトでは、さらに長い期間を要します。

「要件分析」工程におけるFIT/GAP分析は、パッケージ導入プロジェクトに特有の作業です。パッケージの機能が各業務にどの程度適合するのかを見極め、セットアップの範囲を確定するとともに、不適合の業務を洗い出します。たとえば、原価管理が導入対象で、標準原価計算機能が業務上必須であった場合、パッケージで標準原価管理に対応できるのであれば適合（FIT）、できなければ不適合（GAP）と判断します。

GAPが業務に与える影響度に応じて、「実業務をパッケージの標準に合わせる」「パッケージの標準を使うが、手作業や他のツールも組み合わせて運用し、影響が出ないようにする（ワークアラウンド対応）」「パッケージに同梱のアドオンツールやプログラム開発で、必要機能を追加する（アドオン対応）」「ベンダーに機能拡張、改善を要求して、ERPの機能を進化させる（エンハンスメント・リクエスト対応）」の方針と対応案をまとめ、プロジェクト責任者の承認を得て、次の「設定・構築」工程に進みます。

❖ 関連部門のキーパーソンを巻き込んで成功させる

企業レベルでの全体最適を志向するERPの導入は、業務レベルから部門→事業→経営全体に及ぶ目標値と実績値をリアルタイムで可視化すること、いわば経営ダッシュボードの構築を目指しています。しかしながら、特定の部門や業務に特化した従来の部分最適型のシステムに比べると、エンドユーザーの満足度が低くなりがちで、現場が想定通りに利用してくれないといった失敗事例も散見されます。これを回避するためには、ERPの検討段階からプロジェクトの完了に至るまで、関連部門のキーパーソンをうまく巻き込むことが肝要です。

導入を着実に進めるためには、現場の協力体制を醸成しながら経営全体の目標へ導いていく、強力なリーダーシップが不可欠です。この意味でITコンサルタントは、プロジェクトリーダー、PMO*、あるいはプロジェクトアドバイザーのポジションでチェンジマネジメント*を実施して現場へのERP導入を円滑化したり、あるいはファシリテーターの立場で導入作業を後押しする役割を担います。

◎ERP導入プロジェクトの体制例◎

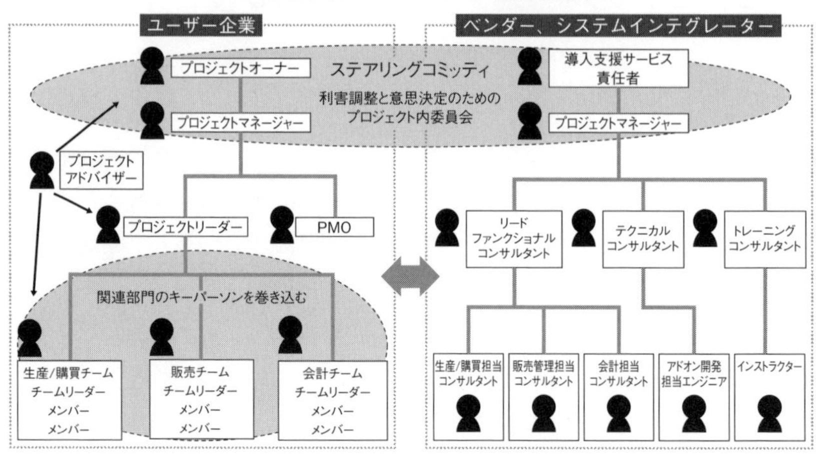

❖ ベンダーやシステムインテグレーターで活躍するITコンサルタント

ERPの導入において、ITコンサルタントは、ERPベンダーや導入支援サービスベンダー、あるいはERP以外のシステムまでを守備範囲とするシステムインテグレーターに所属し、導入プロジェクトにかかわるケースが実際には多いことでしょう。SOW*などのコンサルティング契約で規定された条件のもとに、いかにクライアントと向き合い、業界特性や企業の戦略、現場の業務フローを理解し、共感しながら、首尾よくプロジェクトを進められるかがポイントになります。

ERPの導入目的がクライアント企業の「ITドリブン型の経営戦略」に100%マッチしたものであっても、関連各部門のキーパーソンや実際のエンドユーザーの理解度が足りなければ、期待通りの導入効果は得られません。ITコンサルタントは、クライアントのプロジェクトオーナー、マネージャー、リーダー、PMOチームとつねに連携し合い、事業における価値観や財務、組織上の制約事項も念頭に、プロジェクトメンバー間の認識ギャップの解消に腐心する必要があります。また、クライアント企業のITへの期待値をコントロールしながら、クライアントの満足を得られるよう心掛けることが大切です。

2-8 ▸BCP

▶ 緊急事態を想定した平時からの備えが企業の持続可能性を高める

さまざまな災害・事故のリスクへの備えは企業の責任

大地震や台風などの自然災害、新型コロナウイルス感染症の拡大、火災や大規模停電など、企業経営はつねに事業継続を阻む脅威にさらされています。事故や災害に対する準備が不十分な場合、企業活動が停止し、製品やサービスを提供できず、売上の減少、契約不履行などが発生して、取引先や株主、従業員、地域社会にまで多大な迷惑をかけ、社会的な信用を失墜し、最悪の状況では企業が存続できなくなる可能性もあります。

法律の義務づけこそありませんが、事前に対策を講じておくことは、CSR（企業の社会的責任）を果たすためにも、取り組むべき必須事項です。

事業継続のための計画策定と管理プロセス

企業が事故や災害で被害にあっても、事業にとって重要な業務をできるかぎり中断させず、万が一停止した場合でも早期に復旧可能な対策が講じられていることを「事業継続」と定義します。

事業継続を図るための、被害の最小化、業務中断の防止、および、業務中断後の早期復旧についての目標設定と対策を含む総合的な計画がBCP（Business Continuity Plan：事業継続計画）です。

災害からの復旧に関しては、もうひとつの概念としてDR（Disaster Recovery：ディザスタリカバリ）があります。こちらは、事業の継続性という企業レベルでの復旧ではなく、事故や災害でダメージを受けたシステムの早期復旧を意味しています。

狭義のBCPは、企業の存続に不可欠な中核事業と重要業務の特定化、事業継続の障害要因の洗い出しとインパクトの分析、および、事業継続手順の定義と文書化までの範囲を指します。BCPを企業に定着化させるための教育訓練をはじめとする維持管理活動や定期的な見直しまでを含むマネジメントプロセス全体はBCM（Business Continuity Management：事業継続管理）といいます。ただし、一般的には事業継続の運用マネジメントまでを含めて、BCP管理サイクルと呼ぶ場合が多いようです。

◎BCP管理サイクル◎

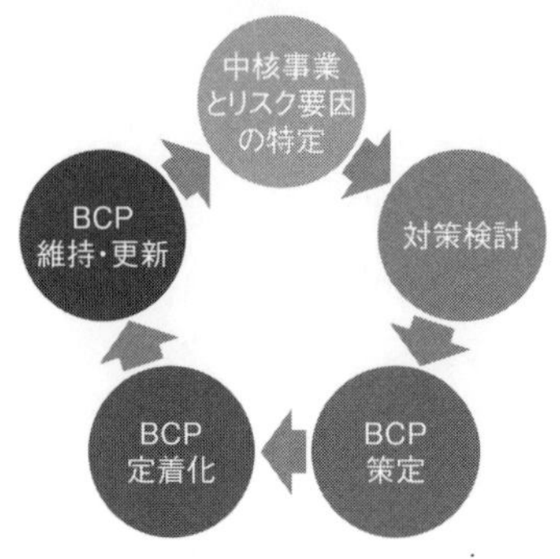

❖ 事業継続計画の対象の特定と分析・策定作業

BCPの対象は、企業存続にかかわる中核事業とそれを支える重要業務が優先されます。緊急時には、限りある経営資源の範囲で、安全の確保を最優先させながら、企業のコアとなる製品やサービスに直結する業務を継続させる必要があるためです。計画策定のための体制、策定のポイントは以下です。

①BCP組織体制

BCPの策定にあたっては、経営陣のもとにBCP責任者と事務局を設置し、各部門を巻き込んだタスクフォースを構成して進めるのが効果的です。タスクフォースは、その後の定着化プロセスや維持・更新プロセスにおいても継続して機能することが肝要です。

②ビジネスインパクト分析

対象を洗い出す際には、その事業が法的な責務を課せられているか、契約上のサービス時間や納入期限を遵守すべきか、市場シェアや企業評価を維持するために重要か、売上に最も寄与しているか、などを重要な選定基準とします。つぎに各事業について、重要業務と業務遂行に不可欠な経営

◎中核事業・重要業務・経営資源の関係◎

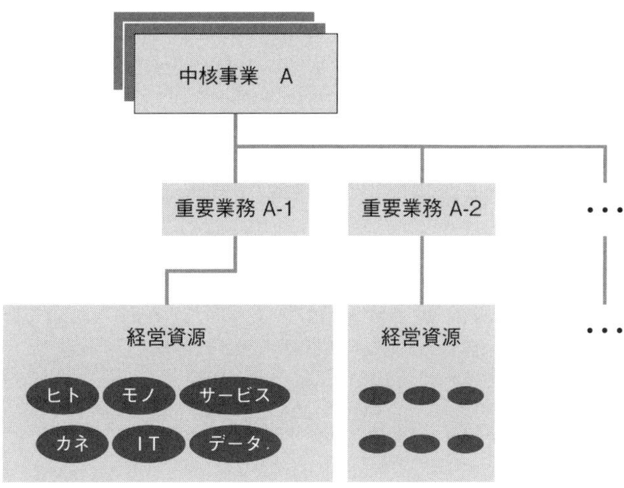

資源（ヒト・モノ・カネ・サービス・IT・データ）を明確にします。

中核事業とそれを支える重要業務、必要な経営資源が明らかになったところで、それらに関係の深い経営資源が事業継続に及ぼす影響を分析します。具体的には、社内外の業務フローや取引先との相互依存関係の分析、関係者へのインタビューやアンケート、リスク管理状況の確認を行ない、ボトルネックの特定とそれを解消するための方策を検討します。

業務に必要な経営資源のうち、緊急事態においては必要量の確保がままならないものが、早期復旧を妨げ、操業度の回復を阻害するボトルネックとなります。ITコンサルタントは、情報システムや業務上重要なデータについて、DRの観点から、緊急時に適切なスピードとレベルでの復旧を実現できるような提言を行なう必要があります。

影響度分析においては、重要な指標としてRTO（Recovery Time Objective：目標復旧時間）とRLO（Recovery Level Objective：目標復旧レベル）があります。業務復旧までの許容時間を前提に、管理目標として「いつまでに？」復旧させるのかを設定するのがRTOであり、復旧時に許容できる操業度のレベル（「どの程度まで？」）を設定するのがRLOです。データの復旧に関しては、指標として、RLOよりもRPO（Recovery Point Objective：目標復旧時点）のほうが、より具体的で重要です。災害発生時から遡り、どの時点までのデータの記録が復元できるかを示すのがRPOであり、復旧後の業務遂行に大きく影響するからです。

これら一連の分析プロセスは、BIA（Business Impact Analysis：ビジネスインパクト分析）と呼ばれています。ITコンサルタントは、BCP責任者や事務局、各部門を横断するタスクフォースと協力して、重要業務の復旧目標とITシステムの復旧目標の整合を図りながら、対策検討作業を行ないます。

◎事業影響度分析（例）◎

業務名	主管部署	関連部署	経営資源			影響度分析（5段階）（高 5−4−3−2−1 低）			復旧優先度	RLO 復旧時の操業度	RTO 復旧までの目標時間
			要員	IT	‥	顧客への影響度	収益影響度	社会的影響度			
顧客情報照会	情報システム部	営業部	4名	顧客情報DB	‥	5	5	5	高	99%	2時間
新規注文受付	営業部	情報システム部	5名	CRM/ERP	‥	5	5	2	中	80%	24時間
経営企画	経営企画部		3名	BI	‥	3	3	1	低	75%	1週間
…	…	…	…	…	‥	…	…	…	…	…	…
…	…	…	…	…	‥	…	…	…	…	…	…

③事業継続計画の文書化

事業継続計画書の作成のポイントは、基本方針（BCPの目的とねらい）と体制がきちんと示されていること、指揮命令系統が明確にわかりやすく書かれていること、緊急時に取るべきアクションの内容とタイミングが具体的に記載されており、チェックリストとしても活用できることです。

たとえば、中小企業庁が公開している中小企業BCP策定運用指針には、具体的な分析用シートや作成サンプルがそろっていて、企業規模や取り組み状況、レベルに応じて参照し活用することができます。

❖ BCPの発動

緊急時においては、発動基準と発動時のフロー、社内体制の取り決めにしたがって、発動責任者によりBCPが発動されます。

発動の基準は、中核事業に影響を与え得る事故・災害の大きさやボトルネック資源への影響に基づいて設定されています。また、発動時に経営者

◎BCPの目次構成(例)◎

1. 基本方針
2. BCPの運用体制
3. 中核事業と復旧目標
 ・中核事業情報
 ・中核事業にかかわる資源代替の情報
 ・中核事業影響度評価
4. 財務診断と事前対策計画
 ・復旧費用の算定
 ・保険情報
 ・事前対策のための投資計画
5. 緊急時におけるBCP発動
 (1) 発動フロー
 (2) 避難
 (3) 情報連絡
 (4) 資源
 (5) 地域貢献
6. BCPチェックリスト

※中小企業庁「中小企業BCP策定運用指針」のサンプルをもとに作成

が全体のリーダーとして指揮命令を下せるようフローと体制が策定されています。従業員には、発動時の各自の役割を明確に把握し、期待どおりに行動することが求められます。さらに取引先や協力会社からの問い合わせへの対応体制やその責任者も明確になっていなければなりません。

なお、万が一、リーダー（経営者）が不在の場合には、代理のリーダーによって適切な指揮命令ができるよう規程が整備され、周知されている必要があります。

❖ BCPの定着化と維持・更新

①BCP教育・訓練

BCPを想定どおり機能させるためには、BCP責任者の主導で教育・訓練を計画的に行ない、従業員にBCP を周知徹底して、緊急事態に確実に実行できるようにしておく必要があります。

定期的な教育・訓練を通して、不測事態発生時の報告・連絡体制やシステム障害時の代替・復旧手順を業務担当者に確認してもらい、定着化をはかります。教育・訓練の実施結果は、記録して経営陣に報告し、BCP見直しのためのフィードバックを行ないます。

ITコンサルタントは、緊急事態における電源や通信手段の確保、復旧作業手順、代替システムへの切り替え時間、バックアップデータの取り出しやリカバリ手順に関して、想定どおりの訓練結果が得られたかを確認し、改善ポイントを検討します。

②BCP維持・更新

BCPは一度策定すれば完成というものではなく、過去の発動時の経験や教育・訓練における現場からのフィードバック内容、さらに、年を追うごとに発生する新たなタイプの事故や災害の脅威も踏まえて、つねに最新化していかなければなりません。BCPを更新する場合、まずBCP責任者の主導で事務局が改定案を作成します。改定案はタスクフォースで検討された後、経営陣の承認を得て発効されます。文書管理規程に則り、BCP履歴の管理や関連文書の最新化作業も行ないます。

③これからのBCP

新型コロナウイルス感染症の拡大によって、市場のニーズや事業の収益構造の変化をはじめ、従業員のリモートワーク化やIT利活用の多様化に至るまで、企業を取り巻くビジネス環境全体が大きく変貌したといっても過言ではありません。

業務システム全般のクラウド化、RPA*をはじめとするロボティクス*技術やIoT（☞46頁）、AI（☞53頁）の積極的な活用が、リモートワークの適用範囲を拡大して働き方を一変させ、それらにともなって、ゼロトラスト*環境でのサイバーセキュリティ対策の強化もますます重要になるものと考えられます。

新種の脅威に立ち向かうためのBCPの策定・更新にあたっては、単に早期復旧の目標を設定し対策を検討するという枠組みを超えて、事業継続性を向上させるためのプロアクティブな対策が求められます。たとえば、有事の際にも堅牢で、かつ柔軟に対応可能なスマート・ワークフローの設計・構築など、ITコンサルタントは、今後ますます重要な役割を果たすことが期待されています。

2-9 ITデューデリジェンス

▶ M&A投資効果の最大化に向けたIT資産の事前調査と適正評価

❖ M&Aの成否を左右するデューデリジェンス

「デューデリジェンス」とは、企業の合併や買収（M&A）に際して、対象企業の価値や実態を把握するための適正評価手続きを意味します。M&Aにおいては、そもそも相手側の企業が買収、合併に値するかどうか、M&A後に期待効果を得ることができるかを適切に判断することが重要です。

◎M&Aの大まかな流れ（企業買収の場合）◎

事前準備	●自社の価値を把握（売り手企業による） ●M&Aの目的、期待効果の検討、意思決定 ●アドバイザーの選定と契約（売り手企業、買い手企業において、企業規模や状況に応じて、フィナンシャル・アドバイザー、M&Aコンサルティング会社、もしくは仲介業者を選定し、契約する） ●アドバイザー経由で候補先企業を選定し打診する
交渉	●経営陣どうしのトップ面談、条件交渉 ●基本合意契約（買収方法、買収価額などM&Aに関する売り手と買い手の共通認識の明確化、独占的交渉権、守秘義務、スケジュール概要などの規定）
契約	●デューデリジェンス実施（買い手企業による） ●デューデリジェンスの結果に基づく諸条件の調整と契約書の作成 ●取締役会、株主総会での承認 ●M&A契約締結 ●クロージング（譲渡決済、株券、代表印の引渡し）

決算状況や株価、事業の成長率等の業績指標だけでM&A投資の可否を判定することはできません。事業モデルやターゲット市場での立ち位置、成長性を評価する事業デューデリジェンス、企業の財政状態や経理・税務処理の妥当性を精査する財務デューデリジェンス、法的なリスクについて調査する法務デューデリジェンス、人事労務状況や人材活用に関して評価する人事デューデリジェンス、そして、システム統合を想定して、あらかじめ相手企業のIT資産価値やリスクを評価するためのITデューデリジェンスが必要とされています。

❖ITデューデリジェンスの調査対象

ITの利活用が、M&A後も経営上の効果を発揮し続けるために、買い手企業は、売り手企業のIT資産の実態を調査し評価する必要があります。ITデューデリジェンスの実施例が豊富にある金融業界では、監督官庁の金融庁から「システム統合リスク管理態勢の確認検査用チェックリスト」が提示されており大いに参考になります。

◎ITデューデリジェンスの調査対象（項目例）◎

IT部門/要員
- IT部門の組織図
- スタッフの構成、スキルレベル
- 要員コスト

ハードウェア
- 名称、モデル番号、製造販売元のリスト
- 構成（ディスク容量、メモリ容量、搭載OS）
- 使用年数、資産価値、所有/リース情報

ソフトウェア開発プロセス
- ソフトウェア設計/開発標準
- 承認プロセス
- 品質管理プロセス

他社製のプロダクト/サービスの利用状況
- 名称、バージョン、製造販売元、機能説明
- ライセンス数、ライセンスの形態・種類と終了日
- 年間費用
- ライセンス譲渡に関する条件

自社製のプロダクト/サービス
- 自社製のIT、ソフトウェア製品/サービス
- それらの属性（機能説明、利用顧客数、提供方法、競合情報など）
- 開発/運用担当者、委託業者の情報
- 業界認定情報
- ソースコードの管理状況、プロダクトの保守状況

ネットワーク
- 構成図
- 運用監視ツール
- クラウドサービス利用状況

サイバーセキュリティ
- 情報セキュリティガバナンス体制内容
- セキュリティポリシー、運用規程内容
- ユーザーID/パスワード管理
- OSとマルウェア対策ソフトの最新化状況
- 不正侵入、不正アクセス対策管理状況
- 過去のセキュリティインシデント発生状況

運用体制/BCP
- システムバックアップ体制
- 災害復旧計画
- 事業継続計画

契約管理
- クラウドサービスプロバイダ契約内容
- 電気通信サービス契約内容
- サードパーティー契約内容
- 外部委託契約内容
- ハードウェア保守・サポート契約内容
- 自社製プロダクト/サービスに関する顧客との契約条件・内容

IT予算・実績
- ソフトウェア開発プロジェクト予算と実績
- IT設備投資予算と実績
- サイバーセキュリティ対策予算と実績
- 財務諸表への計上ルール

ITデューデリジェンスでは、対象企業のIT部門と要員、ソフトウェア製品やサービスの利用状況、ソフトウェア開発プロセス、ハードウェア、ネットワーク、サイバーセキュリティ、システム運用体制、契約管理や

IT予算と実績などの各分野にわたって調査を行ないます。今後のDXへの投資効果やリスクの見極めも大切です。

✧ ITデューデリジェンスの進め方

ITデューデリジェンスでは、限られた期間でIT利用状況を調査し、評価結果をまとめて報告しなければなりません。まず対象企業に質問表を提示し回答を得ます。さらに必要に応じて現場でのヒアリングも行ないます。業務プロセスと情報システムとの関係に留意して網羅的な調査を実施し、機能性や信頼性、拡張性の視点で評価を行ないます。

◎ITデューデリジェンスのプロセス◎

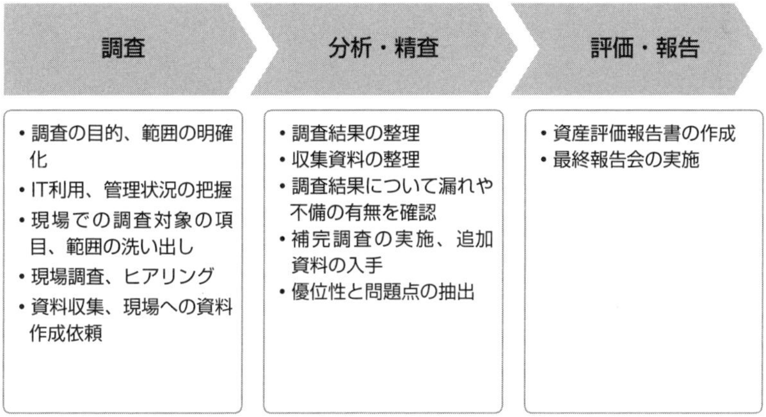

調査	分析・精査	評価・報告
・調査の目的、範囲の明確化 ・IT利用、管理状況の把握 ・現場での調査対象の項目、範囲の洗い出し ・現場調査、ヒアリング ・資料収集、現場への資料作成依頼	・調査結果の整理 ・収集資料の整理 ・調査結果について漏れや不備の有無を確認 ・補完調査の実施、追加資料の入手 ・優位性と問題点の抽出	・資産評価報告書の作成 ・最終報告会の実施

✧ ITデューデリジェンス評価結果の活用

M&A成立後においては、統合による矛盾や重複を回避しながらシナジーを実現して、企業価値を向上させるためのプロセスが重要です。このプロセスをPMI（Post Merger Integration）と呼びます。買い手企業と売り手企業の各部門が、事務局や委員会などを設置して、事業、財務、法務、人事、システムの統合化に関するすり合わせを進めていきます。その際、ITコンサルタントは、ITデューデリジェンスの評価結果に基づいて、M&A後のIT利活用を最大化するための支援を行ないます。

たとえば、IT資産の「稼働性」と「利用効率性」に着目して、M&A後のIT資産の扱いについて、定量的な分析に基づく指針を提示することが可能です。稼働性はIT資産の利用頻度とユーザー数から導き出すことができます。利用効率性は、調達、開発、運用保守のコストの大きさと、応答時間や使い勝手などに基づくユーザー満足度によって認識可能です。この他、「業務適合性」や「セキュリティレベル」なども重要な評価軸となります。

今後も継続して利用する対象か、改善や刷新が必要か、さらなる利用促進案を検討すべきか、あるいは、廃棄するのが得策であるのかを明確にし、統合後に合理的なIT利活用が促進されるよう提言を行ないます。

◎IT資産評価結果の分類◎

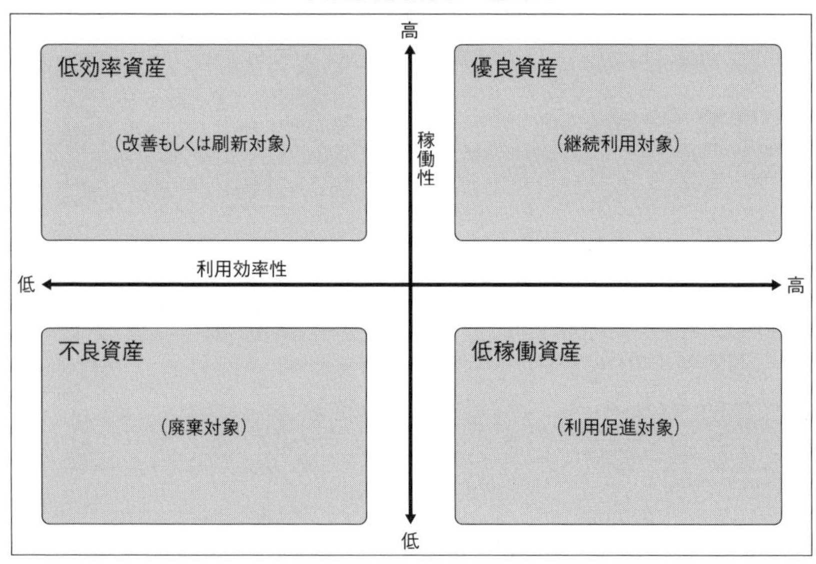

この他、ネットワークインフラの統合、IT部門の最適化と新体制の構築、各スタッフの役割と責任、およびKPIの再設定、各種規程とマニュアルの整備、プロジェクトの統廃合や管理手法の見直しなど、PMIの重要テーマが存在します。ITコンサルタントは、ITデューデリジェンスの報告内容をふまえ、各テーマにおいて、ITが統合後の企業経営や事業戦略に最大限に貢献できるようコンサルティングを提供します。

2-10 情報セキュリティガバナンス

▶ 情報セキュリティのガバナンスが企業経営を左右する

企業を取り巻く情報セキュリティリスクの高まり

IoT（☞46頁）やデジタルマーケティング（☞68頁）など、広範囲にわたるDXの進展と相まって、情報システムのセキュリティの確保が企業の重要課題となっています。巧妙化と悪質化の一途をたどる企業へのサイバー攻撃が、企業経営の大きな脅威となっているからです（☞164頁）。

企業が保持する機密情報には、得意先の基本情報や契約情報、新製品の設計・原価などがあります。機密情報の漏えいや改ざん、消失などが発生すれば、業務の一部や全体の操業停止はもとより、企業そのものの社会的な信用の失墜やイメージダウンにつながってしまいます。

標的型攻撃メールや不正アクセスなど、情報セキュリティ上の脅威について、洗い出しと優先順位づけを行なって、適切な対応策を講じるとともに、組織全体での情報セキュリティガバナンスの構築、すなわち、リスクマネジメント体制の構築、セキュリティ対策のPDCA化とコミュニケーションの強化が強く求められています。情報セキュリティ対策の戦略策定や実施方法は、事業の目的や戦略と整合を図る必要があります。加えて、情報リスクへの対処が適切に行なわれているかどうかについて、社内外の利害関係者への説明責任を果たすことも重要です。

情報セキュリティガバナンスの構築

情報セキュリティのガバナンスを構築するには、まずCISO*を任命し、その配下にITコンサルタントを構成メンバーに含む情報セキュリティ委員会を設置して、セキュリティポリシーや諸規程を策定し、マネジメントプロセスを確立する必要があります。CISOはCxO（CEO、CIOなど）が兼務する場合も多いですが、経営陣から専任者を任命してもらうのが理想的です。

情報セキュリティ委員会の構成メンバーとしては、IT部門のシステム

◎情報セキュリティガバナンスの体制とプロセス◎

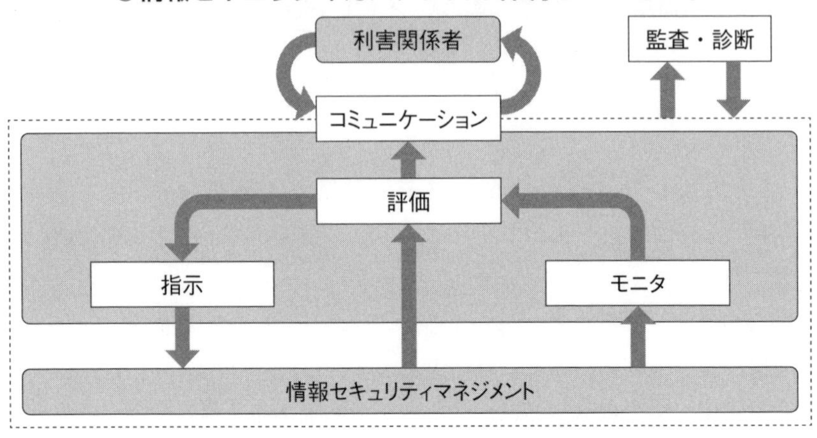

プロセス	役割	具体的なアクション
評価	セキュリティ目的達成度の評価、将来へ向けた調整	
	経営陣	・必要な処置の優先順位を決める
	マネジメント	・情報セキュリティが事業戦略を確実にサポートできるようにする
指示	適切な資源配分、活動の優先順位付け、計画の承認	
	経営陣	・リスク選好を決定し、情報セキュリティ戦略の承認と適切な資源配分を実施
	マネジメント	・情報セキュリティ戦略を策定し、実施
モニタ	目的の達成度の認識、測定	
	経営陣	・情報セキュリティマネジメント活動の有効性を評価し、利害関係者からの要求事項への適合性を確実にする
	マネジメント	・パフォーマンス指標を設定し、経営陣にフィードバック
コミュニケーション	利害関係者からの要求事項の受領と、経営陣からの情報セキュリティ活動実績と課題についての報告説明	
	経営陣	・事業特性に見合った情報セキュリティのレベルを実践していることを報告 ・外部監査・診断結果をマネジメントに通知して是正を要請
	マネジメント	・経営陣への問題提起と助言を提示

※経済産業省「情報セキュリティガバナンス導入ガイダンス」をもとに作成

管理者、セキュリティ担当者はもとより、法務部門、人事部門、財務部門、各業務部門からも代表者を選出して運営します。

マネジメントサイクルにおけるセキュリティ対策の実施→運用監視・モニタ→評価・改善、およびコミュニケーションの各プロセスにおいて、委員会メンバーと各業務部門のシステム利用者、およびシステムの運用監視部門が密接に連携し合って、情報セキュリティの維持・改善を遂行します。

さらに、情報セキュリティのインシデントが発生した際に、被害を食い止め、関連情報の収集や再発防止策の策定などを担うCSIRT*を企業内にあらかじめ設置しておくことも重要です。情報セキュリティ関連情報の収集やインシデント対応に際しては、詳細情報の公表や注意喚起、インシデント対応支援を提供しているJPCERT/CC（コーディネーションセンター）と連携するのも有効な方法です。

❖ 情報セキュリティポリシーはセキュリティガバナンスの出発点

情報セキュリティポリシーは、企業における情報セキュリティガバナンスの基本方針や行動指針を示すものであり、経営方針として対外的に公開される文書です。どのような情報資産をどのような脅威からどのように守るのかについての考え方、情報セキュリティを確保するための体制、運用規程、対策の基準などを具体的に文書化していきます。

情報セキュリティに関する文書体系は、情報セキュリティポリシーを頂点として、情報セキュリティ対策基準・ガイドライン、諸規程・マニュアルへと具体化されていく３階層となっています。

◎情報セキュリティの文書体系◎

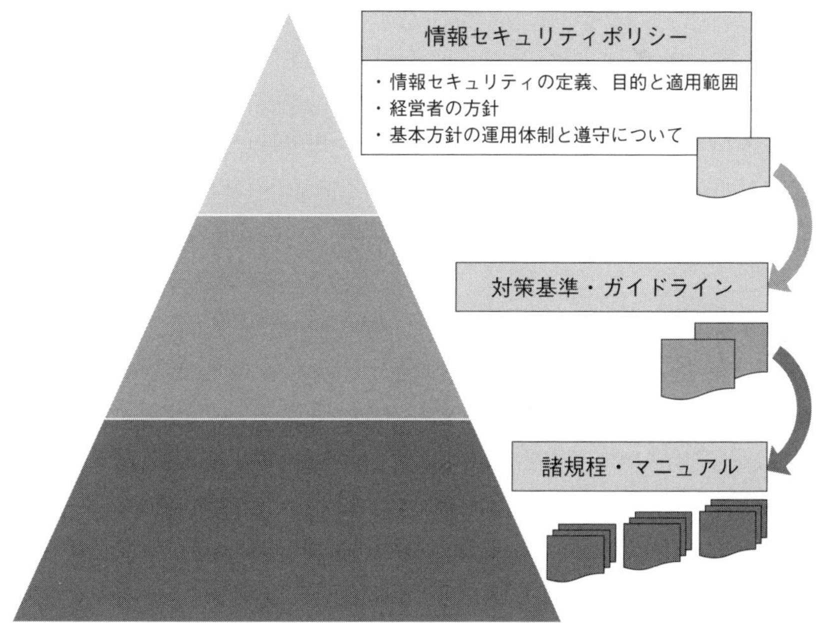

❖ 情報システムの脅威を具体的に認識し守るべき情報資産を定義する

情報セキュリティのレベルを安心・安全なものとするためには、まずは情報システムの脆弱性と取り巻く脅威について漏れなく洗い出し、リスクの大きさを認識して、守るべき情報資産を定義する必要があります。具体的には、経営陣や各業務部門にヒアリングして、情報資産をリストアップし、同時に、サイバー攻撃の実態やシステム脆弱性に関する調査と情報収集を進め、リスクの大きさを推定して、リスク評価内容を表にまとめます。

脆弱性が高く、脅威が顕在化する可能性も高い情報資産ほど、被害発生の可能性が高いといえます。さらに、被害発生時の事業へのインパクトが高いものは重要度が高いと認識されます。したがって、被害発生の可能性が高く重要度も高い情報資産には大きなリスクがあると判断されます。

◎情報システムの棚卸しとリスク評価の例◎

システム	脅威	攻撃手法/脅威の具体的な内容	①被害発生の可能性	②重要度	③リスクの大きさ
ECサイト	WEBサイト改ざん	・マルウェアなどによる悪意あるスクリプトの埋め込み	中	高	3
ECサイト	DoS/DDoS攻撃	・大量のアクセスによるサーバプログラム応答低下、もしくは停止	中	高	3
業務用PC	標的型攻撃	・悪意ある添付ファイルの開封によるマルウェアの埋め込み	高	高	3
業務用PC	標的型攻撃	・不正サイトへの誘導によるマルウェアの埋め込み	高	高	3
業務用PC	内部不正	・従業員による無許可のクラウドサービスの不正利用	高	高	3
モバイル機器	標的型攻撃	・悪意ある添付ファイルの開封によるマルウェアの埋め込み	高	中	3
給与システム	不正侵入	・クラウドサービス側のセキュリティ対策不備による不正侵入	低	高	2
社内サーバ	不正侵入	・脆弱性を突いたシステムへの不正侵入	中	中	2

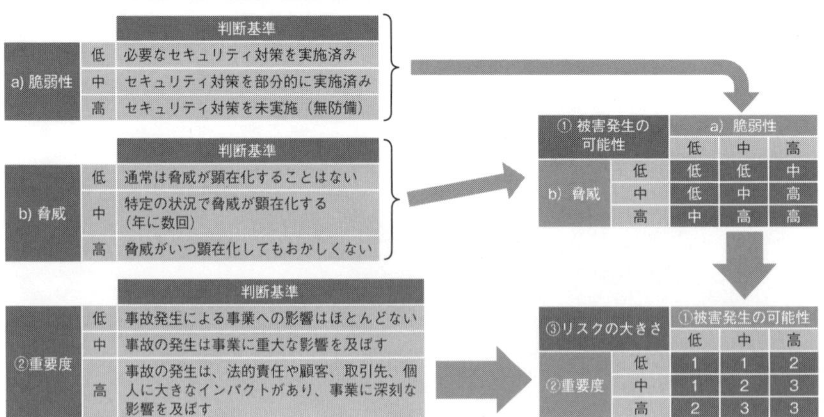

a) 脆弱性		判断基準
	低	必要なセキュリティ対策を実施済み
	中	セキュリティ対策を部分的に実施済み
	高	セキュリティ対策を未実施（無防備）

b) 脅威		判断基準
	低	通常は脅威が顕在化することはない
	中	特定の状況で脅威が顕在化する（年に数回）
	高	脅威がいつ顕在化してもおかしくない

②重要度		判断基準
	低	事故発生による事業への影響はほとんどない
	中	事故の発生は事業に重大な影響を及ぼす
	高	事故の発生は、法的責任や顧客、取引先、個人に大きなインパクトがあり、事業に深刻な影響を及ぼす

①被害発生の可能性		a) 脆弱性 低	a) 脆弱性 中	a) 脆弱性 高
b) 脅威	低	低	低	中
b) 脅威	中	低	中	高
b) 脅威	高	中	高	高

③リスクの大きさ		①被害発生の可能性 低	①被害発生の可能性 中	①被害発生の可能性 高
②重要度	低	1	1	2
②重要度	中	1	2	3
②重要度	高	2	3	3

※独立行政法人情報処理推進機構「サイバーセキュリティ経営ガイドラインVer2.0 実践のためのプラクティス集 第２版」をもとに作成

❖情報セキュリティリスクへの予防策と事後対応

守るべき情報資産が明らかになったら、最適なセキュリティ対策を講じていきます。標的型攻撃による企業の機密情報の窃取や内部不正による情報漏えいといった、発生頻度と重要度の高い脅威の実態、予防策、事後対応について、具体的にみてみましょう。

①標的型攻撃による企業の機密情報の窃取

企業や団体、官公庁など、特定の組織を狙い撃ちして、機密情報の窃取を目的とした標的型攻撃が多発しています。代表的な手口としては、まず、従業員に悪意あるメールを送り付け、添付ファイルや本文に記載したリンク先にマルウェアを仕込んでおき、それらを開かせてPCを感染させます。次に感染したPCを起点に組織内ネットワークやサーバを探索して機密情報を窃取します。

とるべき予防策として、情報セキュリティ委員会やシステム管理者は、IDS/IPS*、WAF*、UTM*などを導入してネットワークをつねに監視し防御を万全にするとともに、統合運用管理ツールによって、従業員が利用するPCのソフトウェア更新状況を管理し、リスクの可視化を行ないます。さらに攻撃の手口と対応策に関する情報収集と社内共有が重要です。教育訓練によって従業員のリテラシーを向上させ、メールの添付ファイルやリンク情報に対して細心の注意を払うようにします。

万が一インシデントが発生した場合は、被害を受けた従業員が企業内CSIRTに連絡し、CSRITはガイドライン、運用規定に則ったインシデント対応を実施するとともに、監督官庁へ連絡し、原因究明と影響調査を進め、さらに今後の対策の強化を行ないます。

◎情報セキュリティリスク対策のスパイラル◎

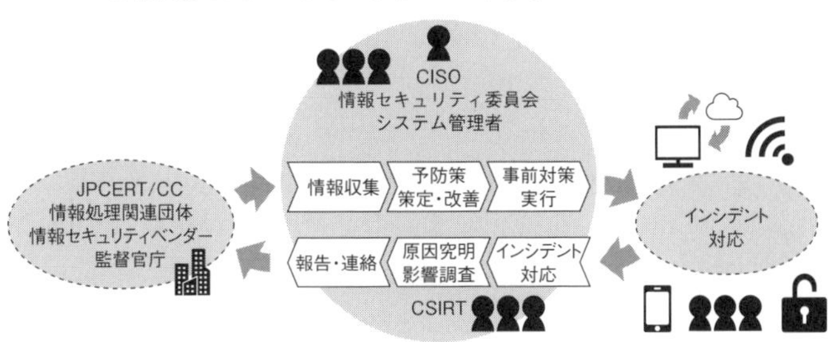

②内部不正による企業情報の漏えい

企業の従業員や元従業員など、関係者による機密情報の持ち出しや悪用などの不正行為が頻発しています。内部不正はコーポレートガバナンスに深く関わる問題であり、企業の経済的な損失にとどまらず、社会的信用を失墜させ、競争力を弱体化させうる大きな脅威です。

内部不正の原因には、故意によるものと過失によるものがあります。故意の例としては、元従業員が在職中のアカウントで内部情報にアクセスし、窃取した顧客情報や技術情報をライバル企業に売り渡す、従業員が社内情報をUSBメモリーや電子メール、クラウドストレージなどを経由して、不正に持ち出すなどがあります。過失の例としては、電車内や立ち寄り先店舗などでのカバンの置き忘れによる資料やデータの紛失があります。

とるべき予防策として、情報セキュリティ委員会やシステム管理者は、企業内の重要な情報資産を把握して情報資産管理者を定め、タイムリーにアクセス権の登録・更新・削除を実施し、情報機器や記録媒体の保管と持ち出し管理を徹底させる必要があります。重要情報へのアクセス履歴と各ユーザーの操作履歴をすべて記録し、定期的に監視して、インシデントの予防や早期発見に努めることが重要です。従業員の入社・配属・異動・退職の動きと連携した、過不足のないユーザーアカウントの設定管理も大切です。従業員はコンプライアンス教育を受け、内部不正に関する諸規程の趣旨と詳細を十分に認識してモラルを向上させることが肝要です。

インシデント発生後は、すみやかに企業内CSIRTに連絡し、CSRITはガイドライン、運用規程に則ったインシデント対応を実施するとともに、監督官庁へ連絡し、原因究明と影響調査を進め、さらに今後の対策の強化を行います。内部不正者に対しては、規程に則り適切な処罰を適用します。

❖ 情報セキュリティガバナンスとITコンサルタントの役割

ITコンサルタントは、リスクマネジメントや情報セキュリティ対策の知識と経験を駆使し、クライアント企業のCISOや情報セキュリティ委員会と連携して、事業運営と情報セキュリティ確保との整合を図りながら、情報セキュリティリスクの評価と改善案の提示、マネジメントの体制強化やセキュリティポリシー、ガイドラインの文書化などを支援します。

第3章

ITコンサルティングのツール

- ITコンサルティング営業の進め方
- IT経営推進プロセスガイドライン
- 戦略マップ
- ビジネスモデリング
- 概念データモデル設計法
- 成熟度モデル
- ITIL
- SLCP2013
- SWEBOK
- SQuBOK
- サイバーセキュリティ経営ガイドライン

3-1 ITコンサルティング営業の進め方

▶安定的に受注を獲得できるしくみづくりと提案プロセスが鍵

安定的に受注を獲得できるしくみづくりと提案プロセスが鍵

コンサルティング業務は税理士業務のように契約が長く継続するストック型の業務というよりも、クライアントの個別課題の解決のためにスポット的に業務を依頼される傾向があります。そのため、コンサルタントを生業（なりわい）としていくうえでは、安定的に受注を獲得できるしくみを作ることが重要になります。

ここでは、引き合いを獲得するコンタクトチャネルと、引き合いを受けてからの具体的な営業のプロセスについて紹介します。

引き合いの獲得方法とチャネルの活用

ITコンサルティングの引き合いは、新規顧客・既存顧客で大きく分けられます。新規顧客からの引き合いは、コンサルタントが直接コンタクトする場合と、金融機関やITベンダーなどのチャネル経由で紹介してもらう場合があります。

また、既存顧客からの引き合いでは、顧客から直接相談を受ける場合と、コンサルタント側から新サービスを案内したことをきっかけに提案が始まる場合があります。

◎コンサルティングの引き合いを獲得するコンタクトチャネル◎

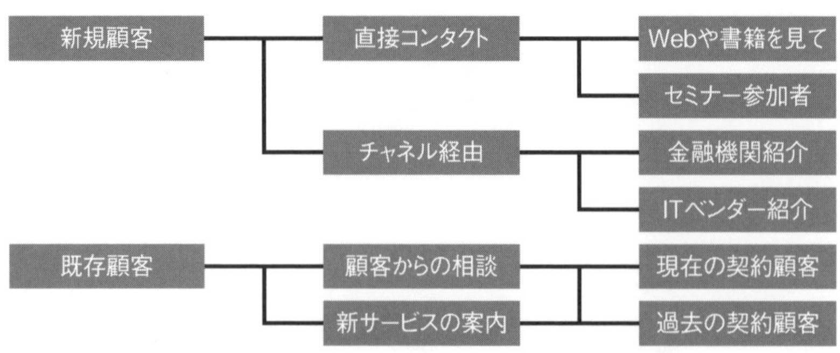

1．新規顧客からの直接的な引き合い

新規顧客からの直接的な引き合いとしては、①Webサイトや書籍・雑誌などを読み、問い合わせを受ける、②セミナーの参加者から相談を受けるといった形が一般的です。

①Webサイトや書籍・雑誌などを読み、問い合せを受ける

社内で抱える課題を解決したいと考える潜在的なクライアントは、まずインターネットや書籍・雑誌等を通じて情報収集をすることが多いものです。コンサルタントは、さまざまな媒体を通じて課題解決に向けてのHowToなど、自らが保有する知識や経験を公開しておけば、問い合わせや入札依頼などを受ける可能性が高まります。

特に、自社ならではのユニークなソリューションがある場合や、特定の業界や領域のコンサルティング実績が多い場合には、自社Webサイトなどでそれらの情報を積極的に発信することで、引き合いは増加します。

②セミナーなどの参加者から相談を受ける

官公庁やITベンダー、銀行などが主催する時事的なテーマや最新のテーマに関するセミナーでは、講師としてコンサルタントに声がかかることがよくあります。セミナー終了後の名刺交換などで簡単な相談を受け、後日訪問して詳細に課題をヒアリングしたり、セミナー会場に相談コーナーを設置し、その場で相談会を実施したりすることがあります。

コンサルティング会社が自社でセミナーを主催する場合には、集客が課題となり、会社の知名度や顧客基盤の大きさなどが成功の鍵となります。

2．チャネルからの新規顧客の紹介

多くの取引先とコンタクトをもつ①銀行などの金融機関や②ITベンダーなどから紹介を受けるケースも比較的多くあります。

①金融機関チャネル

銀行などの金融機関は、経営サイドの悩みを聞くことが多く、業務を抜本的に変革したいとか、インターネットでダイレクトに販売したいといっ

たITに落とす前の経営課題を把握しています。この点で、コンサルティング業務に繋がりやすい情報をもつパートナーであるといえます。

守秘義務や紹介手数料の支払いなどの問題もあるため、事前に紹介契約を結ぶことも多いようですが、契約を行ない、金融機関の担当者にしっかりPRをしておけば、受注獲得に向けて有効なチャネルとなりえます。

②ITベンダーチャネル

クライアントが「業務改革で人員削減がしたい」といったしっかり固まっていないニーズをITベンダーに相談した場合に、ITベンダーからコンサルティング会社に声がかかることがあります。

コンサルタントが業務改革案を整理し、システム開発のRFPに落とせば、それ以降はITベンダーが主役となります。ITベンダーから案件を紹介してもらう場合には、システム開発以降は当該ベンダーが開発を請け負う前提で、コンサルタントと連名で提案することもあります。

また、ITベンダーが販売するERPパッケージ製品（☞81頁）などの上流分野のアライアンスパートナーとしてコンサルティング会社が契約する場合もあります。その場合には、顧客からITベンダーに引き合いが来た段階で、コンサルタントが呼ばれることが多いようです。

3．既存顧客からの直接相談

顧客から直接相談を受けるケースでは、①現在何かしらのプロジェクトが動いているクライアントからと、②過去プロジェクトを実施したが現在は契約がないクライアントの２つのパターンがあります。

①プロジェクトが現在動いているクライアント

現在プロジェクトで関係のあるクライアントとは、プロジェクトで顔を合わせる機会が多くなります。そのため、まだ社外に情報がオープンになる前の段階で会議室に呼ばれて、「ちょっと別件で相談ですが…」と新たなテーマでの経営課題の相談を受けることがあります。

多くの社内プロジェクトが動いているクライアントでは、うまくいっていない他のプロジェクトがあれば、サポートが欲しいというニーズがあります。日頃からクライアントの期待を超えるコンサルティングサービスが提供できていれば、既存クライアントからの相談も比較的多くもらえるようになります。

②過去のプロジェクトのクライアント

過去プロジェクトで一緒に仕事をして、その後も定期的に顔を合わせる気軽な関係のクライアントからは、「ちょっとご相談」とメールや電話が来ることも多いです。

ただし、これも進行中のクライアントと同じで、過去プロジェクトにおいて一定以上の顧客満足を獲得し、クライアントからの信頼を勝ち得た場合のみであり、コンサルティングのクオリティーが低ければ、二度と声をかけてもらえないということも多々あります。

4．既存顧客への新規サービスの案内

上述のケースがニーズオリエンテッドなアプローチであるとすれば、コンサルティング会社が先駆的に取り組んだITの活用事例を紹介して案件を獲得するシーズオリエンテッドなアプローチもあります。

AI（☞53頁）やIoT（☞46頁）など、コンサルティング会社は常に新しい技術をビジネスに適用できないか研究しています。これらを活用した新たな業務改革などの事例が出てくれば、類似するビジネス形態をもつ他の既存顧客にも紹介することで、新たな案件が創出されることもあります。

❖顧客に合わせてオーダーメイドで提案を仕上げる

提案に際して、クライアントの課題は同じように見えても、会社によって業種業態、規模や組織構造などが異なるため、コンサルティングの提案書は、ほぼ毎回オーダーメイドで作ります。

提案プロセスは、①課題の確認、②提案方向性のディスカッション、③提案書の作成、④プレゼンテーションの実施の流れで進めます。

①課題の確認

上述したさまざまなチャネルを通じて新たな案件の相談が入ってくる

◎提案のプロセス◎

①課題の確認	▶クライアントへの初期インタビューを通じ、課題の内容、その背景や原因、解決までの期間、予算感などを確認する
②提案方向性のディスカッション	▶インタビュー結果を持ち帰り、提案スコープやサポート内容の調整、フェーズ分割などを検討し、提案の方向性を固める
③提案書の作成	▶プロジェクトの背景や目的、課題解決のアプローチ手法などを明確化し、論理性とストーリーをもって提案書にまとめる
④プレゼンテーションの実施	▶担当窓口と提案内容を調整し、最終的に決裁権限のある役員会などでプレゼンテーションを実施する

と、まずはクライアントへの初期インタビューを行ないます。初期インタビューでは、発生している問題と目指している姿、想定している解決までの期間、予算感などを確認します。

以降の提案プロセスがスムースに進むかの鍵は、コンサルタントがこのインタビューを通じて、問題の背景や原因をどれだけ掘り下げられるか、提案しようとするプロジェクトのステップやゴールの仮説をどれだけ頭の中で整理しながらインタビューを進められるかにあります。

担当窓口へのインタビューだけでは、その背景や原因などが明確にならない場合、別途、現場の担当者へのインタビューを設定してもらうこともあります。

②提案方向性のディスカッション

クライアントへの初期インタビューで得た情報をもとに、社内に持ち帰って提案の方向性をディスカッションします。取り組むべき課題の大きさとクライアントが想定している期間や予算感がある程度一致していれば、比較的スムースに提案内容の方向性が決まります。しかし、一般的にはそのギャップが大きいことが多いため、提案範囲の調整やサポート内容の簡素化、フェーズの分割などで工夫をし、そのギャップを埋めていきます。

たとえば、全事業所を訪問して網羅的に課題のインタビューすることが予算・期間的に難しい場合には、対象者をサンプリングしたインタビューに変える、課題の大きい業務領域は詳細調査するが、それ以外は簡単なインタビューに留めるといった工夫です。

そのうえで、正式提案に落とす前に、クライアントとも何度か提案の方向性を確認するディスカッションを行ない、場合によっては、期間の延長や追加予算の確保なども検討してもらい提案の方向性を固めます。

③提案書の作成・練り上げ

前段の作業を通じて、おおよそのコンサルティングの内容は固まってきているため、一段タスクをブレイクダウンして詳細スケジュールを作成します。そのうえで、アサインするメンバーを決め、経費を含んだ見積額を算出するなどして、提案内容を固めていきます。

さらに、経営者が提案書だけを見ても、プロジェクトの背景や目的、課題解決のためのアプローチ手法などがわかるように、論理性とストーリーをもって、かつ無駄が少ない提案書にまとめていきます。

クライアント社内でコンサルティング会社への発注のコンセンサスが十分に取れていないケースや、競争入札が想定される場合などには、提案書を練り上げる作業にかなりの労力を要することもあります。

④プレゼンテーションの実施

提案書が完成すれば、まずはクライアントの担当窓口に内容に過不足がないか確認してもらい、そのうえで最終的な意思決定権限のある役員会などにプレゼンテーションをするのが一般的です。

提案書がどれだけ良く書けていても、プレゼンテーション力が不足していると契約に至らないこともあります。クライアントからは、コンサルタントの声が小さくて聞こえない、頼りなさそうに見える、横文字ばかり使って何を言っているのかわからない、といった不満がよく聞かれます。

コンサルタントは、クライアントのプロジェクトメンバーをリードし、経営者にも定期的に報告・ディスカッションする必要があります。そのため、プレゼンテーションの場面でコミュニケーション力に難があると判断されると契約に対するハードルが上がることは間違いありません。

3-2 ▸IT経営推進プロセスガイドライン

▶ 経営戦略とIT戦略の融合を図る戦略立案の手引書

IT経営とは企業の持続的な成長を導く手法

IT経営とは、「経営環境の変化を洞察し、経営戦略に基づいたITの利活用による変革により、企業の健全で持続的な成長を導く経営手法」です。

単なる業務の効率化ではなく、企業がITを利活用して付加価値を創造できることが重要です。付加価値の創造は、経営戦略そのものであり、その立案及び実行では経営者が主導権をもって継続的に進めなければなりません。IT経営推進プロセスガイドラインは、IT経営の継続的支援を目的としてIT経営の進め方と指針を提示しており、ITコンサルタントはこれをリファレンスとして活用できます。なお、本節は『IT経営推進プロセスガイドライン Ver.3.1』（ITコーディネータ協会）を参考にまとめています。

プロセスガイドラインの3つの領域

プロセスガイドラインは、「進め方」と「基本原則」という要素があり

◎IT経営全体プロセス◎

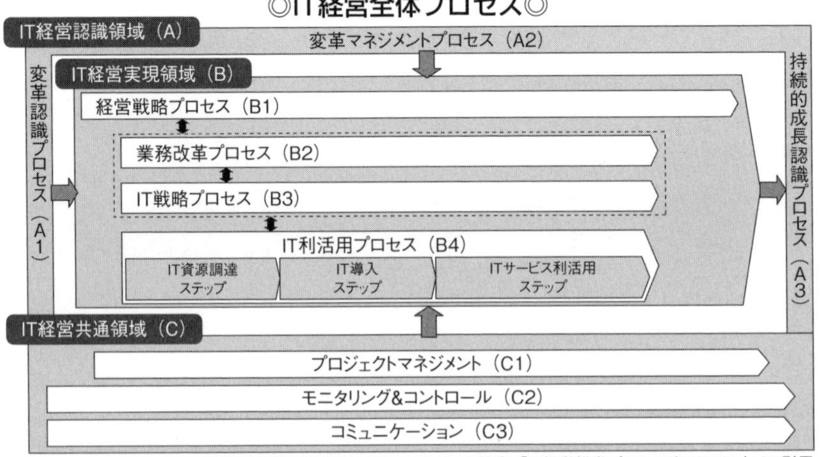

※特定非営利活動法人ITコーディネータ協会「IT経営推進プロセスガイドライン」より引用

ます。「進め方」は、IT経営を実現させるための、業務のやり方、活動、取り組みのプロセスを示しています。「基本原則」は、進め方の考え方を示しています。以下では「進め方」を中心に解説します。

IT経営を進める時は、どの領域にいるかを意識することが重要です。「領域」とは、IT経営認識領域、IT経営実現領域、IT経営共通領域のことです。また、IT経営認識領域と、IT経営実現領域にはそれぞれプロセスがあります。

1. IT経営認識領域

IT経営認識領域には、「変化に対応できる組織」に改革するため、3つのプロセスがあります。

1つめのプロセスは、変革認識プロセスです。変革認識プロセスは、経営戦略や変革の方向性に対してITの必要性を認識します。IT経営を実現するためにはITを導入するだけではなく、組織活動や風土を変革する活動が中心となるため、経営者が主導する必要があります。経営者はリーダーシップを発揮し経営戦略と整合性を保ったIT経営の方向性を示し、自らが推進しなければなりません。この認識を具体化するのが、IT経営実現領域です。IT経営実現領域では、経営者と関係者が、共有した環境変化や経営変革の必要性を認識して戦略を実行します。

2つめの変革マネジメントプロセスは、IT経営実現全体に関わるものです。IT経営実現領域の実行状況をモニタリングし、活動や取り組みのプロセス、立案したIT戦略を含めて見直します。

3つめの持続的成長認識プロセスは、IT経営実現領域の実行結果から、組織の変化やIT経営における成熟度の変化などを確認し、次への変革へとつなげていきます。

2. IT経営実現領域

IT経営実現領域には、経営戦略プロセス、業務改革プロセス、IT戦略プロセス、IT利活用プロセスがあります。

経営戦略プロセスとは、経営者が変革認識に気づき、事業別や機能別に戦略を立案します。外部環境と内部環境を分析し、あるべき姿を描いたう

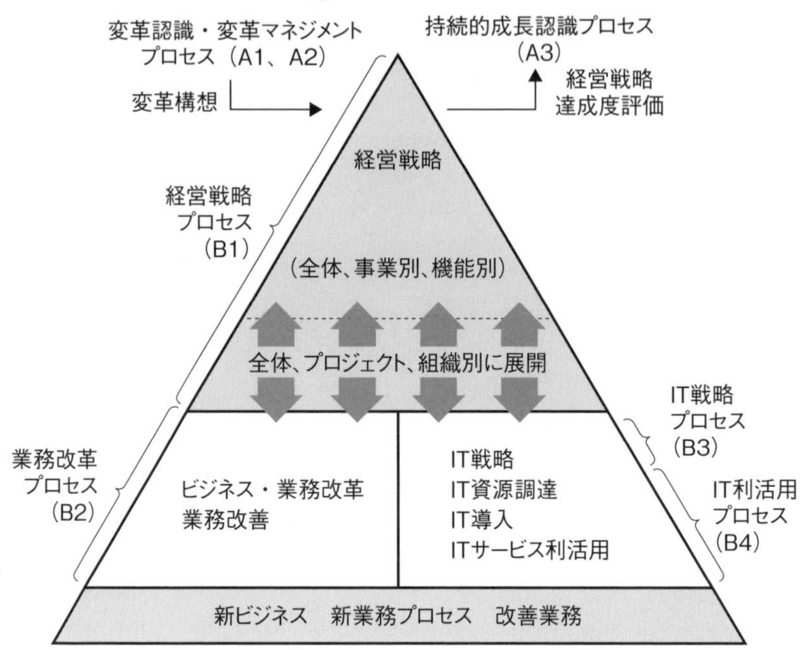

※特定非営利活動法人ITコーディネータ協会「IT経営推進プロセスガイドライン」より引用

えで企業理念やリスクを見据えて経営戦略を決定します。立案した戦略を業務とITに分解して、それぞれ業務革新プロセスとIT戦略プロセスを立案します。業務改革とIT改革は一体であり、相互に影響があるため、これらは経営戦略と整合性が保たれているかを確認しながら進めます。IT経営の意義を決める重要なプロセスであり、ITコンサルタントがもっとも深く関わるべきプロセスです。

IT戦略プロセスとは、経営戦略、および各事業別や機能別の戦略をインプットとして、ITを活用したビジネスモデルを策定します。現状と目標の差を認識したうえで、自社の成熟度を考慮してIT戦略と展開方針を決定し、「IT戦略企画書」にまとめます。ここでは、ビジネスモデルの変革とIT導入を同時に進めることを目標とし、自社資源の制約条件を考慮して、中長期的な計画と短期的な計画の策定がポイントです。ITコンサルタントは、IT戦略企画書が、経営戦略と乖離しないよう、経営層への助言を十分に行ないます。

◎プロセスとプロジェクトの関係◎

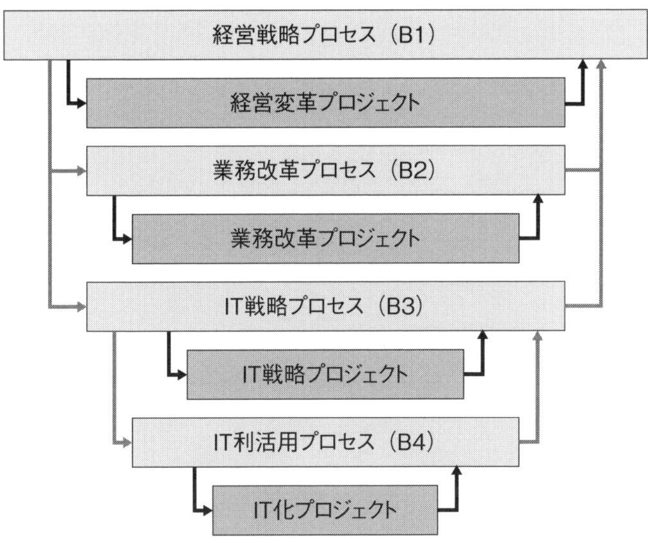

※特定非営利活動法人ITコーディネータ協会「IT経営推進プロセスガイドライン」より引用

業務改革プロセスは、①改革課題の明確化、②改革方針の決定、③業務プロセスのデザイン、④業務規程やマニュアルの作成、⑤業務改革の実行、⑥改革達成度の評価という手順で進めます。特に「改革方針の決定」においては、業務改革におけるCSF*、KGI*、KPI*、スケジュールを設定します。これらの指標は、業務改革実行計画書に落とし込み、経営戦略プロセスの進捗管理の項目として進めていきます。また、「改革達成度の評価」において、KGIやKPIの指標や設定した目標値を評価します。

3．IT経営共通領域

IT経営共通領域は、IT経営の各領域、プロセス、ステップを円滑に推進し、変革を実現するために重要な領域です。

この領域は、プロジェクトマネジメント、モニタリング＆コントロール、コミュニケーションからなり、IT導入において一貫して行なうべき管理方法を記述しています。

この領域で提示するプロジェクトマネジメントは、「スコープの異なる多様なプロジェクト」を対象としています。業務改革プロジェクトやIT

導入プロジェクトの場合は、個々のプロジェクトのスケジュールや品質やコストを管理します。IT経営共通領域のプロジェクトマネジメントは、経営戦略実現に向けて、そのKGIやKPIを達成しながら、プロジェクト全体のリスクの発見と対応を行ないます。

◎目標とKGI/KPIの関係◎

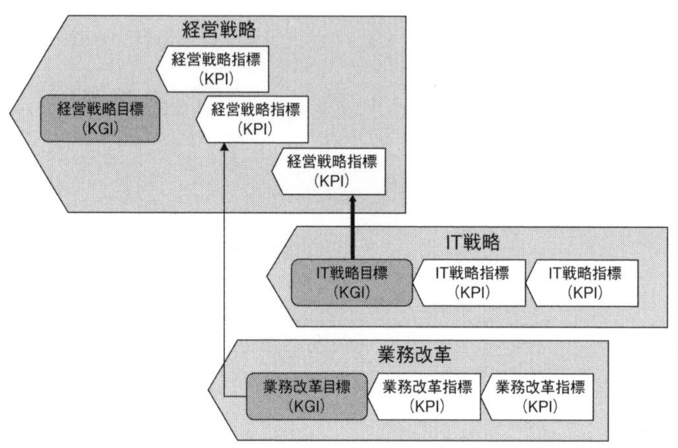

※特定非営利活動法人ITコーディネータ協会「IT経営推進プロセスガイドライン」より引用

モニタリング＆コントロールは、経営環境の変化、各領域や各プロセスのプロジェクトの状況を一定の基準でモニタリング（評価）し、目的達成に向けてコントロール（改善）する取り組みです。また、経営者を含む主要なステークホルダーに報告し、必要な統制を取るように進めます。

コミュニケーションの目的は、「話す・聞く」という言葉のやり取りだけでなく、お互いの相互理解に基づいた合意形成を追求することにあります。経営活動やIT導入においては、経営者や利用者のほかベンダーなどのステークホルダーとのコミュニケーションが必要です。ITコンサルタントは、ステークホルダーに対して共通の目標を設定し、合意形成をしていかなければなりません。

IT経営では、発信者と受信者がお互いを意識したコミュニケーションが求められています。コミュニケーションは、発信者と受信者の知識や経験、ITリテラシーの差により、送り手と受け手の解釈が異なる場合があります。これらのコミュニケーションギャップをできるだけ少なくするために発信者が受信者のレベルに合わせて意思を伝えることも必要です。

❖ プロセスガイドラインの利用は、経営戦略とIT戦略の融合が肝

ITコンサルタントは、IT経営推進プロセスガイドラインをどのように使うべきでしょうか。企業変革を一貫して進めるためには、IT経営推進プロセスガイドライン全体を忠実に実行することが望ましいですが、経営戦略が明確な場合は、IT戦略のみの検討や、IT経営実現領域から支援するのも現実的です。経営者がIT活用の重要性は理解しているが、どのように導入すればよいかわからない場合は、IT活用までの時間を短縮できるでしょう。ただし、ITコンサルタントは、経営戦略とIT戦略の融合を忘れてはいけません。

経営戦略を見直し、強みを意識した新規事業開拓の場合は、経営戦略およびIT戦略の立案を中心に支援します。実際の導入では、顧客の反応を見ながらクラウドサービスなどを活用して最初は小さく導入し、修正を加えながら他社との差別化を図っていきます。

たとえば、小型充填機の設計・製造・販売を手がける株式会社ナオミでは、見込み顧客の獲得はマーケティング担当者の役割です。簡単な問い合わせにはマーケティング担当者が対応し、受注確度が高まった見込み顧客に対しては営業担当者が訪問し提案するという戦略を立案しました。この活動をITで支援するため、ホームページ上に動画による技術情報と事例を開示しました。さらにSEO対策を強化することで集客を図り、新規顧客の開拓数を拡大し、２年間で事業規模が1.5倍になりました。

すでに経営戦略が立案されている場合、IT戦略立案に重点を置いて、RFP*作成を支援することもあります。中小企業の経営者は、一般的にIT導入が苦手で、欲しいシステムの姿をITベンダーに伝えることが難しいと思っています。システム構築をITベンダーにまかせた結果、できあがったシステムがイメージと違うことはよくあります。

これを防ぐためには、ITコンサルタントが経営者とITベンダーの橋渡しをする必要があります。IT導入のためのRFPを作成し、導入する製品やシステム開発ベンダーの選定を支援するのが有効です。

3-3 ▸戦略マップ

▸BSC戦略マップによる経営戦略の見える化

❖戦略は見える化しなければ共有できない

環境変化の激しい今日、企業はさまざまな手を尽くし生き残らねばなりません。そのためには、競合他社と差別化を図り、絶えず変革し続ける必要があります。それは、商品やサービスを待つ顧客のためであり、従業員の雇用を確保するためであり、優れた商品やサービスによる経済全体の成長であり、地球環境を守るためでもあるでしょう。

競合他社と差別化を図り、勝ち続けていくために最も重要なことは、戦略です。優れた戦略とは、戦わずして競争に勝つ方法です。たとえば、デルのように卓越した業務オペレーションや、任天堂のように世の中にない商品を創り出す企画力、ソニーのように企業ブランドを維持することなど、企業によって戦略は異なります。これらは、競合から身を守るだけでなく、競合相手に攻め入る隙を与えない壁のようなものともいえます。

戦略は、選択と集中を見極め、経営者だけでなくその企業に属するすべての従業員が、進むべき方向性を一致させて実行しなければなりません。そのために戦略を見える化し、共有することが必要なのです。

❖バランススコアカードにより、4つの視点で戦略目標を立てる

では、どのようにすれば戦略を共有し、実行できるのでしょうか。

その1つの方法が、バランススコアカード（BSC）の考え方に基づく戦略マップです。BSC（Balanced Score Card）とは、4つ以上の視点のもとに、バランスのとれた業績を管理するスコアカードと、戦略を共有するための戦略マップからなる「マネジメントシステム」です。

バランスのとれたスコアカードは、財務と非財務の指標、短期と長期の指標、株主や顧客という「外部的視点の指標」と、社内プロセスや組織、従業員の成長の「内部的視点の指標」から構成されます。

また、戦略マップは、財務・顧客・業務プロセス・学習と成長という4

つの視点から戦略目標をわかりやすい現場の言葉に置き換え、その因果関係を表現したものです。

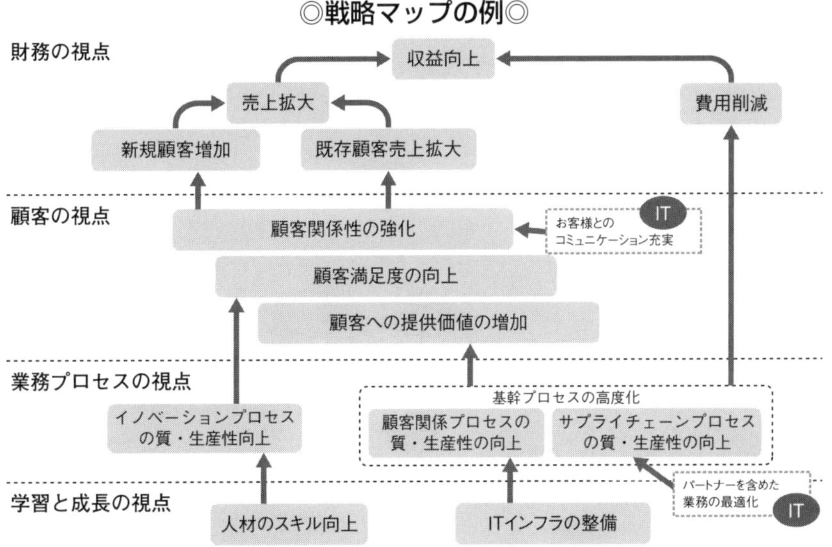

この戦略マップを使い、経営者が設定したビジョンと戦略をもとにして、４つの視点ごとに戦略目標を立てます。スコアカードはその目標に対して、達成度を定量的な指標で測定し、目標値を定めて具体的な施策を決定します。そして、戦略マップをもとにして、施策がぶれないように整合性をとりながら、事業部や部門に展開し浸透させていくことで、戦略を見える化し、共有していくのです。

ITコンサルタントは、戦略策定のほか、作成した戦略マップを利用して戦略をブレークダウンし、目標達成のために必要なシステムの姿やITインフラを明確にしたIT戦略を立案します。

たとえば、「顧客関係性の強化」という戦略目標に対しては、「お客様とのコミュニケーションを充実」というIT戦略の目標を立てます。これに対する具体的なITツールとして、マーケティングオートメーション*の導入が考えられます。また、「サプライチェーンプロセスの質の向上」という戦略目標に対しては、「パートナーを含めた業務の最適化」というIT戦略の目標を立て、Webデータベースのクラウドサービスの導入が考えられます。また、「サプライチェーンプロセスの質・生産性向上」という戦略目標に対しては、業務プロセスの標準化に向けて社内体制を整備し、ERPパッケージ（☞81頁）を導入します。

このように、戦略目標の中でCSF*を明確にし、ITを導入して効果を得ることは、ITコンサルタントならではの解決方法といえます。

◎スコアカードの例◎

	戦略マップ	KPI	ターゲット	アクションプラン
財務の視点	利益性 低コスト　売上拡大	・利益率 ・設備のリース料 ・１人あたり売上高	・30%アップ ・20%ダウン ・10%アップ	・低コストで売上増強
顧客の視点	高品質の維持　高付加価値商品の提供	・新規顧客獲得数 ・顧客離反率	・10%アップ ・５%以下	・品質管理強化と顧客定着率アップのしくみづくり
業務プロセスの視点	稼働率向上	・不良率 ・稼働率	・５%以下 ・90%以上	・サイクルタイムの最適化
学習と成長の視点	人材育成	・技能継承マニュアル ・訓練度	・10冊 ・５年次従業員の100%参加	・マニュアル作成 ・教育訓練実施

❖ 仮説検証による戦略の継続的改善が成功の鍵

BSCの導入を成功させるには、次の点を工夫する必要があります。

①経営者のリーダーシップのもと、キーパーソンを任命する

企業全体を見渡して戦略を描ける人は、経営者層であり、戦略を実行してほしいと強く願っている人です。強いリーダーシップのもと、BSCと戦略を理解し浸透できる人をキーパーソンとして任命することが重要です。

②キーパーソンを中心に、BSCの教育を実施する

強いリーダーシップがあっても、組織が大きくなるほど、一貫した戦略は浸透しにくくなります。また、新しいマネジメントシステムを導入するため、現場からは変化に対する強い拒否反応が発生するかもしれません。これを防ぐためには、戦略を浸透させる戦略マップの理解が不可欠です。

また、経営層からキーパーソンへ、権限委譲を行ない推進していきます。

③目標達成の進捗管理を行ない、戦略の仮説を検証する

戦略を着実に実行するためには、方法論を浸透させるだけでなく、正しく進んでいるかどうかを把握する進捗管理が必要です。

そのためには、財務の視点である売上高や利益率はもちろん、非財務の視点である新規顧客獲得率や、設備稼働率などの指標を定量的に測定し、PDCAサイクルで確認しながら進めていかなくてはなりません。また、作成した戦略マップは、すべて仮説に過ぎません。優れた戦略を維持し続けるために、仮説を検証しながら軌道修正していくことが求められます。

◎戦略実行プロセスの継続的改善◎

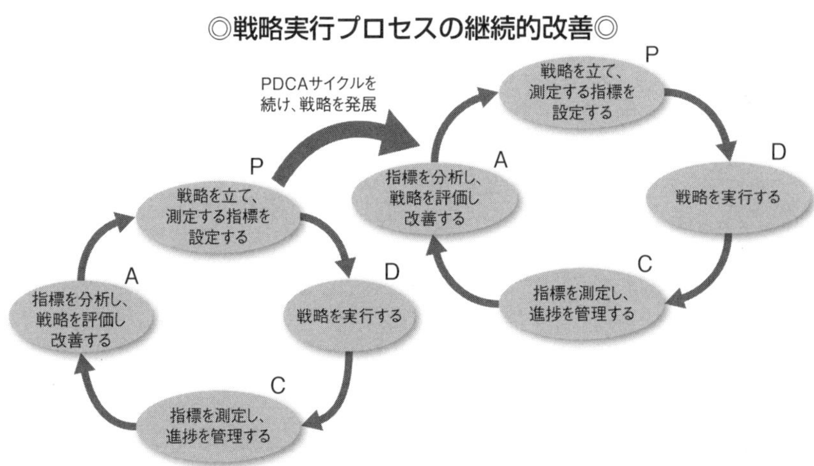

❖戦略マップの導入を成功させるためのIT装備

経営戦略の見える化を成功させるためには、ITを使ったしくみの導入が効果的です。ITの活用により、多数の指標に対する定量的なデータを効率的に蓄積・収集・管理することが可能となります。

戦略は、仮説を検証しながら実行しなければなりません。データを蓄積して分析することで、戦略マップに描いた因果関係が適切か、また、現場で実施しているアクションプランがよい方向に進んでいるかなどを把握することができます。

①財務の視点

売上や費用のデータは、会計システムや販売管理システムから収集できます。費用のなかでも重要な人件費は、給与システムから取り込むことができます。さらに給与システムに対して、日々データを収集するためには、出退勤システムの導入が有効です。

②顧客の視点

CRM（☞60頁）やSFA*と呼ばれる顧客との関係性を管理するシステムを使うと、「顧客との面談数」や「顧客への提案数」など顧客に対する行動の指標がリアルタイムに収集できます。さらに、マーケティングオートメーション*を使えば、顧客が「何に対して、どのぐらい関心があるのか」といった顧客行動の定量化ができます。

③業務プロセスの視点

生産性の向上をはかる製造業の場合は、IoT（☞46頁）を活用することで、生産設備やロボットから稼働状況を自動的に収集できます。小売業やサービス業の場合では、人にセンサーを付けることで動きを把握し、人がどのような作業や対応をしているかというデータを自動的に収集できます。

④学習と成長の視点

簡単な日報形式のアンケートにより、従業員の行動やモチベーションなどを把握したり、会話における声の大きさや量を測定して、従業員同士の関係性を把握したりできます。近年、採用や配置、人材育成などのさまざまな人事管理業務の効率化・高度化を実現するサービスとして、ビッグデータやAI、クラウドサービスなどのITとHR（Human Resources）分野を融合させた、HR Techが注目されています。

◎IT活用による戦略指標の管理◎

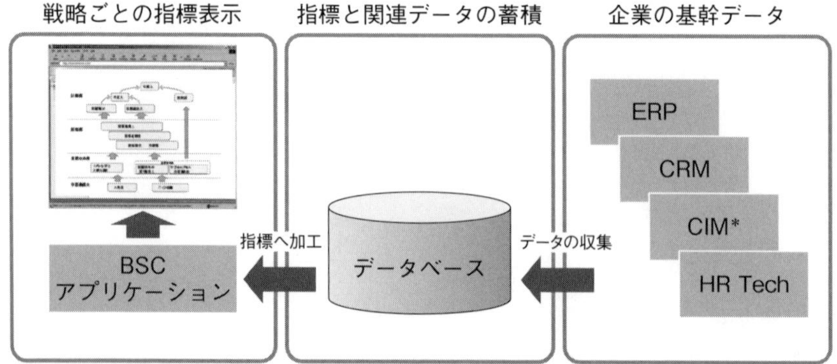

3-4 ビジネスモデリング

▶業務を多角的に可視化し、あるべき姿を描く

ビジネスモデリングは、問題理解のための共通言語

もし、インターネット販売のシステムを作る相談を受けたら、どのようにIT化を進めるべきでしょうか。クラウドサービスやパッケージを使うとコストを抑え導入期間を短くすることができます。売る商品がすでにあるならば、仕入から販売までの業務内容はリアル店舗と同じです。異なるのは、商品を売る場所がインターネットになることです。今の業務の流れを理解しなければ、自社の業務上の強みはどこにあるかや、効率化すべき業務は何かを判断することができません。

このようなときに使うのが、ビジネスモデリングです。ビジネスモデリングは、IT化の推進や内部統制の整備などにあたり、業務を可視化することで、関係者の認識を共有し、どこに課題があるのかを明確にします。そして現状の業務プロセスを表現し、あるべき姿を描き出します。

ビジネスモデリングの表記法にはさまざまあり、試行錯誤しながら考案されたものや、規格が決まっているものがあります。ビジネスモデリングをするときのポイントには次の２つがあります。

１つは、処理の漏れをなくすため、全体の姿から詳細化していくことです。たとえば、インターネット販売の業務では、発注、仕入、販売と業務全体の流れを描いてから、販売業務の詳細を記述します。

もう１つは、モデルを利用する人によって理解したいポイントや視点が異なるため、書き方が変わる点です。業務の流れを中心に書くのか、システムの処理手順を中心に書くのかで表記法が変わってくるのです。

相手によってモデリングの表記方法を使い分ける

ITコンサルタントは、①経営者、②業務担当者、③システム開発担当者（SE）、の３つの異なる立場の相手と話をします。

どの階層の人と話す場合でも、重要なことは、「だれ」と「どこまで合

意するか」、そして「使えるシステムになるか」をイメージしてもらうことです。ビジネスモデリングは、経営戦略上のどこを強化するのか、そのためにシステム化する範囲はどこか、業務の流れはこれでいいのかといった視点で合意を得るために使います。また、システム全体をイメージしてもらい、自分たちのシステムであることを意識づけ、モチベーションを上げてもらうためにも必要です。

◎さまざまな利用視点があるビジネスモデリング◎

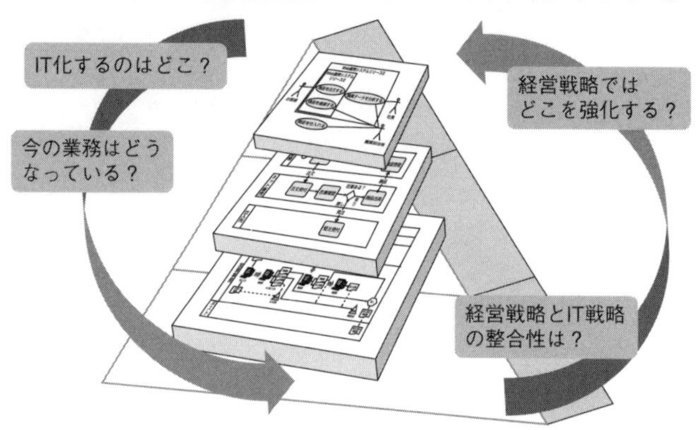

①IT化のイメージを明確にするユースケース図

IT導入の成功は、経営者の要望をITコンサルタントが理解するところから始まります。そのため、経営者が望んでいるITのイメージを明確にする必要があります。このときに使う表記法として有効なのが、UML*のユースケース図です。ユースケース図は、システム化する範囲に加えて、人とシステムの関係を明確にします。

UMLは、ISOで標準化されたオブジェクト指向に基づく仕様記述方法です。ユースケース図は、UMLがもつ記述法の1つで、「サブジェクト」「アクター」「ユースケース」「関連」の4つの要素で記述します。

「サブジェクト」は、システム化の範囲を四角い枠で示し、「アクター」は、人やサブシステムなど、システム化の範囲外を表します。人の場合は、お客様（エンドユーザー）、購買担当者など、「誰が使うか」を示しています。また、「ユースケース」は、システムが何をするか、どんなサー

◎インターネット販売システムのユースケース図の例◎

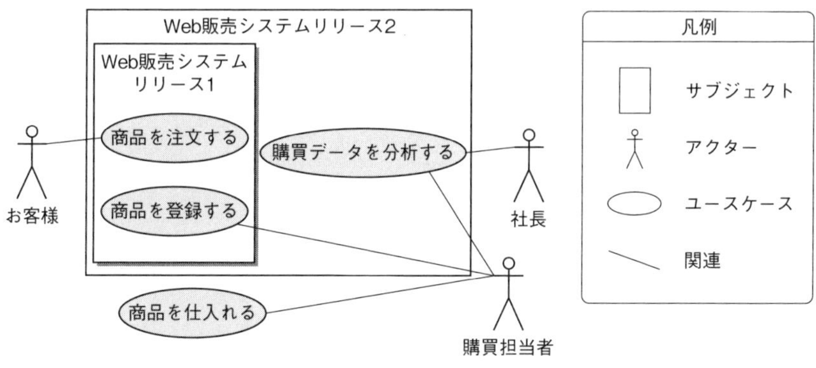

ビスを提供するのかを表し、「関連」は、アクターとユースケースの関連性を示します。

上記のインターネット販売の例では、アクターが「お客様」で「商品を注文する」というのがユースケースです。もちろん、ネットショップ側からすると、「商品を仕入れる」というしくみが必要なのは明白です。しかし、今回のシステム化範囲には含めないときは、サブジェクトで範囲外とします。

ユースケース図は、システム化の範囲を決めるときに実装方法を意識せずに記述するため、経営者と業務担当者の意思統一が図りやすいという利点があります。図の例では、社長はお客様の注文データを分析して商品ごとの販売動向を知りたいと望んでいます。一方購買担当者は、非常に多くの商品があるため、商品の仕入時点で商品を簡単に登録したいと考えています。この場合、商品仕入時点で、自動で商品をシステムに登録すると、現場の作業効率が高まります。販売動向の分析は、注文後の売上データを蓄積して分析システムを導入することで効果的な分析が可能です。しかし、データがまだ蓄積できていないのであれば、分析しても大きな効果は得られません。このことからシステムの導入順序として、リリース1で注文データの蓄積と仕入商品の自動登録を先に進め、リリース2で蓄積したデータの分析システムを導入するという進め方がよいと整理できます。このようにユースケース図を使って、システム化の範囲を明確にし、IT導

◎インターネット販売システムのBPMNの例◎

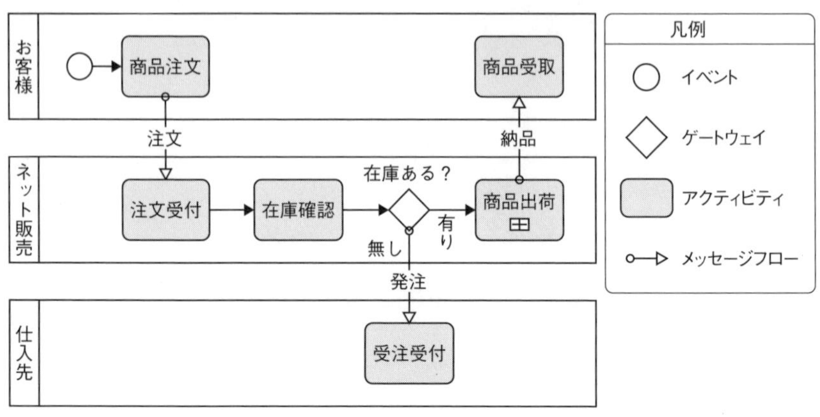

入を戦略的に進めることが考えられます。

②業務の流れや改善点を詳細化する「BPMN」と「DMM」

業務担当者に対しては、「業務の手順や改善点を洗い出し、どこを変えていくか」を明確にしなければ、IT化の効果は得られません。このときに使う表記法として、BPMNやDMMがあります。

BPMN（Business Process Model and Notation）とは、企業の業務プロセスを記号で表す方法です。業務分析から設計に至るまで全体から詳細化し、業務手順を定義する業務担当者とシステム構築するSEの双方がわかりやすいのが特徴です。

BPMNは、人や組織、役割や責任範囲を明確にするスイムレーン、人の作業や作業のきっかけを表すフローオブジェクトなどの表記法があります。

上図の例では、「お客様」「ネット販売」「仕入先」をスイムレーンで分け、誰がどのような業務をするのかを切り分けています。

また、「お客様」は、商品の注文をします。これを「アクティビティ」として表します。自社の「ネット販売」部門は、「お客様」からの「注文」情報を受け取ります。この情報の流れは、「メッセージフロー」で表します。ネット販売部門は注文を受け付けたあと、在庫を確認し、在庫があるかないかによってその次の処理を判断します。在庫が無い場合は仕入先に発注し、在庫がある場合は商品を出荷しお客様に納品します。

なお、「商品出荷」のアクティビティに記載されている記号の"+"は、商品出荷業務に他の業務の流れがあることを示しています。

また、業務の流れを表す表記法として、DMM（Diamond Mandara Matrix）もあります。DMMは、現状業務分析に図で表現するのに時間がかかる場合や、業務担当者がイメージしにくい場合に使います。

書き方は、1つのマスのまわりに8つのマスを描き、マスのなかに左上から時計回りに業務を短い言葉で書き入れます。周辺に同じ9つのマスからできたマンダラのマスを9個広げ、全体を81マスで表します。

業務プロセスを描くときにマスを埋める努力をするため、業務担当者の協力を得やすいというメリットもあります。

◎インターネット販売システムのDMMの例◎

仕入商品を決める	仕入先を選定する	金額交渉をする	商品を検品する	倉庫に入荷する	在庫数に加算する	お客様が注文する	注文を受け付ける	在庫を確認する
支払い処理をする	**仕入**	仕入先を決める		**在庫**			**受注**	
検品する	商品を仕入れる					販売処理をする		仕入をする
指標選択	分析軸決定	分析手法決定	仕入	在庫	受注	販売先の与信を確認する	受注を確認する	販売処理をする
	分析	仮説設定	分析	**インターネット販売**	販売		**販売**	
	分析報告	分析評価	回収	請求	出荷	請求処理をする		販売後の対応をする
入金を確認する	請求書と一致させる		出荷完了を確認する	請求先住所を確認する	請求先に請求書を発送する	お客様の住所を確認する	お客様の住所を転記する	商品を倉庫から出庫する
	回収	回収催促		**請求**			**出荷**	配送車に搭載する
回収完了						着荷確認をする		輸送する

③データの関連性や流れを整理する「ERD」と「DFD」

ITコンサルタントがSEと話をするときは、ERD（Entity-Relationship Diagram）やDFD（Data Flow Diagram）を共通言語として使います。システムは、業務の流れを定義しただけでは作ることができません。データのインプットと処理、アウトプットを整理したあと、整合性を保つためにデータを一元管理します。このため、SEはデータを中心に全体の関連

◎インターネット販売システムのERDの例◎

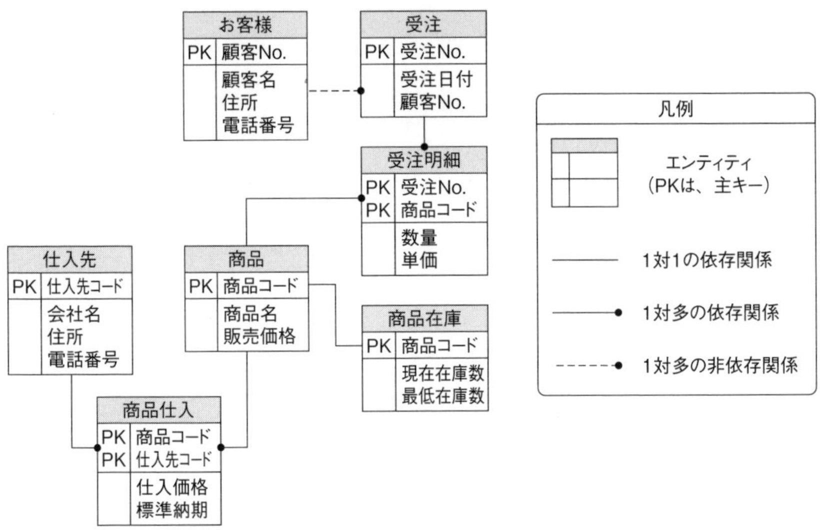

◎インターネット販売システムのDFDの例◎

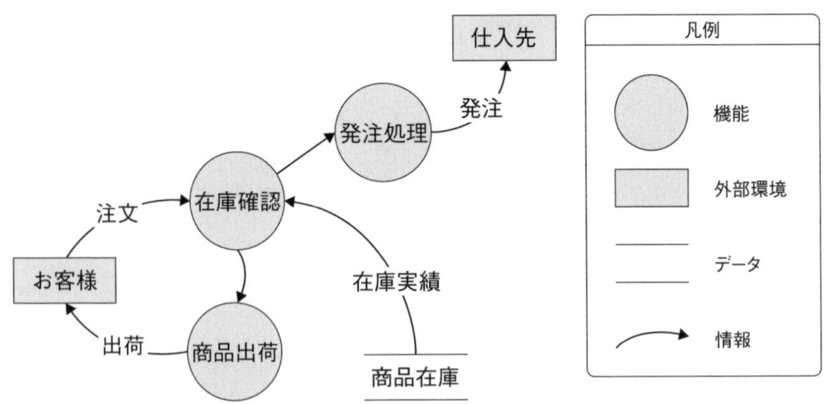

性を整理する必要があります。

データの関連性を一元的に見えるようにするのがERDです。ERDは、データとデータの関係を表すための表記法です。データの関係を、1対1または1対多で表します。ITコンサルタントは、このERDを見て、お客様と受注の関係が1対1で表されているか、または1対多で表されているかなどを検証します。

また、データの関連性ではなく、データの流れに着目したのがDFDです。DFDは、データの発生元もしくは保管元からプロセスをへて、他の処理もしくは保管先へというデータの流れを表します。インプットとなるデータがシステムから発生しているのか、別の処理から発生しているのかをわかりやすく表現できます。

❖ 使うのは簡単。習うより慣れることが大切

ビジネスモデリングは、表記法を気にしなくてもある程度のわかりやすさで書くことができます。したがって、業務改善のためには、表記法を気にせずに書いてみることが大切です。書いてみると、業務のなかで効率の悪い部分が見え、改善すべき箇所がよく見えてきます。

また書き始めると、「この処理の時にはどのように描けばわかりやすいだろうか」と自然に考えるようになります。このとき、表記法を参考に書き込んでいくことによって、表記法に次第に慣れていきます。

なお、Visioやdraw.ioなどのツールを使えば、効率よくモデルを書くことができます。これらには、BPMNやDFDなどの表記法の部品が組み込まれており、比較的効率良くモデルを作成できます。

❖ ベストプラクティスを活用しモデルを洗練化する

モデリングを始めてBPMNやDFDが描け、他人の図が読めるようになると、世界中に存在するベストプラクティス*が使えるようになります。

ビジネスモデリングは、問題理解のための共通言語です。世界中のベストプラクティスを読み込むことで、あるべき姿をさらに洗練させることができます。

3-5 ▸概念データモデル設計法

▶ビジネスのあるべき姿をデータで表現する構想立案手法

概念データモデル設計法は、超上流における情報システム化構想の立案を支援する1つの手法です。特定非営利活動法人技術データ管理支援協会が支援活動を行なっています。

ビジネス全体のアーキテクチャを捉え整合した情報システムを実現

本手法は、事業領域とビジネス動向の確認から、静的モデル、動的モデル、組織間連携モデル、機能モデル、ビジネス改革プログラムまでを含む体系となっており、これらを状況に応じて使い分けます。

あるべき姿を考え、ビジネスをデータで表現することによって、ビジネス全体のアーキテクチャ*を把握し、それと整合した構造の情報システムを構築することが可能となります。

米国国家規格協会（ANSI）は情報システムの構造化に関し“The ANSI/SPARC DBMS Model”を1975年に発表しました。データベース構造を3階層（概念スキーマ、外部スキーマ、内部スキーマ）にすることで、物理的データ独立性及び論理的データ独立性を確保しています。

本手法では、1つの仕様記述法のみでは表現できないため、概念スキーマの考え方も生かし代替案として5つの表記法を用意しています。

・事業領域と使命モデル

・静的モデル（実体関連図：Entity Relationship Diagram）

・動的モデル（実体状態変化過程図：Entity Lifecycle History Diagram）

・組織間連携モデル

・機能モデル

概念データモデル設計のプロセス

ITコンサルタントは、顧客の情報システム化構想の狙い、範囲等を理解したうえで、プロジェクトの立ち上げについてメンバー、検討期間の日安等を助言します。製造業における受注・製造・出荷を範囲とする検討プロジェクトの場合、営業部、製造部、工程管理部、品質管理部等の業務に熟知し権限をもつメンバー、そしてシステム開発部門のメンバーの参加が求められます。検討規模や参加者の都合等を勘案し、1日から数日の合宿を複数回、繰り返します。終えるまでに半年かかることもあります。

◎概念データモデル設計の典型的手順◎

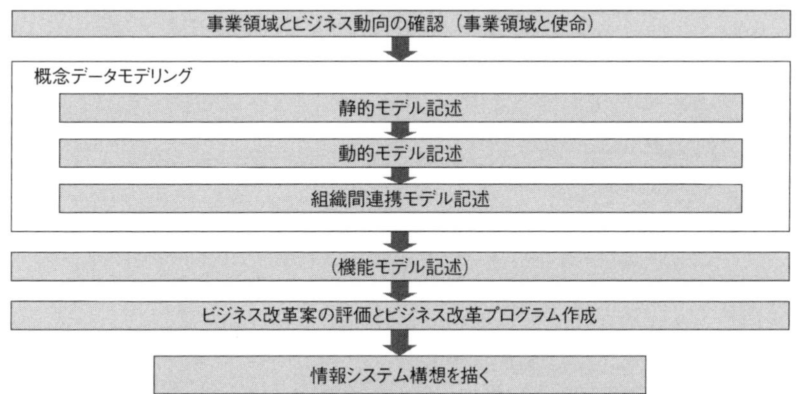

※手島歩三編『働く人の心をつなぐ情報技術-概念データモデルの設計』（白桃書房）P.53より引用

このプロセスを通じて、各部門は相互理解を深め、業務改革に向けて議論ができます。どの部門にも属さないITコンサルタントは、中立の立場で、その検討プロセスをファシリテートしていきます。

◎事業領域と使命◎

※手島歩三編『働く人の心をつなぐ情報技術-概念データモデルの設計』（白桃書房）P.55より引用

1. 事業領域と使命

概念データモデルを描く前に、ビジネスの対象世界を事業環境の変化も踏まえ議論するためのモデルです。大きな模造紙とポストイットを用意します。ITコンサルタントは、メンバーに検討要素に沿って発言を促します。書記がポストイットに記述し模造紙に配置します。ITコンサルタントは、業界知識および経営戦略論を熟知しておく必要があります。

2. 静的モデル

静的モデルでは、表記法として実体関連図を用います。「もの」の状態を捉えるデータおよび実体間の機能的な関連を表していきます。どのような種類の「もの」に関心があるか、個々の「もの」をどのような視点で識別するか（「もの」の管理精度）を考え、「識別子」を定めます。

「もの」の抽出は、業務の流れに沿ってピックアップすると進めやすく、検討メンバーがビジネスの何に関心をもっているのかがわかります。抽出できた段階で、「もの」を目的語とし「機能的関連」を動詞として文章にすると、業務機能体系を表す文章ができあがり、これをもとに静的モデルの妥当性を判定し、問題があれば文章とモデルを見直します。その結果、メンバー間での認識違いがわかったり、改善の候補が見えてきたりします。

3. 動的モデル

静的モデルで明確になった「もの」のなかからビジネスとして重要な「もの」を対象に記述します。ビジネスの対象世界に「もの」が出現し状態変化し、消滅するまでのビジネス活動の順序規則を表現します。

ビジネス活動の流れに応じて、「もの」のデータベースにデータを登録・更新・削除する順序規則を設けます。動的モデルでは「もの」の状態を変化させる「こと」の事実を表す属性（データ項目）も設計します。つまり、データベースのデータ項目は動的モデルにより設計されます。

「もの」がある状態になったとき、起動すべきビジネス活動も見えてきます。たとえば、必要なタイミングで光センサーのようなIoT機器によって稼働状況を取得するしくみについても検討できます。生産にかかる時間やラインの停止時間を収集し生産性向上の検討につなげることができます。ITコンサルタントは、このような視点で知識と経験を生かしメンバーにヒントを提示します。

◎静的モデルと動的モデル◎

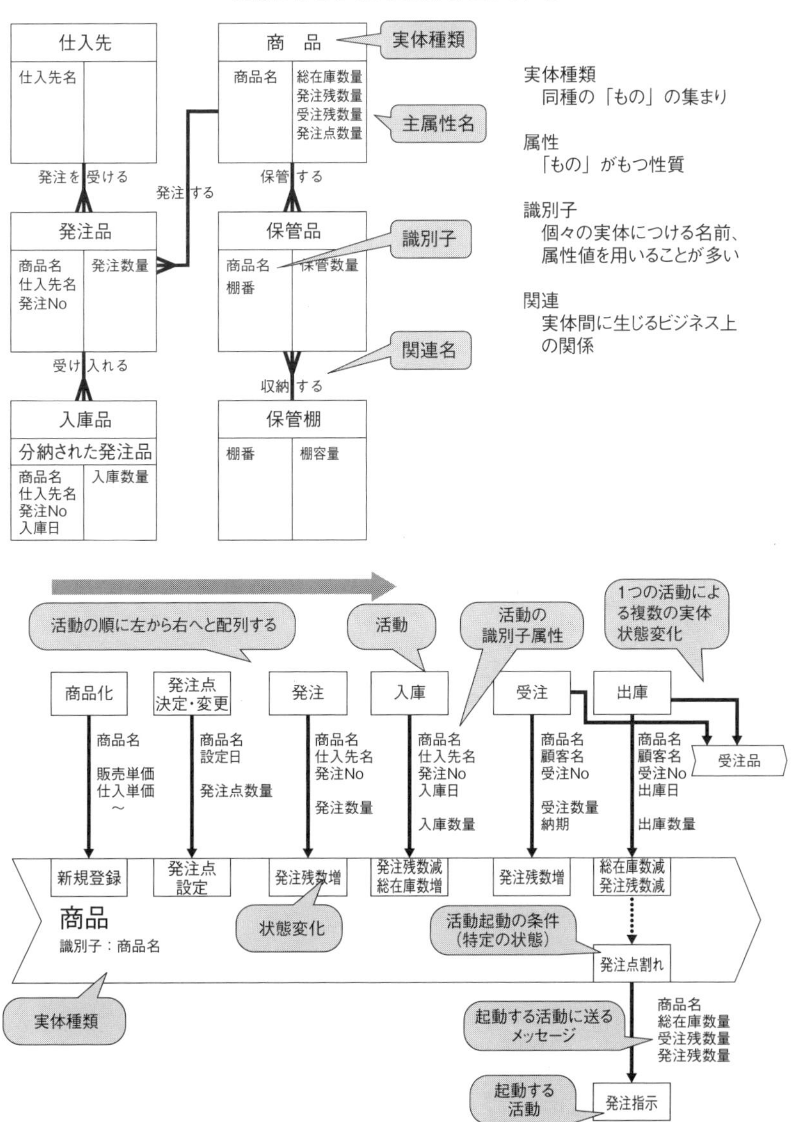

※手島歩三編『働く人の心をつなぐ情報技術-概念データモデルの設計』（白桃書房）p.68、p.79より引用

4．組織間連携モデル

「もの」の管理責任をもつ部署が、「もの」データの管理責任を、「こと」の管理責任をもつ部署が「こと」データの管理責任をもつように、静的モデルと動的モデルを部署に配置します。

◎静的モデル、動的モデルと組織間連携モデルの関係◎

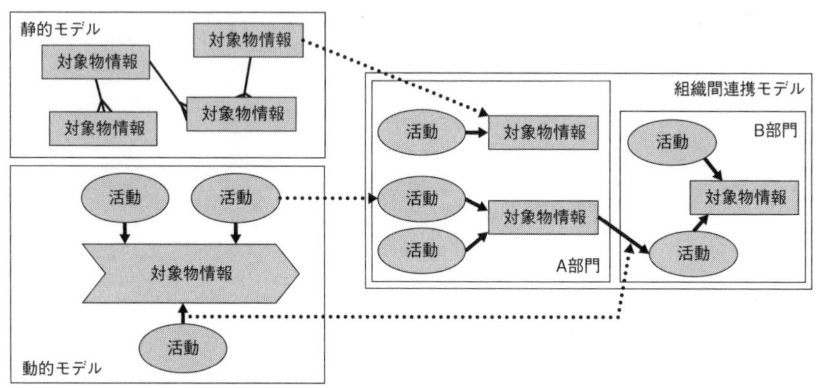

※安保秀雄著、日経コンピュータ編『ITによる業務変革の「正攻法」JFEスチールの挑戦』(日経BP)p.189をもとに作成

本質的なデータの流れを現状の組織にマッピングし、データの流通を明確化します。これによって、ビジネス全体を俯瞰でき、組織体制の見直しも含めた改革案を提示したり、管理責任が曖昧になっている「もの」を特定したうえで部門間の調整を図ったりすることができます。

◎組織間連携モデル◎

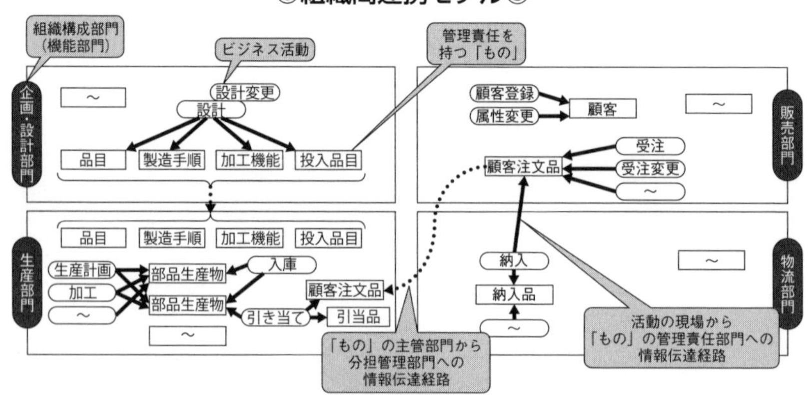

※手島歩三編『働く人の心をつなぐ情報技術-概念データモデルの設計』(白桃書房)p.88より引用

5．ビジネス改革案の評価、ビジネス改革プログラムの作成

ビジネス改革案を、その特徴、新たな仕組みと現在の仕組みとの違い、新たな仕組みの成り立つ前提条件という視点から確認します。また、効用・便益、発生する問題・損失、それらへの対策という視点から評価します。

次に、改革案を着実に実現するために段階的にどのように進めていくのか、ビジネス改革シナリオを描きます。それに沿ってフェーズを分け、各フェーズにおける達成目標、達成するための課題を明確にします。実効性の高いビジネス改革シナリオを策定するためには、改革内容に関してすべての関係部門との合意が必須です。情報システムの新規構築や再構築などの課題を織り込み、課題を担当する担当部門と実行内容や体制、期限などを合意します。

3-6 ‣成熟度モデル

▶ DX推進指標やCOBITによる現状評価と改善

❖ 成熟度は現状と到達すべき段階を明らかにする

企業は、小規模な企業から株式公開に至る大企業へと成長するにつれ、従業員が多くなり経営者の想いが伝わりにくくなります。創業者の想いは、経営理念や企業理念で言葉に表されているとはいえ、従業員が具体的な行動を起こすときに何を参照すればよいかわかりません。

成熟度は、組織やIT基盤などを定量的に評価し、従業員の行動や改善事項の指針を提示します。成熟度モデルは、「0　不完全な」または「1　初期」の状態から「5　最適化している」状態までの到達目標や指標を示すフレームワークを提供しています。このフレームワークを活用することにより、自社の現在の状況を知り、改善するポイントやどのようにすれば最終目標に到達できるのかがわかります。

また、成熟度の考え方は、CMMI（☞137頁）やCOBIT（コビット）（☞138頁）のほかに、日本経営品質賞にも取り入れられています。日本経営品質賞では、経営の成熟度を測るため、経営品質協議会が「セルフ・アセスメント」のフレームワークを用いて、経営の質を評価します。内部統制や情報セキュリティの分野でも、成熟度のモデルをいくつかの団体が公表しています。

❖ デジタル技術を活用したビジネス変革度を評価する「DX推進指標」

DXとは、「新しいデジタル技術を活用することによって、既存のビジネスから脱却し、新たな価値を生み出していくこと」です。DXを推進するためには、仕事の進め方や企業文化の変革が求められます。この変革を後押しするツールとして、経済産業省が「デジタル経営改革のための評価指標」（以下「DX推進指標」）を策定しました。「DX推進指標」は、経営者や社内の関係者が、DX推進に向けて、あるべき姿と現状とのギャップを認識し、必要なアクションを理解するための物差しです。

「DX推進指標」には、①DX推進のための経営のあり方やしくみに関する指標、②DXを実現するうえで基盤となるITシステムの構築に関する指標のそれぞれに定性指標と定量指標があります。このうち定性指標は、DX推進の成熟度をレベル0からレベル5までの6段階で評価しています。

◎DX推進指標◎

成熟度レベル		特性
レベル0	『未着手』	経営者は無関心か、関心があっても具体的な取組には至っていない
レベル1	『一部での散発的実施』	全社戦略が明確でない中、部門単位での試行・実施にとどまっている （例）PoCの実施において、トップの号令があったとしても、全社的な仕組みがない場合は、ただ単に失敗を繰り返すだけになってしまい、失敗から学ぶことができなくなる
レベル2	『一部での戦略的実施』	全社戦略に基づく一部の部門での推進
レベル3	『全社戦略に基づく部門横断的推進』	全社戦略に基づく部門横断的推進 全社的な取組となっていることが望ましいが、必ずしも全社で画一的な仕組みとすることを指しているわけではなく、仕組みが明確化され部門横断的に実施されていることを指す
レベル4	『全社戦略に基づく持続的実施』	定量的な指標などによる持続的な実施 持続的な実施には、同じ組織、やり方を定着させていくということ以外に、判断が誤っていた場合に積極的に組織、やり方を変えることで、継続的に改善していくということも含まれる
レベル5	『グローバル市場におけるデジタル企業』	デジタル企業として、グローバル競争を勝ち抜くことのできるレベル レベル4における特性を満たした上で、グローバル市場でも存在感を発揮し、競争上の優位性を確立している

※経済産業省「DX推進指標」より引用

ソフトウェア開発能力の成熟度を評価する「CMMI」

CMMI（Capability Maturity Model Integration）は、ソフトウェア開発企業がプロセス改善のために参照する成熟度モデルです。企業は競合との差別化を図るため、ITを整備し戦略的に活用します。これを支えるソフトウェア開発企業は、さらなる短納期やコスト削減、高品質が求められ、開発プロセスを標準化して改善するためにCMMIを導入するケースがあります。CMMIは、前身であるCMMがカーネギーメロン大学で開発され、「ソフトウェア能力成熟度モデル」「システムエンジニアリング能力モデル」「統合成果物開発能力成熟度モデル」などが生まれました。これらを統合したのがCMMIです。

CMMIの特徴は、ソフトウェアの開発能力を客観的に示す能力レベルと成熟度レベルです。成熟度レベルは5段階で評価します。プロセス改善を行なうためのゴールが設定され、それに向けて必要なプラクティスが整理されています。たとえば、「測定と分析」のプロセス領域において、「測定結果を提供する」というゴールがあるとき、必要なプラクティスとしては、「1　測定データを集める」「2　測定データを分析する」「3　データと結果を格納する」「4　結果を伝達する」などがあげられます。

❖ IT基盤や活用の成熟度を測る「COBIT」

現代の企業経営では、ITは必須の基盤であり、経営戦略上、重要な資源として認識し強化する必要があります。しかし、ITの導入により、資産管理の負荷が増加するうえに、技術革新についていけなければ提供サービスの質の低下が免れません。また、個人情報保護対策として情報流出のリスクや情報のコントロールも不可欠です。

このため、ITガバナンス協会が作成し普及を図っているのがCOBIT（Control Objectives for Information and related Technology）です。

COBITはITガバナンスによってITの資源やリスクを管理し、経営戦略レベルの課題を解決するためのフレームワークです。COBITは、6段階ある成熟度モデル、4つのITドメイン、ドメインごとに記述されたコントロール目標、マネジメントガイドラインから構成されています。4つのITドメインは、PDCAの視点で「計画と組織（PO）」「調達と導入（AI）」「サービス提供とサポート（DS）」「モニタリングと評価（ME）」から構成され、ドメインごとに詳細なコントロール目標が定義されています。

◎COBIT 計画と組織のコントロール目標（抜粋）◎

プロセス	IT戦略計画の策定
目標	どのような便益、コスト、およびリスクがあるのかを誰にでもわかりやすく見えるようにする

レベル	状態	概要
0	不在	IT戦略計画の策定が行なわれていない。マネジメント層に、IT戦略計画の策定が必要であるという認識がない
1	初期/その場対応	IT計画の策定は、必要に応じて行なわれる。また、リスク対応は、プロジェクトごとに非公式に行なわれる
2	再現性はあるが直感的	IT戦略計画は、必要に応じて各部門と共有されている。IT戦略の意思決定はプロジェクトごとに行なわれ、組織全体の戦略との整合はとれていない
3	定められたプロセスがある	IT戦略計画の策定時期および方法について定められたポリシーがある。計画策定は文書化され、全社員に周知されている。IT計画の策定プロセスがある程度確立されている。しかし、当該プロセスの導入については個々の管理者に一任されており、このプロセスの検証手続も確立されていない
4	管理され、測定可能である	IT戦略計画の策定は標準化されている。標準化から逸脱するような事態が生じた場合はマネジメント層が発見できるようになっている。マネジメント層は、IT戦略計画の策定プロセスをモニタリングし、それに基づき十分な情報を踏まえたうえで意思決定を行ない、その有効性を測定できる
5	最適化されている	IT戦略計画の策定は、文書化され、日常的に運用されている。IT戦略計画の策定においては、リスクおよび付加価値に対する見方や考え方が常に見直されている。また、新しい技術発展を通じて、いかに新たなビジネス能力を創出し、組織の競争優位性の向上を図るのかについても明記している

※日本ITガバナンス協会「COBIT 4.1 日本語版」をもとに作成

たとえば、「計画と組織」のコントロール目標では、人的資源やプロジェクトやリスクの管理方法、「調達と導入」では、開発、調達、変更、保守の方法を記述しています。「サービス提供とサポート」のコントロール目標では、サービスの提供や運用継続性の管理方法、「モニタリングと評価」では、IT導入の成果や内部統制の管理方法を記述しています。

それぞれのコントロール目標には、成熟度レベルが定義され、すべてのコントロール目標の成熟度を「5　最適化されている」状態にすることが理想的な状態です。

またCOBITは、それぞれのコントロール目標に、「重点をおくべきコントロール」「実現するための手段」「成果の測定指標」を明記し、「何をどのようにすれば」最適化された状態になるのかという手順も示しています。

❖ ITコンサルティングでは継続的な改善活動を定着させる

成熟度を使ったフレームワークは、多くの文書から構成されており、企業はこの文書をどのように使えば効果的なのか、わかりにくいことがあります。ITコンサルタントは「現状は成熟度のどのレベルにいるか」「何から始めるのがよいか」「どのように導入すれば、社員に浸透するか」という視点で導入を支援します。

たとえば、COBITフレームワークを用いて企業のIT導入状況を分析し、経営戦略を見据えたIT戦略の構築を支援します。情報システム部門主導で基幹業務システムを構築してきた製造業であれば、開発の成熟度は高いが、最終利用者へのサポート力が低く、「サービス提供とサポート」や「モニタリングと評価」の成熟度が低いケースが見受けられます。

これに対して、経営戦略からあるべき姿を描き、最終利用者のサービスやサポートの成熟度レベルを向上させるため、「利用者の教育と研修」という目標を設定します。

ただし、CMMIやCOBITなどのフレームワークは、導入するだけでなく継続的な改善活動として組織に定着させることが重要です。そのためにITコンサルタントは、企業の従業員が、コンサルタントに頼らず自ら改善活動を継続できるしくみや体制作りを支援しなければなりません。

3-7 ▸ITIL

▶ デジタル時代にふさわしいサービス管理のベストプラクティス

❖ デジタル時代のサービス管理

IoT（☞46頁）、AI（☞53頁）、ロボティクス*に代表されるDXの進展やビッグデータ*の活用により、デジタルマーケティング（☞68頁）、フィンテック*、自動車の自動運転、ウェアラブルデバイスによる健康管理など、イノベーションが続々と生まれています。

このDXのメリットを享受するために、サービス提供の視点で、ビジネスチャンスや技術を事業価値に効率よく結びつけるための実践（プラクティス）と管理が、企業にとっての重要なテーマとなっています。

イノベーションが緩やかで企業を取り巻く事業環境の変化が少ない時代においては、各企業が長年培ってきた独自のプラクティスによって顧客にサービスを提供し続けることに何ら問題はありませんでした。しかし、イノベーションと事業変革の激しい時代にあっては、プラクティス内容のバージョンアップや再構成、管理体制の改善が不可欠となっています。

プラクティスや管理手順を見直すための効果的なアプローチ方法の１つが、体系化され公開されているベストプラクティス*やガイドラインを参照するやり方です。自社のサービス手順や管理の体系に取り込んで、実践に結び付けていくことができます。

❖ ITILが提供するサービス管理のガイドライン

ITサービスにおけるノウハウ、事例の可視化、標準化や継続的な改善アプローチの重要性に早くから気づき、その対応を模索していた英国政府は、1989年にITIL（アイティル）（IT Infrastructure Library）を発表しました。各国の民間企業や政府機関から収集されたITサービスに関するベストプラクティスをライブラリ化し、サービス体系とともに提供されたITILは、サービス管理に関する事実上の国際標準として認知されています。

ITILは1996年にリリースされたV2から各国に展開されはじめ、2015年からは、英国政府と民間企業の合弁会社であるAXELOSが商標権と知的財産権を保有して普及活動を推進しています。最新リリースであるITIL 4では、デジタル時代のビジネスのサービスマネジメントに主眼をおき、ITとビジネス、および利害関係者が、サービスを通じて、ともに価値を創造し最大化していくためのガイドラインを提供しています。

❖ ITIL 4のコンセプト

①サービスバリューシステム（SVS）

サービスバリューシステムは、ITIL4の中核概念で、サービスバリューチェーン（SVC）によって、機会や需要をサービス価値に変換するためのシステムであり、マネジメント活動の体系です。「計画」や「エンゲージ」などの活動は、サービスバリューシステムの「指針」と「継続的改善」の枠組みにおいて、「ガバナンス」に則り、活動の場面に応じた「プラクティス」を参照して実行されます。

◎サービスバリューシステムとサービスバリューチェーン◎

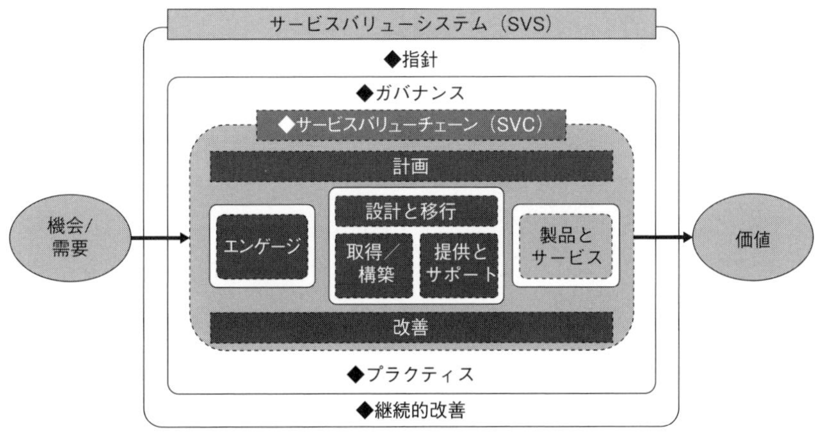

※PeopleCert「ITIL®4フレームワーク」をもとに作成

「エンゲージ」は、サービスバリューチェーンの入り口として、要件を集約するための活動であり、利害関係者と企業との「価値共創」に直結するものです。要件を十分に理解し、透明性を確保しながら、すべての利害関係者との継続的な関与を維持する必要があります。

「設計と移行」は、製品やサービスの品質、コスト、納期について、利害関係者の期待に対応するための活動です。「取得／構築」は、期待どおりの品質で、必要な時に必要な場所で製品やサービスが利用できることを担保するためのプラクティスです。「提供とサポート」は、合意された内容で製品とサービスを提供し、サポートを実施するためのプラクティスです。

◎サービスマネジメントが従うべき7つの指針◎

- 価値にフォーカスする
- 現状から出発する（→「改善」から始める）
- 利害関係者からの短期間のフィードバックを繰り返して進める
- 利害関係者と協働し、可視化を推進する
- 全体的な視点で考え、取り組む
- シンプル、かつ実践的な解決策を採用する
- 最適化し自動化する

「指針」には、サービスマネジメントが従うべき７つのポイントが示されています。「ガバナンス」は、利害関係者のニーズや外部状況の変化に対応してサービスマネジメントの４つの側面から組織の戦略やポートフォリオを評価し、サービスバリューチェーンの方向づけを行ないます。そして、マネジメント活動の実践がそれと合致しているかどうかを監視してコントロールします。「継続的改善」の枠組みでは、事業ビジョンや最終目標の確認→現状認識と測定可能な目標値の設定→改善計画を策定して改善活動を実施→KPI*を評価というサイクルを繰り返します。

②サービスマネジメントの４つの側面

サービスマネジメントを実現するための土台として「組織と人材」「情報と技術」「パートナとサプライヤ」「バリューストリームとプロセス」の４つの側面があり、サービスバリューシステムの下支えとなります。

組織の戦略や事業の構造に応じて４つの側面の重要性には違いが生じますが、「バリューストリーム」は、「機会/需要」がサービスバリューチェ

ーンによって「価値」に変換される際、組織において、どのプラクティスがどのような流れで展開されるべきかの基本デザインであるので、特に重要なものとなっています。また「プロセス」とは、インプットをアウトプットに変換して目的を達成する一連の活動を指します。

③管理プラクティス

参照すべき管理プラクティスが計34種類あり、「一般的マネジメントプラクティス」「サービスマネジメントプラクティス」「技術マネジメントプラクティス」に大別されます。各プラクティスは、要件や状況に応じてサービス価値を創造するために選択可能なモジュールとして定義されています。

◎管理プラクティス一覧◎

一般的マネジメントプラクティス(14種類)	サービスマネジメントプラクティス(17種類)	技術マネジメントプラクティス(3種類)
◇ 戦略管理 ◇ ポートフォリオ管理 ◇ サービス財務管理 ◇ 関係管理 ◇ サプライヤ管理 ◇ ナレッジ管理 ◇ 情報セキュリティ管理 ◇ 継続的改善 ◆ アーキテクチャ管理 ◆ 要員とタレントの管理 ◆ リスク管理 ◆ 組織変更の管理 ◆ プロジェクト管理 ◆ 測定および報告	◇ サービスレベル管理 ◇ 可用性管理 ◇ サービススカタログ管理 ◇ サービス構成管理 ◇ サービスの妥当性確認およびテスト ◇ サービス継続性管理 ◇ サービスリクエスト管理 ◇ 変更コントロール ◇ リリース管理 ◇ キャパシティとパフォーマンスの管理 ◇ モニタリングおよびイベント管理 ◇ インシデント管理 ◇ 問題管理 ◇ サービスデスク ◆ ビジネス分析 ◆ サービスデザイン ◆ IT資産管理	◇ 展開管理 ◆ インフラストラクチャとプラットフォームの管理 ◆ ソフトウェア開発および管理

◇：ITIL V3から存在していたプラクティス
◆：ITIL4で新たに追加されたプラクティス

❖ ITIL 4の資格と知識体系

ITIL 4には、ファンデーション、マネージング・プロフェッショナル、ストラテジック・リーダー、マスターという、４種類の認定資格があります。具体的には、ファンデーションをベースにして、その上に「モジュール」という形で必要なプラクティスを習得していけるように体系化されて

◎ITIL 4の認定資格◎

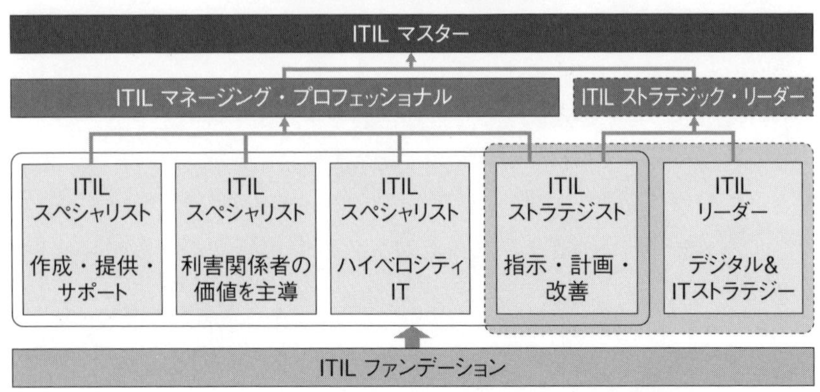

※PeopleCert「ITIL®4資格制度」をもとに作成

います。認定を受けるには、AXELOSが委託しているPeopleCertによって認定された企業が実施する研修を受講し、所定の資格認定試験に合格する必要があります（ファンデーションについては、研修を受けずに受験のみで資格を取得することも可能です）。

① ITILファンデーション

AXELOSが発行するITIL4エディションにおいては、体系化された以下の基礎知識範囲を理解していることが認定されます。

・サービスマネジメントに関する基本概念
　利害関係者の定義、製品とサービス、成果、コスト、リスク、価値の共創などITIL4の基本概念
・サービスバリューシステムとサービスバリューチェーンに関する知識
・サービスマネジメントの４つの側面に関する知識
・管理プラクティスに関する知識

② ITILマネージング・プロフェッショナル

サービスマネジメントの実務に関わる実践的で技術的な知識を有していることの認定であり、ITILファンデーション合格後に、以下４つのモジュールについて、それぞれの研修を受講し、すべての資格認定試験に合格することで認定されます。

・ITILスペシャリスト「作成・提供・サポート（Create, Deliver, Support）」

製品とサービスの作成・提供・サポートのためのプラクティス（※サービスバリューチェーンの中核をなす「設計と移行」「取得／構築」「提供とサポート」の活動）。

・ITILスペシャリスト「利害関係者の価値を主導（Drive Stakeholder Value）」

顧客、ユーザ、サプライヤ、パートナーなど、利害関係者の満足を増加させるための手法、SLA*とCX*やUX*の設計、カスタマージャーニー（顧客の参画、価値共創の体験）とバリューストリームの設計、コミュニケーション、関係管理を含むプラクティス（サービスバリューチェーンの「需要」と「価値」、および「エンゲージ」の活動）。

・ITILスペシャリスト「ハイベロシティIT（High Velocity IT）」

製品とサービス提供の高速化、デジタル技術による改善、アジャイル*やリーン*などのプラクティス、クラウドやテスト自動化などの技術（サービスバリューチェーン全体に渡るDX組織の視点に立った活動）。

・ITILストラテジスト「指示・計画・改善（Direct, Plan, Improve）」

学習し改善する組織づくり、アジャイルやリーンによる組織の優位性の促進、チーム／組織の目的を成功要因→KPI*→測定基準へブレークダウンする方法（サービスバリューチェーンの「計画」と「改善」の活動）。

③ ITILストラテジック・リーダー

CIOをはじめとするCxOや事業部門の役職者、事業開発やDXの関係者向けに、ITが事業戦略に与えるインパクトや、事業の方向づけに関する明確な理解度を認定するものであり、ITILファンデーション合格後に、以下2つのモジュールについて、それぞれの研修を受講し、両方の資格認定試験に合格することで認定されます。

・ITILリーダー「デジタル&ITストラテジー（Digital and IT Strategy）」

デジタル戦略とIT戦略の整合、DX、サービス、製品、競争優位性、オペレーショナル・エクセレンスのための戦略的アプローチ、社会的責任と持続可能性への戦略的アプローチ、デジタルリーダーシップ、イノベーションの管理などのプラクティス。

・ITILストラテジスト「指示・計画・改善（Direct, Plan, Improve）」

前述のITILマネージング・プロフェッショナルのモジュールと同じ。

④ ITILマスター

上述のITILマネージング・プロフェッショナル、およびITILストラテジック・リーダーの両方の資格を保持し、かつIT サービス管理部門のリーダーや管理職等に従事して、実践的な ITIL の活用経験を豊富に有していることがITILマスター認定の条件となります。

❖ コンサルティング活動におけるITIL の活用

ITコンサルタントは、ITILが示すベストプラクティス*を活用し、企業のサービス提供価値を事業機会や市場ニーズに効果的にマッチさせるアイデアの提供が可能です。そのためには、まずはITILファンデーションの知識を獲得し、サービスバリューシステムの概念や具体的な管理プラクティスの適用場面を把握しておく必要があります。

そのうえで、実際のコンサルティング対象領域に直結するスペシャリスト、ストラテジスト、リーダーのモジュール知識を獲得し、コンサルティングの実践に役立てる取り組みが効果的です。

たとえば、ITILのサービスバリューシステムに定義されている指針や、サービスマネジメントの４つの側面の内容を参照し、事業価値に着目しながらバリューストリームを分析します。この分析により、事業構造として価値を生み出している業務プロセスとそうでないものを明らかにし、改善ポイントの抽出と優先順位づけを行ないます。

価値を生まない非コアの業務はサプライヤに業務委託する、あるいはパートナと連携して価値のあるものに変換する、コアの業務については、ITILの管理プラクティスを参照して改善を実施し、組織力と事業競争力を強化するといった提案ができるようになります。

3-8 SLCP2013

▶ステークホルダーが理解しあえる企画開発保守プロセスの共通言語

ソフトウェアの標準開発プロセスは存在しない

ITコンサルタントは、クライアントの問題解決を支援するため、IT戦略を策定し、それに基づいてシステム化を企画したり開発を実行したりします。また、システム調達サイドの視点で、システム開発プロジェクトをモニタリングすることもあります。

いずれにしても、開発プロセス全般に関わるためには、システム開発や運用の作業をライフサイクルの視点でおさえることが求められます。

しかしながら、システムの企画、要件定義、開発、運用、保守など、ライフサイクルにおける各種取引では、数多くのステークホルダーが関わっています。そのため、開発プロセスの工程名称1つをとっても、あるベンダーでは、情報化構想立案・システム企画・システム方式設計・ユーザーインタフェース設計・システム構造設計と呼ぶのに対し、あるユーザーでは基本構想・概要設計・基本設計・詳細設計と呼ぶなど、ユーザーやベンダーごとに作業標準が異なるのも珍しくはありません。

作業や契約内容に誤解が生じると、開発やテスト段階で手戻りが起こりえます。機能追加や見直しといった手戻りの発生は、工数の増加、品質の不良化、プロジェクトの進捗遅れへと波及し、さらにコストアップへとつながってしまいます。

これを避けるためには、開発プロセスモデルをステークホルダー間の共通言語として認識することが大切です。

SLCP2013は4つの階層で構成されるフレームワーク

SLCP（Software Life Cycle Process）2013は、ソフトウェア業界の市場の透明性を高め取引のさらなる可視化を実現する「共通の物差し」として用いることを目的に、ソフトウェアライフサイクルプロセス（SLCP）国際規格ISO/IEC12207 :2008（JIS X0160:2012）をベースに、国内で定められた開発プロセスモデルです。経済産業省、独立行政法人情報処理推進機構（IPA）、大学、ユーザー企業、ベンダー企業からなるIPA/SECプロセス共有化WGにて検討されました。

SLCP2013は、実際のシステム開発・運用の作業や手順を具体的に定めたものではありません。あくまでも、標準的な作業の範囲とその内容・項目を分類したもので、業務分析、業務設計、およびソフトウェアを中心としたシステムの企画から開発、運用、保守およびそれらにかかわる諸活動を対象にしています。

システム開発に関連する作業を、「プロセス」「アクティビティ」「タスク」「リスト」の４階層で表しているのが大きな特徴です。

「プロセス」は、システム開発作業を役割の観点からまとめたものです。

「合意プロセス」「テクニカルプロセス」「運用・サービスプロセス」「支援プロセス」「プロジェクトプロセス」「組織のプロジェクトイネーブリングプロセス」「プロセスビュー」および「テーラリング（修整）プロセス」の8つで構成されています。各プロセスのなかに、さらにプロセスを含ん

◎SLCP2013の構成◎

※独立行政法人情報処理推進機構「共通フレーム2013」より引用

ており、たとえば「テクニカルプロセス」には、企画プロセス、要件定義プロセス、システム開発プロセスなどが位置づけられています。

それぞれの「プロセス」は、システム開発を役割の観点でまとめたものです。相関の強いタスクをまとめた「アクティビティ」から構成されています。「タスク」とは、アクティビティを具体的に遂行または支援する個々の作業をいいます。「注記」はタスクを構成する要素で、例示にあたります。

たとえば、IT コンサルタントが関わることが多い「システム化構想の立案」は、「企画プロセス」のなかにあり、「プロセス開始の準備」「システム化構想の立案」「システム化構想の承認」といったアクティビティがあります。この「システム化構想の立案」アクティビティのなかには、タスクとして「経営上のニーズ、課題の確認」「事業環境、業務環境の調査分析」「現行業務、システムの調査分析」「情報技術動向の調査分析」「対象となる業務の明確化」「業務の新全体像の作成」「対象の選定と投資目標の策定」があります。「システム化構想の承認」アクティビティのなかには、タスクとして「システム化構想の文書化と承認」「システム化推進体制の確立」があります。

❖活用の柔軟性を実現する設計思想

SLCP2013は、さまざまな局面で活用できるようにするため、モジュール化や技法からの独立性といった設計思想をもっています。一方で、IT業界で問題になることが多い責任の所在についても、明確にしようとしています。

①超上流の重視

システム化構想、システム化計画、要件定義という超上流プロセスを重視した内容となっています。1994年の「共通フレーム94」からスタートした後、「共通フレーム98」を経て、「共通フレーム2007」ではITコンサルタントに関わる超上流の要件定義プロセスを新たに設けました。2009年の「共通フレーム2007第２版」では、プロジェクトの成否を分ける企画・要件定義段階がわかりやすく再整理されました。

SLCP2013では、Requirements Engineering国際規格（ISO/IEC29148）やシステムライフサイクルプロセス国際規格（ISO/IEC15288:2008）との整合性および見直しにより、要件定義プロセスがさらに強化されています。

②モジュール性の採用

各プロセスは、必要に応じ組み合わせて実施できるようにモジュール化されています。モジュール性については「強い密着」と「弱い結合」があります。

③責任の明確化

取得プロセスは「取得者」、企画プロセスは「企画者」というように、プロセスごとに作業の主体者（役割）を定義し、責任の所在を明らかにしています。また、責任範囲も明確にしています。たとえば、運用に入った後、企画した内容（システム化の方向性、システム化計画）が事業の観点から効果が出ているかどうかを見るのは経営者や事業管理者です。同様に、業務運用の視点から要件定義と運用テストを行なう責任は業務部門にあります。

④工程、時間からの独立性

共通フレームのプロセス、アクティビティ、タスクは、最も一般的で自然な順序で配置されています。どのような順序で実行するのかは、案件ごとに開発の考え方を整理して定めればよいようになっています。

⑤開発モデル、技法、ツールからの独立性

各社それぞれが所有する開発モデルや技法、ツールに依存しないために、構成要素である作業項目について、誰もが同じ言葉、意味で使えるようにしています。

⑥ソフトウェアを中心としたシステム関連作業までを包含

「システム」は、「ハードウェア」と「ソフトウェア」、「その他設備（ネットワーク、電源設備、空調設備など）」を含んでいます。「ソフトウェア」のみならず、広く「システム関連作業」までを対象にしています。

⑦システムライフサイクルプロセスとの整合性

共通フレームはソフトウェアライフサイクルで使われるプロセスを中心に定義しますが、システムライフサイクルで、使われるプロセスと矛盾するものではありません。

⑧文書の種類、書式を規定しない

共通フレームでは、ドキュメントの種類や書式などの詳細については規定していません。これはドキュメントを規定することにより、作業を縛ることになるからです。

⑨テーラリング（修整）の採用

共通フレームを、ある開発モデルに適用する場合、共通フレームをそのまま適用するのではなく、アクティビティ、タスクを取捨選択するなど、開発モデルに合わせた使い方をすることができます。

❖ソフトウェアラフサイクル全般で幅広く活用できる

①作業範囲や内容の明確化

SLCP2013で定義されている作業範囲や内容を「チェックリスト」として活用することで、開発で実施すべき作業項目に漏れがないかを確認できます。また、受発注契約の取引内容の具体化にも活用でき、契約内容から曖昧さをなくすことができます。これによって、契約上のトラブルを防止できます。

ITコンサルタントは、クライアント企業の立場でIT戦略に基づいたシステム調達を支援します。その際、各ベンダーにRFPを提示し、SLCP2013に基づいた工程・役割を定義するよう求めることによって、ベンダーとの取引範囲や役割分担を明確にできます。これによって、複数のベンダーの見積もりを比較しやすくなります。

②組織やプロジェクトの作業標準の見直し

IT業界では、企画や要件定義といった超上流のプロセスで、作業標準が不十分なことが多くなっています。社内の標準プロセスをSLCP2013と比較することで改善すべき点を明確にできます。改善点が抽出できれば、優先づけをしたうえでプロセスの分割や追加・変更などによって、より網羅性の高いプロセスに改善できます。

また、SLCP2013で定義されている作業範囲や内容をもとに、プロジェクト管理計画を立案し、進捗および品質の管理を実行することにより、プロジェクトマネジメント力を向上させ組織としてのシステム構築力を改善することができます。

③オフショア開発でのリスク低減化

人材不足の解消や安価な労働力の調達を目的に、中国やインドなど、アジア諸国でのオフショア開発比率は高まるばかりです。言葉の問題に加え、開発標準の違いによるリスクも避けられません。

SLCP2013は、国際標準にも対応しているため、海外の企業とのオフショア開発にも適用できます。

❖ あらゆる開発モデルに合わせることができる

開発モデルには、ウォーターフォールモデル*、段階的モデル*、進化的モデル*、リエンジニアリングモデル*などがありますが、SLCP2013はどの開発モデルにも合います。

開発モデルを選択し、SLCP2013で定義された作業項目をマッピングすることで、その開発モデルに合った作業を組み立てることができます。また、SLCP2013に書かれていないことを追加したり、書いてあることを省略したりすることも可能です。

たとえば、段階的モデル*では、定義された要求をもとに、ビルド（各モジュールを統合してシステム全体を実行可能な状態にする）に分けて開発します。最初のビルドでは、要求の一部（コア部分）を開発します。次のビルドでは、要求の一部を追加して開発します。前のビルドの途中結果を取り込みつつ、並行して実行する場合もあります。ビルドごとに、必要なプロセス、アクティビティ、タスクを実行して、これらをシステムが完成するまで続けます。

◎段階的モデル◎

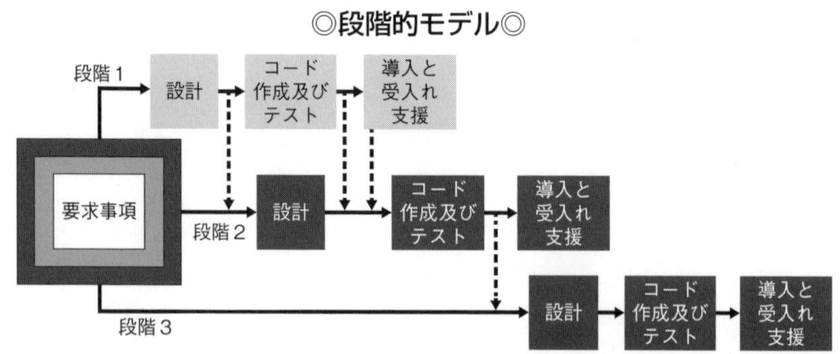

※独立行政法人情報処理推進機構「共通フレーム2013」より引用

3-9 SWEBOK

▶ソフトウェアの開発や保守に関する理論・ノウハウを体系化

❖ 個人スキル依存から体系的なソフトウェアエンジニアリングへ

システムの作り手であるシステムインテグレーターやベンダーは、情報システムの品質を保証し、納期どおりに、コストを計画内に抑えながら開発・保守していかなければなりません。しかし、情報システムを開発・保守していく技術は万全ではありません。

過去には、稼動中のシステムに障害が発生しても、エンジニア個人の経験やスキルで対処することもできていました。しかし、時代とともに新たな技術が使われる複雑で大規模なシステムを対象にしたとき、個人の力量の範囲では対処しきれなくなっています。日本の大学や企業では、ソフトウェアエンジニアリングを体系的に教育してこなかった面もあります。

また、組織的に取り組んだとしても、複雑な機能をもつソフトウェアの品質を高めながらテストや保守の容易性を考慮し、高い生産性で開発することは難しくなっています。そこで有効なのが、現場での活用を前提に、開発・保守に必要な知識を体系化した「ソフトウェアエンジニアリング」です。ISO/IEC/IEEE「システムおよびソフトウェアエンジニアリング用語（Software Engineering Vocabulary：SEVOCAB）」では、ソフトウェアエンジニアリングを、「ソフトウェアの開発、運用、および保守に関する、体系化され、実践規律化され、かつ定量可能化された手法である。すなわち、エンジニアリングのソフトウェアに対する適用である」と定義しています（『ソフトウェアエンジニアリング基礎知識体系－SWEBOK 3.0－』オーム社）。

経済産業省が2018年９月に発表した資料「DXレポート～ITシステム『2025年の崖』の克服とDXの本格的な展開～」にあるDX（デジタルトランスフォーメーション）を推進していくうえでも、ソフトウェアエンジニアリングは重要です。

❖ 実証された理論やノウハウを体系化したSWEBOK

ソフトウェアの開発・保守のなかで、実証された理論や方法論、ノウハウ、各種知識をソフトウェアエンジニアリングとして体系化したものに、SWEBOK（スウェボック）ガイド『Guide to the Software Engineering Body of Knowledge』があります。

これは、IEEE Computer Societyによって取りまとめられたものです。IEEE（Institute of Electrical and Electronics Engineers: 米国電気電子学会）は電気・電子分野における世界最大の学会です。

❖ 15個の知識領域と7個の実践規律から構成されている

SWEBOKは、2001年にSWEBOK Trial 版が発行されて以降、現在の最新版は2013年に発表されたVersion3です。ソフトウェアエンジニアリングの知識を15の領域に整理し、階層的に体系化しています。

15の領域には、ソフトウェアの開発・保守に関わる５つの領域として、ソフトウェア要求、ソフトウェア設計、ソフトウェア構築、ソフトウェアテスティング、ソフトウェア保守があります。

これらを支える知識領域として、ソフトウェア構成管理、ソフトウェアエンジニアリング・マネジメント、ソフトウェアエンジニアリングプロセス、ソフトウェアエンジニアリングモデルおよび方法、ソフトウェア品質、ソフトウェアエンジニアリング専門技術者実践規律、ソフトウェアエンジニアリング経済学、計算基礎、数学基礎、エンジニアリング基礎があります。

その他、「ソフトウェアエンジニアリングに関係する７つの実践規律」があります。SWEBOKでは、ソフトウェアエンジニアリングの関連領域で確立された理論や方法論、ノウハウ、各種知識も活用していきます。実践規律には、①コンピュータエンジニアリング、②コンピュータサイエンス、③ゼネラルマネジメント、④数学、⑤プロジェクトマネジメント、⑥品質管理、⑦システムエンジニアリングの７つがあります。

◎SWEBOKの構成◎

	領域	解説
開発・保守に関わる知識領域	Software Requirements ソフトウェア要求	ソフトウェア要求の抽出、分析、仕様作成、および妥当性確認、さらにこれらと並ぶソフトウェアプロダクトの全ライフサイクルにわたる要求のマネジメントを扱う領域
	Software Design ソフトウェア設計	ソフトウェア構造とアーキテクチャ、ユーザインタフェース設計、ソフトウェア設計品質の分析と評価他からなる領域
	Software Construction ソフトウェア構築	コーディング、検証、ユニットテスティング、統合テスティングおよびデバッキングの組み合わせによって、動作可能なソフトウェアを詳細に作り上げる領域
	Software Testing ソフトウェアテスティング	開発および保守ライフサイクル全体に浸透すべきアクティビティであり、テストレベル、テスト手法、テストに関係した計量尺度、テストプロセス他からなる領域
	Software Maintenance ソフトウェア保守	ソフトウエアに対する費用ー効果的サポートを提供するために必要なアクティビティ全体であり、保守プロセス、保守者のための手法、ソフトウエア保守ツール他からなる領域
開発・保守を支える知識領域	Software Configuration Management ソフトウェア構成管理	システムライフサイクルを通して、体系的に構成への変更をコントロールし、構成の統合性と追跡容易性を維持することを目的として、時間軸上の明示された点において、システム構成を同定するという実践規律に関する領域
	Software Engineering Management ソフトウェアエンジニアリング・マネジメント	ソフトウェアプロダクトおよびソフトウェアエンジニアリングサービスが効率的、かつ効果的に引き渡され、利害関係者の便益になっていることを確証するために行う、マネジメント・アクテイビティ（すなわち、計画作り、協調化、計量、モニタリング、コントローリング、および報告）の適用に関する領域
	Software Engineering Process ソフトウェアエンジニアリングプロセス	ソフトウェアエンジニアによって遂行される、開発、保守、および運用に関する作業アクティビティ、たとえば、要求、設計、構築、テスティング、構成管理、およびこの他のソフトウェアエンジニアリングプロセスであり、ソフトウェアプロセス査定、ソフトウェア計量、ソフトウェアエンジニアリングツール他に関する領域
	Software Engineering Models and Methods ソフトウェアエンジニアリングモデルおよび方法	ソフトウェアエンジニアリング・アクテイビティを体系化し、再現可能化し、かつ最終的により成功に結びつくようにすることを目標とした構造を、ソフトウェアエンジニアリングに賦課するものとして、モデリング、モデルの型、モデルの分析、ソフトウェアエンジニアリング方法からなる領域
	Software Quality ソフトウェア品質	ソフトウェア品質の定義を扱い、実践規則、ツール、およびソフトウェア品質を定義するための手法、開発、保守、および実装にまたがる期間におけるソフトウェア品質状態を査定するための手法を包括した領域
	Software Engineering Professional Practice ソフトウェアエンジニアリング専門技術者実践規律	ソフトウェアエンジニアが、専門職業人として責任をもち倫理に基づいた行動姿勢で、ソフトウェアエンジニアリングを実践するために身につけていなければならない、知識、スキルおよび心構えを扱っている領域
	Software Engineering Economics ソフトウェアエンジニアリング経済学	ソフトウェアおよびソフトウェアプロセスの特性を体系的に探究し、その体系においてこれら特性を経済学的計量値に関係づける方法を提供する領域
	Computing Foundations 計算基礎	コンピュータおよびそれの基礎をなすハードウェアおよびソフトウェアの原理に関する知識として、問題解決手法、プログラミング言語基礎、アルゴリズムと複雑性、ネットワーク通信基礎他からなる領域
	Mathematical Foundations 数学基礎	考察しているシステムの背景を推論するために役立つ規則集合を同定するために必要な基礎的テクニックを包含するもので、集合・関係・関数、論理基盤、証明法、グラフおよび木、有限状態機械他からなる領域
	Engineering Foundations エンジニアリング基礎	ソフトウェアエンジニアにとって有益な、いくつかの基本的エンジニアリングスキルおよびテクニックの概要を示すもので、経験的方法および実験的テクニック、統計的分析、計量、エンジニアリング設計、モデリング、シミュレーションおよびプロトタイピング、標準、および根源原因分析からなる領域
関係する実践規律		①コンピュータエンジニアリング、②コンピュータサイエンス、③ゼネラルマネジメント、④数学、⑤プロジェクトマネジメント、⑥品質管理、⑦システムエンジニアリング

※松本吉弘訳『ソフトウェアエンジニアリング基礎知識体系 ―SWEBOK V3.0―』（オーム社）をもとに作成

❖ 知識・ノウハウを体系的に理解でき、現場での実践に役立つ

ソフトウェアエンジニアリングを学ぶことで、その体系、実証された理論や方法、重要な技術要素を理解できます。特に、ITコンサルタントは、ITによる問題解決の要件を引き出すために、「ソフトウェア要求」を活用する場面が多いでしょう。

要求には、「プロダクト」と「プロセス」に関する要求、「機能要求」と「非機能要求」に関する要求があります。プロダクトに関する要求とは、開発しようとするソフトウェアに対する必要または制約であり、プロセスに関する要求とは、使用するプログラミング言語や納期、予算など、ソフトウェアの開発に対する制約です。

機能要求とは、ソフトウェアが実行すべき機能を記述したもので、非機能要求とはソリューションに対して加えられる制約のことであり、性能や連続稼働時間などの制約・品質に関する要求を指しています。ITコンサルタントは、これらを意識しながら漏らさないように、ソフトウェアに対する要求を把握していくことが大切です。

また、要求の獲得をプロセスとして捉えることも大切です。SWEBOKでは、誰（プロセスアクタ）から要求を獲得するのか、インタビューやプロトタイプ法、進行役つき会議、ユーザストーリーズ*などのなかからどんな抽出技法を使うのか、要求をどのように仕様化しソフトウェア要求仕

◎「ソフトウェア要求」知識領域の概念図◎

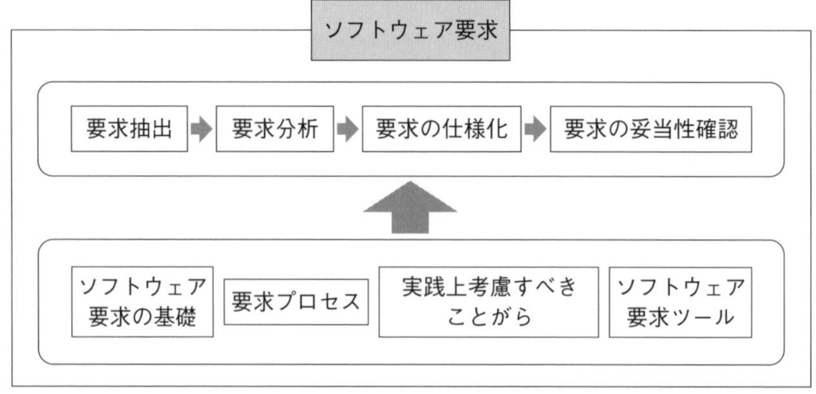

※松本吉弘訳『ソフトウェアエンジニアリング基礎知識体系－SWEBOK V3.0－』（オーム社）をもとに作成

様書には何を記載するのか、要求の妥当性をどうやって確認するのか、といった方法論が網羅されています。また、ソフトウェア要求ツールについては、モデリングのためのツール、および要求をマネジメントするためのツールがあり、それらを活用していくことになります。ツールは種類が多く、また変化が激しいためか、ITコンサルタントとして関心のある分野ですが、SWEBOKでは具体的な紹介まではありません。ITコンサルタントは、SWEBOKを活用することにより、実践的なポイントを事前に理解したうえで、コンサルティングに臨むことができます。

❖ エンジニアの体系的な教育や開発力の強化にも活用できる

SWEBOKは、ある意味、エンジニアのプロとして一人前になるために必要な知識全体を示しています。したがって、SWEBOKの知識領域における習得範囲を明確にしていくことで、エンジニアの教育が効果的にできます。

ソフトウェア開発の分野では、進化型プロトタイピング*など、次々に新しい方法論やノウハウが登場します。ソフトウェア開発作業をより改善していくためには、それらを既存の知識体系のなかに位置づけて、既存のものとの違いやメリットを把握することが大切です。SWEBOKを用いることで、それが容易になります。

また、ソフトウェア開発の現場では、プロセスを継続的に改善していくために、プロダクトやプロセスを定量的にマネジメントしていくことも求められます。SWEBOKは、計測すべき規模や生産性、品質などに関する項目の体系を示しています。したがって、プロジェクトや部門に定量的なアプローチを導入する際、どのような要素を定量化しマネジメントしていけばよいのかを考える場合にも活用できます。

3-10 ▶ SQuBOK

▶ 研究と実務の視点からまとめた“日本発”の実践的な規範

❖ ソフトウェア品質の知識とノウハウを体系化したSQuBOK

情報システムが社会基盤を支えるものとなり、その品質トラブルが、日常生活や企業活動に大きな悪影響を与えるようになっています。システムインテグレーターのなかには、品質問題によって利益が大きく悪化する企業もあります。また、品質問題は情報システムを活用してビジネスの発展を狙っているユーザー企業にも大きな影響を与えます。

この状況下、ソフトウェア品質向上のための方法論や知識体系が新たに求められるようになり、2007年に「ソフトウェア品質知識体系ガイド -SQuBOK Guide-」(Guide to the Software Quality Body of Knowledge) が、一般財団法人日本科学技術連盟と一般社団法人日本品質管理学会との研究成果物として発表されました。2014年に第２版が、2020年には第３版が出版されています。SQuBOK準拠のソフトウェア品質技術者資格認定制度があり、初級は2008年から、中級は2010年から試験が実施されています。本節は、『ソフトウェア品質知識体系ガイド（第３版）－SQuBok Guide－V3』（以下、第３版）オーム社を参考にして執筆しています。

SQuBOKは、ソフトウェアプロセス評価と改善においてCMMI（能力成熟度モデル統合：Capability Maturity Model Integration）をモデルの１つとして採用しています。ソフトウェアプロセス評価と改善とは、ソフトウェアプロセスをプロセスアセスメントモデルに照らして評価し、それを継続的に改善する活動のことです。

CMMI（☞137頁）は、「システムや成果物の品質は、それを開発し保守するために用いられるプロセスの品質によって大きく影響される」というプロセス管理の前提に基づいて開発されたものです。６段階の成熟度レベルと、４段階の能力度レベルという２種類の評価軸を用意しています。カーネギーメロン大学SEI（ソフトウェア工学研究所：Software Engineering Institute）が開発したもので、2013年以降、CMMI Institute

が活動を担っています。

SQuBOK策定の目的には、次の２つがあります。第一に「ソフトウェア品質に関する暗黙知の形式知化」です。SQuBOKは、日本の製造業における品質マネジメントの取り組みの発想が生かされています。製造現場では技術者・作業者の暗黙知の形式知化に力が注がれています。同様の取り組みをソフトウェア品質においても実現するものです。第二に「ソフトウェア品質に関する最新テーマの整理、体系化」があります。IT業界では新たな技術、そのビジネスへの適用が次々と行なわれています。これらの現場の動きに応えるためのものです。

国内のシステムインテグレーターやソフトウェアの研究者が策定したSQuBOKは、現場にとって有用な知識の体系化を狙い、基礎知識のみではなく最先端の知見を集積しています。国内の高品質なソフトウェア組織が実践してきた取り組みを盛り込んでいる点が大きな特徴です。

ITコンサルタントは、この方法論や知識体系を生かしてソフトウェアの品質向上を支援することができます。また、これによって、開発・保守の手戻りを減らし、生産性の向上にも結びつけることができます。

❖ SQuBOKの全体構造

SQuBOKは、ソフトウェア品質に関する知識体系を階層化しています。この知識体系では、品質に関する基本概念やマネジメント手法、ソフトウェア品質向上に役立つ技術などを取り上げています。

全体は５つのカテゴリーから構成されています。第２版の「ソフトウェア品質の基本概念」「ソフトウェア品質マネジメント」「ソフトウェア品質技術」に、第３版では「専門的なソフトウェア品質の概念と技術」、さらにAI（☞53頁）やIoT（☞46頁）システム等に関する「ソフトウェア品質の応用領域」が追加されています。読者がさらに詳しく理解するための参考文献・関連文献も用意されています。

❖ 現実的な改善目標を設定するため、成熟度を評価する

ITコンサルタントは、ソフトウェア品質マネジメント向上の指導を、クライアントから求められることがあります。その際、組織的かつ継続的

◎SQuBOKの構造◎

Guide to the Software Quality Body of Knowledge (V3)

1 ソフトウェア品質の基本概念

- 1.1 品質の概念
- 1.2 品質マネジメントの概念
- 1.3 ソフトウェアの品質マネジメントの特徴

2 ソフトウェア品質マネジメント

組織レベルの品質マネジメント

- 2.1 品質マネジメントシステムの構築と運用
- 2.2 ライフサイクルプロセスのマネジメント
- 2.3 ソフトウェアプロセス評価と改善
- 2.4 検査のマネジメント
- 2.5 監査のマネジメント
- 2.6 教育および育成のマネジメント
- 2.7 法的権利および法的責任のマネジメント

プロジェクトレベル(共通)のソフトウェア品質マネジメント

- 2.8 意思決定のマネジメント
- 2.9 調達のマネジメント
- 2.10 リスクマネジメント
- 2.11 構成管理
- 2.12 プロジェクトマネジメント

プロジェクトレベル(個別)のソフトウェア品質マネジメント

- 2.13 品質計画のマネジメント
- 2.14 要求分析のマネジメント
- 2.15 設計のマネジメント
- 2.16 実装のマネジメント
- 2.17 レビューのマネジメント
- 2.18 テストのマネジメント
- 2.19 品質分析および評価のマネジメント
- 2.20 リリース可否判定
- 2.21 運用および保守のマネジメント

3 ソフトウェア品質技術

工程に必要なソフトウェア品質技術

- 3.1 メトリクス
- 3.2 モデル化の技法
- 3.3 形式手法

工程に個別なソフトウェア品質技術

- 3.4 要求分析の技法
- 3.5 設計の技法
- 3.6 実装の技法
- 3.7 レビューの技法
- 3.8 テストの技法
- 3.9 品質分析および評価の技法
- 3.10 運用および保守の技法

4 専門的なソフトウェア品質の概念と技術

- 4.1 ユーザビリティ
- 4.2 セーフティ
- 4.3 セキュリティ
- 4.4 プライバシー

5 ソフトウェア品質の応用領域

- 5.1 AIにおける品質
- 5.2 IoTシステムにおける品質
- 5.3 アジャイル開発とDevOpsにおける品質保証
- 5.4 クラウドサービスにおける品質保証
- 5.5 オープンソースソフトウェア開発における品質保証

※SQuBOK策定部会『ソフトウェア品質知識体系ガイド(第3版)−SQuBOK Guide−V3』(オーム社)をもとに作成

にソフトウェア品質を改善するしくみを組織のなかに定着させることが目標となります。

進め方として、①クライアントの成熟度レベルの把握、②ソフトウェア品質マネジメントシステムの問題点の把握による活動方針の決定、③具体的施策の立案、④対策の導入管理の４つのステップが考えられます。それぞれのステップにおいてSQuBOKを参照し活用することができます。

①クライアントの成熟度レベルの把握

指導によって成果を出すためには、現状の成熟度に合わせた改善目標や範囲を設定する必要があります。そこで、まずはクライアントの成熟度レベルを把握します。

成熟度レベルの低い組織では、基本的な項目を確実に実行できる状態にすることが最優先の活動となります。成熟度レベルの評価では、SQuBOK「2.3ソフトウェアプロセス評価と改善」で解説しているCMMIなどを利用します。

②ソフトウェア品質マネジメントシステムの問題点把握・活動方針の決定

関係者からの問題認識の入手のみならず実態を分析して問題点を把握します。それにより、主要な問題点が、ソフトウェア品質マネジメントシステムを運用する組織形態にあるのか、ソフトウェアライフサイクルプロセスにあるのか、チームワークなどの人間的要素にあるのかなどを切り分けて活動方針を決定します。

③具体的施策の立案

施策の立案では、品質マネジメントの視点で見れば「製品を製造するプロセス」と「製品の品質」の２つがあることから、品質保証組織を開発組織から切り離すか否かなども検討します。

ソフトウェアライフサイクルプロセスにおいて、関係者の間で開発手順や作業内容、用語などの認識が異なり品質問題を引き起こしている場合には、SQuBOK「2.2ライフサイクルプロセスのマネジメント」の解説も参考に、ソフトウェアライフサイクルプロセスのあり方を検討し標準化を進めることになります。

一方、施策の効果を把握できるようにしておくことも大切です。ソフトウェア開発・保守は、具体的なモノの製造とは異なり開発プロセスが見えません。ソフトウェアそのものを作り出すプロセスおよび開発基盤を測定・評価できるようにするために、ITコンサルタントとしては、「3.1メトリクス」での解説を参考に、メトリクスを設定することができます。

◎ソフトウェア品質改善に関するメトリクス◎

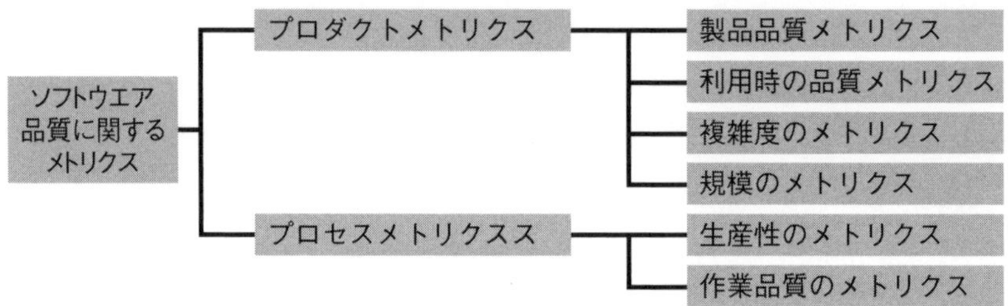

※SQuBOK策定部会『ソフトウェア品質知識体系ガイド（第3版）－SQuBOK Guide－V3』（オーム社）をもとに作成

④対策の導入管理

対策実施では、どのような改善活動のアプローチをとるかが重要となります。SQuBOK「1.2品質マネジメントの概念」の「1.2.2改善の考え方」で「PDCA」と「改善（KAIZEN)」を解説しています。

前者は、計画（Plan)、実施（Do)、確認（Check)、処置（Act）のプロセスを順に実施し、最後の「処置」で実施する改善施策を次の計画に結び付け、品質の維持や向上、そして業務改善活動を継続的に推進します。

後者は、日本発のTQM*の中核をなす考え方・方法論で、現状の不備を明確にし、その不備を論理的かつ体系的に修正する活動です。その目的は、品質、コスト、納期の向上を含む総合的な品質マネジメントの達成にあり、全員参加かつ継続的な活動という特徴をもっています。全員参加の場を提供するためのツールとして、QCサークル活動（小集団活動）があります。

２つのアプローチは、いずれも品質マネジメントシステムの有効性改善を狙っています。ITコンサルタントはそれぞれの長所を念頭におき、組織の特性もおさえたうえで、組み合わせて指導することになります。

前述した①～④の進め方によるソフトウェア品質マネジメントの支援の他に、手法を個別に指導するケースもあります。たとえば、要求分析の技法、設計の技法、実装の技法、レビューの技法、テストの技法、品質分析および評価の技法、運用および保守の技法などがあります。これに対しては、SQuBOK「3.ソフトウェア品質技術」の解説を活用できます。

さらに、AIやIoT等の最近特に注目されている分野についても、SQuBOK「5.1 AIにおける品質」、「5.2 IoTシステムにおける品質」を参照し、品質の概念、品質のマネジメント、品質技術について最新の情報をクライアントに提供し指導することができます。

3-11 サイバーセキュリティ経営ガイドライン

▶サイバーセキュリティの確保は経営上の重要課題

サイバーセキュリティの重要性

ITの利活用やデジタル化の推進は、事業の効率性の向上や高付加価値化をもたらし、企業の競争優位の要となっています。同時に、多種多様なサイバー攻撃が頻発しており、目に見えない脅威にさらされた企業のリスクに対峙するサイバーセキュリティの確保も、企業経営上の重要課題として浮き彫りになっています。PwC Japanグループが隔年で発表している「経済犯罪実態調査」によれば、国内企業で発生するサイバー関連犯罪による被害は、2018年の時点では資産横領や財務報告、購買、その他の事業活動における不正と比べて小さなものでしたが、２年後の2020年の調査では、犯罪被害原因の第一位として認識されるにいたっています。

サイバーセキュリティとは、「サイバーセキュリティ基本法」の定義によれば、電子的方式、磁気的方式で記録され、送受信される情報に関する漏えい、滅失又は毀損(きそん)の防止と情報の安全管理、情報システムや情報通信ネットワークの安全性、信頼性の確保のために必要な措置が講じられ、適切に維持管理されていることであるとされています。企業内の各部門や担当者が、個々に対策を講じるだけで防御できるものではなく、経営上のガバナンスの課題として、経営層を中心に、情報セキュリティマネジメントが全組織を巻き込み、社内外の利害関係者と連携して、具体的な取り組みを継続することが重要です。

サイバー犯罪や事故のトレンドを把握する

サイバーセキュリティを担保するためには、まずはセキュリティを脅かす事象のトレンドを把握して、それらの特徴を分析し、事前に対策を打っておくことが重要です。企業の業態や規模、デジタル化の推進状況によって、直面する脅威の種類や課題解決の優先順位に多少の違いはあるものの、犯罪や事故発生には一定のパターンやトレンドが存在します。IPA

（独立行政法人 情報処理推進機構）が毎年発行している「情報セキュリティ10大脅威」は、前年度に発生し社会的に影響の大きかった事案のなかから、情報セキュリティ分野の研究者と企業の実務担当者で構成される「10大脅威選考会」での審議・投票により決定されているもので、セキュリティ対策検討の出発点として意義のある情報源といえるでしょう。

◎主なサイバー犯罪・事故◎

サイバー犯罪・事故	犯罪/事故	具体的な攻撃手法/事故発生事由
標的型攻撃による機密情報の窃取	犯罪	企業や組織に対して機密情報を窃取を目的として、マルウェア添付や偽サイト誘導メールを用いて標的型攻撃を行なう
内部不正による情報漏えい	犯罪	従業員や元従業員が機密情報の持ち出し、悪用等の内部不正を行なう
ビジネスメール詐欺による金銭被害	犯罪	会社の関係者や取引先になりすまし、偽メールで攻撃者の指定する口座に入金させる詐欺を行なう（⇒ メールに「至急」「極秘」などと書き、焦りや不安を煽ることが特徴）
サプライチェーンの弱点を悪用した攻撃	犯罪	サプライチェーンを構成する企業の中で、セキュリティ対策が手薄な業務委託先の企業などを足掛かりにサイバー攻撃を仕掛け、ターゲットとする企業から機密情報を窃取する
ランサムウェアによる被害	犯罪	ランサムウェアにより、サーバーやパソコン、スマートフォン内のファイルの暗号化、もしくは画面ロックなどを行なって利用できない状態にし、復旧を引き換えに金銭（身代金）を要求する
予期せぬIT基盤の障害に伴う業務停止	事故	クラウドサービスやデータセンター、ネットワークなどに予期せぬ障害が発生して、長時間業務が停止する
不注意による情報漏えい	事故	従業員の操作ミスによるメールの誤送信、スマートフォン、タブレットなどモバイル端末の置き忘れなど、不注意によって情報漏えいが引き起こされる
インターネット上のサービスからの個人情報の窃取	犯罪	主にECサイトに対して不正アクセス、ログインを行ない、登録ユーザーの個人情報を窃取する（⇒ クレジットカードの不正使用等の二次被害に拡大する可能性が大きい）
IoT機器の不正利用	犯罪	脆弱なIoT機器を踏み台として、不正アクセスやDDoS攻撃を行なう
サービス妨害攻撃によるサービスの停止	犯罪	ターゲットとする企業のサーバーに大量の負荷をかけるDDoS攻撃によって、サービスが正常に稼働しない状態、もしくは停止状態に追い込む

※独立行政法人情報処理推進機構「情報セキュリティ10大脅威2020」をもとに作成

❖ 事業運営において守るべきものとそれに対する脅威を認識する

たとえば、自社でEコマース事業を展開している企業について考えてみます。守るべきものは、オンラインショッピングのしくみ、業務プロセスと受発注管理システムであり、顧客や取引先の情報と受発注取引データ、顧客からの信用、取引先との信頼関係であるといえます。

守るべきものが明確になれば、それらを取り巻く脅威は何か、どうすれば脅威の顕在化を阻止してサイバーセキュリティを確保できるかを検討します。事業運営に関わる各部門へのヒアリングを通じて脅威をリストアップし、具体的なセキュリティ対策とのマッピングを行ないます。

❖ 脅威への具体的な予防・早期検知・事後対応策を検討する

①予防的対策の検討

洗い出された脅威について候補となる対策の有効性や妥当性を検討し、過不足のない対策案を作成します。1つの大きな脅威に対して複数の対策を組み合わせる場合もありますし、1つの対策によって複数の脅威を防御できる場合もあります。

◎脅威の洗い出しと予防的対策の検討例◎

	脅威の具体的な内容	被害発生の可能性
脅威 a	Eコマースシステムからの顧客の個人情報の窃取	高
脅威 b	Eコマースへのサービス妨害攻撃によるサービスの停止	高
脅威 c	ランサムウェアによるシステム使用不能、脅迫被害	中
脅威 d	従業員の不注意による会員向けメールマガジンの誤送信	中
脅威 e	従業員の不正による顧客情報、取引情報の流出	低

予防的対策	脅威 a	脅威 b	脅威 c	脅威 d	脅威 e
・インターネット上のセキュアなサービス構築	レ				
・セキュリティ診断の実施	レ				
・WAF*、IDS/IPS*の導入	レ	レ			
・利用者に対するセキュリティ機能の提供	レ				
・DDoS 攻撃緩和サービスの利用		レ			
・システムの冗長化等の軽減策		レ			
・ネットワークの冗長化		レ			
・代替サーバーの用意と告知手段の整備		レ			
・受信メールやWebサイトの十分な確認			レ		
・サポート切れOS の利用停止、移行			レ		
・フィルタリングツールの活用			レ		
・共用サーバーへのアクセス権の最小化			レ		
・バックアップの取得			レ		
・従業員のセキュリティ意識教育				レ	
・組織規程および確認プロセスの確立				レ	
・重要資産の把握、管理体制の整備					レ
・人的管理およびコンプライアンス教育の徹底					レ

※独立行政法人情報処理推進機構「情報セキュリティ10大脅威2020」をもとに作成

②早期検知と事後対応策

脅威への対策には、予防的な対策以外に、リスクが顕在化した時点での早期検知、および適切な事後対応が不可欠であり、あらかじめ検討しておく必要があります。たとえば、脅威a「Eコマースシステムからの顧客の個人情報の窃取」への早期検知対策としては、適切なログの取得と継続的な監視が有効です。事後対応については、セキュリティ専門企業への調査依頼、影響調査および原因の追究、関係者および関係機関への連絡、情報漏えい内容と発生原因の公表などが必要です。脅威d「従業員の不注意による会員向けメールマガジンの誤送信」への早期検知対策としては、内部報告体制の整備や外部からの連絡窓口の設置が有効です。事後対応については、関係者および関係機関への連絡、情報漏えい内容と発生原因の公表、被害拡大要因の排除などが必要となります。

❖サイバーセキュリティコンサルティングの進め方

実際に運営されている企業の情報システムについて、サイバー攻撃を防御しリスクをヘッジするために、ITコンサルタントはどのような調査分析と提言を行なえばよいのでしょうか。IPAが2020年に発表した「サイバーセキュリティ経営ガイドライン Ver 2.0実践のためのプラクティス集 第2版」の内容をもとに、具体的な流れを解説します。

◎セキュリティコンサルティング対象の情報システムの構成例◎

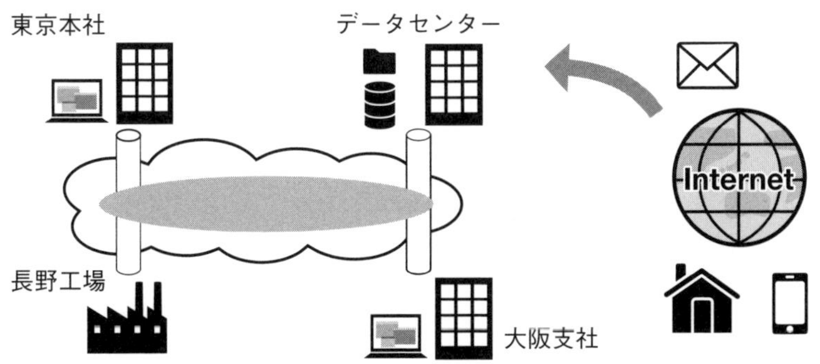

※独立行政法人情報処理推進機構「サイバーセキュリティ経営ガイドライン Ver 2.0実践のためのプラクティス集 第2版」をもとに作成

①セキュリティコンサルティング対象の情報システムの構成概要

対象企業の例として、東京本社、大阪支社、長野工場の３拠点をもつ製造メーカーを想定します。工場には生産管理を担う制御系システムが稼働しており、業務運営に必要な生産管理、SCM（☞74頁）、ERP（☞80頁）、CRM（☞60頁）の各システムやメールサーバ、ファイルサーバは、３拠点とは別に、委託契約したデータセンターに設置されています。本社、支社、工場、データセンター間は、VPNで相互接続され、インターネット利用はデータセンター経由で接続するよう設計されており、ファイアウォールとメールゲートウェイを設置して運用・監視されています。

なお、本社および支社の業務を中心にリモートワーク化が進んでおり、営業職はもとより、各業務の担当者、管理者が自宅からVPN接続でシステムを利用することも多くなっています。

②サイバーセキュリティレベルの調査

情報システムとネットワークの設定・運用状況、および利用者のリテラシーに着目して、サイバー攻撃からの防御体制が適切なレベルにあるかどうかについて、以下の分析材料を１つひとつ確認していきます。

・各情報機器、ネットワーク機器の所在と構成の最新情報の確認と一覧化
・OSとマルウェア対策ソフトの最新化適用状況の確認と一覧化
・OSとマルウェア対策ソフトが常に最新化されていることを確認できる運用体制が確立できているか
・ネットワーク構成と脆弱性の確認
・不正侵入が検知できる運用になっているか
・OSや業務システムの権限等のアクセス制御が適切に管理されているか
・不正アクセスが検知できる運用になっているか
・データのバックアップとリカバリーの設定が適切か
・データセンターのサイバーセキュリティ面での責任範囲や利用規約が明確で、かつ妥当な内容か
・各ユーザーが適切にユーザーIDとパスワードを管理しているか
・各ユーザーが標的型メール、水飲み場型攻撃やマルウェア感染の危険性に関する知識を有し、適切な初動対応方法について理解しているか

③サイバーセキュリティレベルの診断とリスクへの対応策の提言

サイバーセキュリティレベルについての調査結果を整理し、以下に示すような潜在的リスクと対応策についての提言を行ないます。

【A】**リスク**：OSとマルウェア対策ソフトの最新化ができていないPCやタブレット、スマートフォンが散見される。

⇒**対応策**：全端末の状態を常時確認して定義ファイル等が最新でない場合には更新できる運用にする。

【B】**リスク**：ネットワークの設定上、無関係な端末からでも特定のシステム情報を参照できる状態となっている。

⇒**対応策**：拠点ごとにIPアドレス体系を分離することで、必要な通信のみが通過できるようにネットワーク設計を改訂する。

【C】**リスク**：社内を踏み台とした不正アクセスへの防御が検討されていない。

⇒**対応策**：⑴サーバへの権限設定、アクセス制御内容を見直す。⑵不正アクセス発生時の調査に用いるため、詳細なアクセスログを取得するようにする。⑶最新のWAF*、IDS/IPS*の導入を検討する。

【D】**リスク**：バックアップデータが同一システム内に保存される設計となっており、サイバー攻撃時にはバックアップごと改ざん、消去されてしまうリスクがある。

⇒**対応策**：バックアップを定期的にコピーして別の場所に保管する。

【E】**リスク**：営業職のうち何人かは、標的型攻撃メールの特徴や受信時の注意点、初動対応について理解できていない。

⇒**対応策**：⑴セキュリティガイドラインを周知し、証拠保全など、初動対応を徹底させる。⑵ロールプレイによる訓練で定着化をはかる。

④経営への影響度を考慮したサイバーセキュリティリスクへの対応方法

一般に、リスクへの対応方法には、「回避」「低減」「移転」「保有」の4種類があります。

「回避」とは、リスクの発生原因を隔離、あるいは無効化して、発生確率をゼロにする方法です。たとえば、「個人情報を保護するため、サーバをネットワークにはつながない」という対策案が、これに該当します。確かにサイバー攻撃のリスクは回避できるかもしれませんが、現実的な方法とはいえません。

「低減」とは、現実的な対策を講じて、リスクが顕在化する可能性を下げることを意味します。上述の③で示した対応策は、すべてこの「低減」に該当します。細かくは、リスクを誘発する脆弱性そのものを取り除くものと、脅威への防御策を万全にしてリスクの発生を抑えるものがあります。

「移転」とは、自ら対策を講じるのではなく、リスクを他に転嫁するやり方です。セキュリティ対策そのものを外部のベンダーに委託する、サイバー保険に加入して、リスク発生時の第三者に対する損害賠償責任や、事故対応費用、自社の喪失利益を補償してもらうなどの方法です。

「保有」とは、積極的な対策を講じることなく、リスクを受け入れるやり方です。リスクの発生確率が極めて低く、顕在時のリスクも極めて小さい場合に適用される方法です。サイバーセキュリティリスクへの対応においては、有効な対策がまだ見つからない場合や対策費用に見合う効果が期待できない場合の選択肢であるといえます。

❖サイバーセキュリティサービスの活用

サイバーセキュリティの現状調査やセキュリティガバナンスの構築（☞99頁）、インシデント対応には、専門知識と十分な経験を要します。

IPAが公開している「情報セキュリティサービス基準適合サービスリスト」やJNSA（日本ネットワークセキュリティ協会）が公開している「サイバーインシデント緊急対応企業一覧」を参照し、有事の際に相談できるサイバーセキュリティの専門企業とあらかじめコンタクトしておくのも有効です。脆弱性診断、情報セキュリティ監査、セキュリティ監視・運用、およびデジタルフォレンジック*のサービスメニューから、直面するサイバーセキュリティ状況に応じたサービスを受けられます。

第4章

ITコンサルタントのスキル

▶ ITコンサルタントに必要なスキル

▶ 問題解決力

▶ 思考ツール活用力

▶ IT戦略立案力

▶ コミュニケーション力

▶ コーディネート力

▶ プロジェクトマネジメント力

▶ 業界知識

▶ 業務知識

4-1 ITコンサルタントに必要なスキル

▶IT以外に高度なヒューマンスキルが要求される

ITコンサルタントとSEの大きな違い

ITコンサルタントをSEの次のキャリアだと考えている読者は多いでしょう。仕事で重なる部分はもちろんありますが、ITコンサルタントはSEの延長線上にあるわけではなく、別の職種です。なぜなら、ITコンサルタントとSEとでは、顧客企業に対する立場や役割が異なるからです。

SEは、顧客のために情報システムの要件を定義し、設計し、構築します。どんな情報システムを構築するかについて提案はするものの、最終的には顧客の指示または承認した通りの情報システムを作るのがSEの役割です。顧客との関係にも、基本的には発注者と受注者の上下関係です。

一方、ITコンサルタントの仕事は、顧客が抱える経営課題に対してITを使った解決策を提案することです。顧客企業に問題解決の答えを提示し、IT投資の意思決定を支援する立場にあるため、基本的に顧客から指示や承認を受けることはなく、対等の関係です。

ITコンサルタントの提案が間違っていて後で問題が生じた場合、ITコンサルタントは顧客から責任を追及されます。この点が、顧客の承認さえ得れば提案内容に責任を負わなくてよいSEとの大きな違いです。

なお、SEは顧客を「ユーザー（使用者)」と呼びますが、ITコンサルタントは顧客を「クライアント（依頼者)」と呼びます。言葉が違うのは顧客との関係が異なるからです。

ITだけでなく経営やマネジメントのスキルが必要

ITコンサルタントは、仕事の目的や内容がSEとは異なるため、SEとは異なるスキルが求められます。SEのスキルは、ITが中心ですが、ITコンサルタントのスキルは、経営やマネジメントが中心になります。

ITコンサルタントは、むしろ、顧客の経営層と対等に会話ができないと話になりません。なぜなら、顧客に「～をすべき」と提案した内容を受け入れるかどうかは経営層が決めるからです。顧客の経営層が唸るレベルの提案ができなければ、コンサルフィーはもらえません。

したがって、ITコンサルタントには、顧客に経営レベルの提案ができるスキルが必要であり、ITスキルよりはコミュニケーションなど相手に理解させるヒューマンスキルのほうが重視されます。

フリーITコンサルタントは「ITに強い経営コンサルタント」

ITコンサルタントには、コンサルティングファームやシステムインテグレーターに所属する「企業系ITコンサルタント」と、会社に属さず起業している「フリーITコンサルタント」の２種類があります。

フリーITコンサルタントは企業系に比べて人数が少なく、業務内容も、ITコンサルタントよりはむしろ、「ITに強い経営コンサルタント」といったほうが実態に即しています。なぜなら、顧客の経営者との個人的な信頼関係に基づいてコンサルティングを行なうからです。

顧客が抱える課題は、ITだけでなく、経営戦略から、財務、マーケティング、営業、商品開発、人事労務、組織にまで及び、それらが互いに複雑に絡み合っています。最初はITコンサルティングの依頼であっても、次第に顧客の経営者からIT以外の相談も受けるようになり、それらに対応できなければビジネスチャンスを逃してしまいます。そのため、独立系ITコンサルタントは、ITだけでなく経営のコンサルティングもできる幅広いスキルが要求されます。

企業系とフリーのスキルの違い

フリーITコンサルタントとして成功するには、強い営業力と豊富な人脈が必要です。企業系ITコンサルタントは所属する会社の看板で仕事が入ってきますが、フリーITコンサルタントは自分の名前を看板にしなければなりません。業界に名前がどれだけ知られているか、自分に仕事を紹介してくれる人が何人いるか、アポなしで会える経営者が何人いるか、といったことがポイントになります。営業力と人脈に乏しいと、「フリー」といいながら、古巣の下請けをする羽目になりかねません。

企業系ITコンサルタントの場合、顧客はその企業に蓄積された某大な情報やノウハウを期待して依頼してきます。企業系ITコンサルタントは、多数のノウハウやツールを活用して効率的に業務を遂行し、チームを編成して仕事に当たるため、企業のグローバル展開や大規模な案件にも対応しやすくなっています。したがって、企業系ITコンサルタントは、上司や先輩からスキルを盗めるため、成長過程にあるITコンサルタントにはよい機会になります。

一方、フリーITコンサルタントの場合、それが期待できません。あくまでも自分の知識とスキルを武器にするしかなく、上司や先輩からのアドバイスやフォローがありません。よって、自分の力だけで業界で生き残っていけるだけの高度なスキルが要求されます。

たとえば、マーケティングなど、特定のテーマに強いスペシャリストであるだけでなく、コンサルティングメニューの開発、集客システムの構築、ツールの開発、プロジェクトマネジメント、顧客管理、事務所運営、スタッフの雇用と育成、といった幅広い業務を１人でこなせるゼネラリストとしての能力も必要です。自身が経営者でもあり、基本的にすべてが自己責任であるため、孤独に耐えて自分を律する強い精神力も必要となります。また、１人で顧客の経営課題を解決できるとは限らないため、自分の弱点を補完してくれるパートナーが必要になります。

◎企業系とフリーで求められるスキルの違い◎

	企業系	フリー
業務スキル	ITコンサルティングやシステムインテグレーションなどに特化しやすい	IT以外の経営コンサルティングに関するスキルも必要となることが多い
業務範囲	自分の担当範囲の業務がこなせればよい	経営者として1人で全業務がこなせなければならない
営業	会社の実績や信用力で仕事が安定している	自分で顧客を開拓しなければならない
ノウハウ	会社内に蓄積されており、効率的に仕事を進められる	自分で蓄積しなければならない
人脈	豊富になくても直接的には困らない	仕事を紹介してくれる人脈が必須
上司や先輩による支援	アドバイスやフォローがあり、ノウハウを学びやすい	外部の人脈からメンターを確保する必要がある
精神力	業務に耐えられるだけの精神力が必要	業務だけでなく、孤独に耐えられる精神力も必要

4-2 問題解決力

▶ITコンサルタントにとってもっとも重要な中核スキル

問題解決力とは何か？

人は生きていれば必ず何らかの問題に直面します。生まれてから死ぬまでの数十年間、何の問題もなく生きていける人など存在しません。企業も人と同じ“生き物”です。企業を取り巻く外部環境は常に変化し、社内も人の集まりである以上、常に何らかの問題を抱えています。そして、企業が大きな目標を掲げ、成長意欲が強ければ強いほど、解決しなければならない問題も増えてきます。

問題解決力とは、企業が抱える問題を発見、整理、分析し、解決策を提示する力をいい、ITコンサルタントにとって最も重要なスキルです。また、ITコンサルタントのスキルのなかでも特に個人差が出やすい部分でもあります。問題解決力を身につけられるかどうかで、一人前のITコンサルタントになれるか、名ばかりのITコンサルタントで終わるかが決まってきます。

この問題解決力は、①問題発見力、②論理的思考力、③要因分析力から構成されます。

◎問題解決力の3要素◎

①問題発見力	②論理的思考力	③要因分析力
問題を発見する力	物事を因果関係に基づいて考える力	問題の真の要因を突き止める力

ITコンサルタントは、顧客の問題解決を支援するために存在する

今日では、ビジネスを取り巻く環境が複雑化するにつれ、企業が抱える問題も互いに入り組んで複雑になり、解決の糸口がまったく見えないケースも珍しくありません。そのような状況において、自社が抱える問題の解

決策を明確に提示できる人材は社内には圧倒的に不足しており、そのスキルが外部のコンサルタントに求められています。まさに、顧客はコンサルタントの卓越した問題解決力に対してフィーを支払う、といっても過言ではありません。

企業が抱える問題は、企業によって千差万別で教科書通りにはいきません。A社で成功した方法論を、そのままB社に当てはめようとしても、A社とB社とでは置かれている環境や組織文化などが異なることが多いため、うまくいかないのです。あくまで、顧客企業が抱える問題の解決策は、企業ごとに見出していかねばなりません。したがって、ITコンサルタントには、問題解決のシナリオをゼロから組み立てられるだけの高度なスキルが求められます。

ITコンサルタントは、ITを活用して企業の問題解決を支援するために存在します。多くの場合、ITコンサルタントが作成した成果物に基づいて、顧客企業における情報システムの導入が計画され、実際に情報システムが開発されていきます。よって、顧客企業が抱える問題やその解決方法を間違ってしまうと、間違った情報システムができてしまいます。ITコンサルタントは、IT導入の目的に深く関与するため、上流工程の成果物に基づいて情報システムを設計、製造すればよいSEとは、責任の重さがまったく異なります。

❖顧客が気づいていない経営課題を発見する「問題発見力」

問題発見力とは、文字通り、問題を発見する能力です。起きている問題を解決するには、まず、起きている問題を把握しなければなりません。

たとえば、ある企業で製品在庫が大幅に増えているとします。在庫が増えるとキャッシュフローが減りますので、資金繰りが厳しくなります。この時、もし、経営者が資金繰りの厳しさという「現象」を認識するだけで、在庫の増加という「問題」を把握していなかったらどうなるでしょうか。この経営者は、営業部長に「もっと粗利益を稼げ」と檄(げき)を飛ばすだけかもしれません。

もちろん、これでは何の解決にもなりません。在庫の増加という問題を発見しない限り、原因究明がなされず、解決もされません。しかし、前述の経営者のように、社内で起きている問題を正しく認識できていないケースは少なくありません。社内で誰も気づいていない場合もあれば、現場が問題に気づいていても経営者に報告していない場合もあります。

ITコンサルタントは、顧客企業における問題を解決するため、まず、起きている問題を発見しなければなりません。もし、問題を間違って認識してしまうと、それ以降の取り組みがすべて狂ってくるからです。

隠れた問題を発見するには、正常か異常かを判断するための「ものさし」が必要です。たとえば、製品在庫が倉庫に月商の1.2か月分あっても、それが多いのか少ないのかは企業によって異なります。問題かどうかを評価するための判断基準の例としては、経営計画や同業他社の成功事例などがあります。そういったものをもとに、社内外のヒアリングや資料分析などを通して、顧客企業が抱える問題を発見し整理していくのがITコンサルタントの最初の仕事になります。

◎問題を発見する方法◎

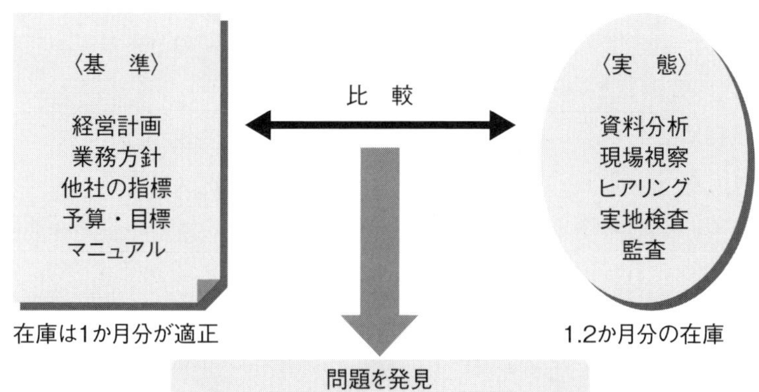

❖ 思い込みを排除し事実に基づいて考える「論理的思考力」

論理的思考力とは、物事を因果関係に基づいて考える力をいいます。世の中のすべては因果関係で成り立っています。すべての結果には必ず原因があり、原因なしに起きる結果はありません。

問題を解決するには、思い込みを排除し事実のみに基づいて因果関係をゼロから組み立てる必要があります。顧客企業で在庫が増えている場合、少し話を聞いただけで「それは作り過ぎているからだ」と安易に決めつけるべきではありません。じつは「生産量は適切だが返品が多いから在庫が増えた」かもしれないからです。

思い込みを排除するには、「仮説」と「結論」を意識的に区別することが大切です。私たちは、他人から話を聞くと、どうしても自分の経験をもとに物事を考えてしまいます。しかし、本格的に事実関係を調べないうちは、それは予測や想像にすぎません。予測や想像に基づいた考えは、ただの仮説にすぎないのです。

事実に基づいていないのですから、これを結論とするのは解決策を間違える危険性があります。仮説は必ず実態を調査して検証しなければなりません。そして、事実が予測と違っていたら、自身の仮説を修正する必要があります。そうして、仮説と検証を繰り返すことによって、事実と因果関係が明確になり、正しい結論に近づいていけるのです。

また、論理的に考えるには、目的と手段を混同しないようにしなければなりません。たとえば、リピート購買を増やして売上増加につなげるために顧客管理を強化する場合、会議を重ねるなかで当初の目的を忘れてしまい、「顧客管理」という手段が一人歩きすることがあります。そうすると、管理項目が必要以上に増えて、営業担当者の事務負担の増加につながり、営業時間が確保できず、逆に売上が低下するかもしれません。

加えて、論理的思考には「数字」が欠かせません。「お客様の多くがデザインに不満をもっている」では、本当に多いかどうかがわかりません。これを「お客様1万人のうち、30人がデザインに不満をもっている」と数字を明確にすれば、じつは無視できる範囲だとわかります。このように数字に基づいて考えなければ、結論を間違える可能性があります。

❖ 問題の真の要因を突き止め解決の糸口を見出す「要因分析力」

「問題を解決する」ということは、すなわち、問題を起こしている要因を取り除くことです。もし、起きている問題の要因を間違って認識してしまうと解決の方向性も間違ってしまいます。逆に、要因分析が正確にできれば、解決策の立案はそれほど難しくありません。

要因分析の手法としては、MECEやロジックツリーなどがあります。

①MECE

Mutually Exclusive and Collectively Exhaustiveの頭文字をとったもので「ミッシー」と読みます。「互いに排他的な項目による完全な集合」という意味ですが、平たく言えば「モレなくダブリなく」ということです。要因分析をする際は、一定の切り口（分析軸）が必要ですが、それに抜けがあったり重複があったりしては、正しく要因分析することができません。

ITコンサルタントは、MECEな分析軸を活用し、顧客企業で起きている問題を分析することが求められます。MECEな分析軸の例としては、バリューチェーン（☞185頁）などがあります。

②ロジックツリー

課題の要因や解決策を、MECEな切り口で展開しながら整理していく手法です。要因を掘り下げるごとに項目が枝分かれしていくことから「ロジックツリー」と命名されています。ある問題の要因を突き止めたと思っても、それで安心せず、「それはなぜか？」とさらに掘り下げていくことによって、表面的でなく根本的な要因に迫っていけます。

◎ロジックツリーの例◎

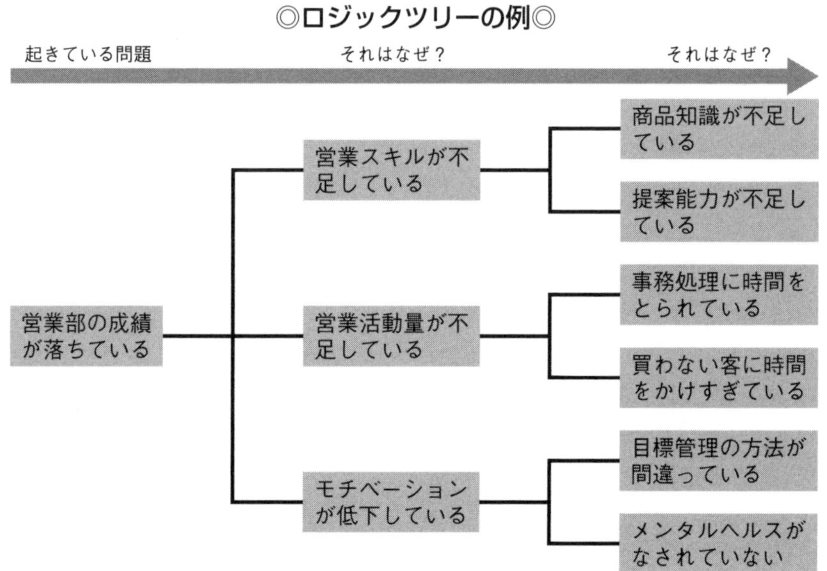

❖ 問題解決力を習得するには考える力を磨くこと

問題解決力の習得には、MECEなどの思考ツールの習得も必要ですが、考える力自体を磨くほうがより大切です。ITコンサルタントに限らず、コンサルタントといわれる人のなかには、ツールを振り回すことに終始し、顧客の問題解決に何ら貢献できていない人が少なくありません。思考ツールはあくまで道具であり、それを使うコンサルタントの力量によって成果は大きく左右されます。

考える力を強化するのは一朝一夕にはいきませんが、日常のなかで物事を表面的でなく本質的に見る訓練を続けることが大切です。たとえば、世の中の常識を「本当だろうか？」と疑い、自分で検証してみることは思考力の鍛錬になります。また、物事の制約条件に捉われず、「もし……としたら」「自分がこの人の立場だったら」と自由な視点で考える癖をつけるのも思考力の強化につながります。

また、日常業務のなかでは、数字を使って考えたり、図を書いて考えたりするのも有効です。それまでもっともらしく聞こえていたことにも、じつは思い込みや矛盾点などが含まれていたことに気づくようになります。

なお、問題解決とは、本質的には情報を整理することです。ITコンサルタントは頭のなかが常に整理されていなければなりませんが、そのためには、目の前の机や書類を日常的に整理しておく習慣を身につけることが第一歩になります。

4-3 ▶思考ツール活用力

▶ITコンサルタントは思考ツールを使いこなせて一人前

思考ツールが論理的な思考を強化する

ITコンサルタントの仕事は、ITを活用して顧客の経営課題を解決することです。顧客が自分で見つけられない解決策をITコンサルタントが代わりに見つけるわけですから、高度な思考力が必要です。ただし、よく誤解されますが、思考力は先天的なものではなく、努力して身につけるものです。つまり、思考力を決めるのは生まれもった才覚ではなく、思考の技術なのです。

「思考が技術である」ということは、道具を使えば思考力を高められるということです。実際に、卓越した思考力を発揮する人は例外なく、思考ツールを使いこなしています。思考ツールは、情報を整理し思考をMECEかつ体系的にする道具です。ITコンサルタントは思考ツールを使いこなすゆえに、顧客により高いレベルの提案ができるようになるのです。

ただし、思考ツールの概要を一通り知っているだけでは不十分です。ツールの本質を理解し使いこなさなければなりません。料理人の包丁と同じように、ツールはあくまでもツールであり、問題は使う人です。他社事例を単純に思考ツールに当てはめるのではなく、十分な調査を行ない、自分の頭を使ってゼロベースで考えることが大切です。

ITコンサルタントの思考ツールはいくつもありますが、ここでは代表的なものを紹介します。

思考のスピードと質を高める「仮説思考」

仮説思考とは、限られた情報から仮の答えを「仮説」として立て、それを検証・修正しながら「結論」を出していく思考法であり、多くのITコンサルタントが身につけています。

多くの場合、ITコンサルタントは限られた時間のなかで成果物を作成しなければなりません。一方で、企業が保有している情報は、日々の取引内容や細かい業務の流れまで含めると量が膨大です。それらをすべて精査しようとすれば、時間がいくらあっても足りません。

したがって、「こういう問題を抱えているのではないか」「この問題の主要因はこれではないか」とあたりをつけ、ポイントを絞って調査や分析を重点的に行なう必要があります。それが仮説思考です。

仮説思考の流れを説明します。まず、①最初に得た基本情報をもとに仮説を立てます。次に、②仮説を検証するために必要な調査や分析を洗い出します。そして、③調査や分析を行ない、④仮説が正しかったかどうか検証します。仮説が正しければ、⑤仮説が結論となります。仮説が間違っていれば、⑥仮説を修正のうえで追加の調査・分析を行ない再検証します。こうして結論を出していきます。

たとえば、売上高が伸びているのに営業利益が低迷している企業があったとします。財務諸表を見ると粗利益率が毎年下がっています。また、経営計画を見ると、売上高の増加を最重視しています。このことから、「営業目標が売上高偏重で利益を軽視しているのではないか」という仮説が生まれます。そのうえで、商品の値引き率や営業部門の目標管理や評価基準を重点的に調査し仮説を検証していく、といった具合です。

仮説思考を使えば時間が短縮されるだけではありません。重要なポイントを深く掘り下げていくことにより、コンサルティングの質も高まります。

◎仮説思考の流れ◎

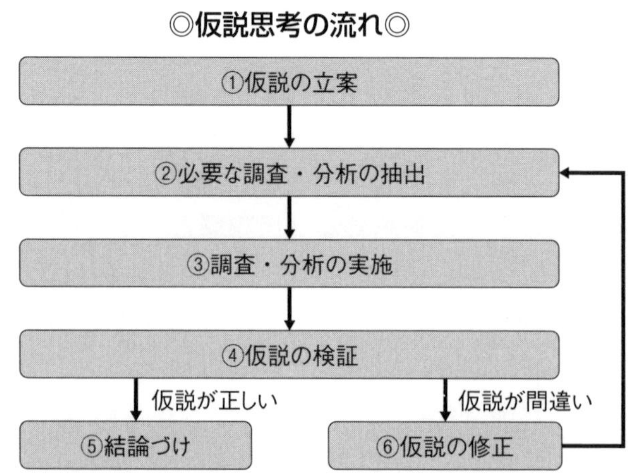

❖ 企業の内外環境を整理する「SWOT」

SWOTとは、自社を取り巻く外部環境と内部状況を整理するためのツールで、経営戦略の立案で活用します。SWOTの由来は、社内の強み（Strength）と弱み（Weakness）、社外の機会（Opportunity）と脅威（Threat）の頭文字であり、「スウォット」と読みます。

外部環境の切り口には、マクロ環境として政治、経済、社会環境、技術革新の動向、ミクロ環境として顧客ニーズや競合他社の動向があります。このなかから、企業に与える影響が大きいものを、機会または脅威としてあげていきます。

内部状況の切り口には、人材、組織体制、信用力、顧客提案力、商品力、営業力、知名度、立地、販路、技術力、安定供給力、資金力、ネットワークなどがあります。このなかから、ビジョンを実現するうえで重要な要素を、強みまたは弱みとしてあげていきます。

機会と脅威、強みと弱みを洗い出したあとは、次の視点で経営の方向性を打ち出します。そのうえで、ITをどう活用すべきかを検討します。

- 機会を掴むには、強みをどう生かせばよいか？
- 脅威を回避するには、強みをどう生かせばよいか？
- 機会や脅威に対応するために、弱みをどう克服すればよいか？

◎SWOTを活用した戦略立案の例◎

食品卸売業A社の場合

外部	機会（Opportunity）	脅威（Threat）
	• 安全安心の価値を認める風潮 • 消費地としてのアジアの台頭 • 加工食品に対する需要増加	• 卸業者の中抜き • 一般商品の価格競争激化 • 人口の減少
内部	強み（Strength）	弱み（Weakness）
	• 仕入業者とのネットワーク • 値付けのノウハウ • 加工設備の充実	• 商品欠品の多さ • ロット管理への未対応 • トレーサビリティへの対応不足

経営の方向性	仕入業者とも連携し、安全な食材にこだわったオリジナルの加工食品を自社開発し販売する。そのためにはトレーサビリティへの対応が必要

IT活用	仕入業者も含めたトレーサビリティのしくみを構築する

❖顧客の購買プロセスを分析する「AISAS」

AISAS(アイサス)とは、顧客の購買プロセスを表したもので、注意（Attention）、興味（Interest）、検索（Search）、購買（Action）、情報共有（Share）の5つの段階の頭文字をとったものです。購買プロセスをこの5段階に分けて、それぞれの打ち手を適切に組み合わせることにより、顧客を購入まで無理なく誘導することができます。

従来は、注意（Attention）、興味（Interest）、欲求（Desire）、記憶（Memory）、購買（Action）の頭文字をとった「AIDMA(アイドマ)」がよく使用されていました。しかし、インターネットの浸透により、顧客が「スマホで検索して情報収集する」「商品の評価をSNSなどに書き込む」といった行動をとるようになったため、現在ではAISASがよく使われるようになっています。

たとえば、ウェブサイトで自社商品を販売する際、このAISASの視点で考えれば、テレビ広告で顧客の注意を引き、関心をもった人をウェブサイトに誘導する方法があります。テレビ広告では商品の詳細な説明はできませんが、幅広く顧客の注意を引くことができます。また、ウェブサイトは詳細な説明は可能ですが、訪問者は関心がある人に限定されるため、まだ関心をもっていない人へのアプローチには適しません。テレビ広告とウェブサイトの組合せは、双方の利点を兼ね備えた効果的な広告手法といえます。

◎AISAS◎

段階	顧客の行動	打ち手の例
①注意（Attention）	注意を引きつけられる	広告のキャッチフレーズなどで注意を引く
②興味（Interest）	商品への関心をもつ	メリットやイメージを簡潔に訴える
③検索（Search）	商品の詳細や他ユーザーの評価をウェブで情報収集する	自社ウェブサイトに誘導する
④購買（Action）	商品をほしいと思い、購入する	顧客の背中を押す（クロージング）
⑤情報共有（Share）	使用後の評価や意見をウェブサイトで情報発信する	よい感想を書き込んでもらう仕掛けをする

企業の競争力を分析する「バリューチェーン」

バリューチェーンとは、企業が顧客価値を生み出すプロセスをモデルで表したフレームワークで、ハーバード・ビジネススクールのマイケル・E・ポーターが、著書で論じたものです。購買物流、製造・オペレーション、出荷物流、マーケティング・販売、サービスの「主活動」と、全般管理（インフラ）、人的資源管理、技術開発、調達活動の「支援活動」から構成されています。

バリューチェーンを使ってビジネスプロセスの流れを整理していくことで、競争力の源泉やボトルネックが明確になり、ITで強化すべき箇所が見えてきます。たとえば、ある卸売業で売上高が低迷した場合、バリューチェーンを使うと、「販売力やサービスに問題はないが、在庫管理（オペレーション）が甘く欠品が多いのが原因」といった分析がしやすくなります。また、SWOTで強みや弱みをあげる際の切り口としても使用できます。

◎バリューチェーン◎

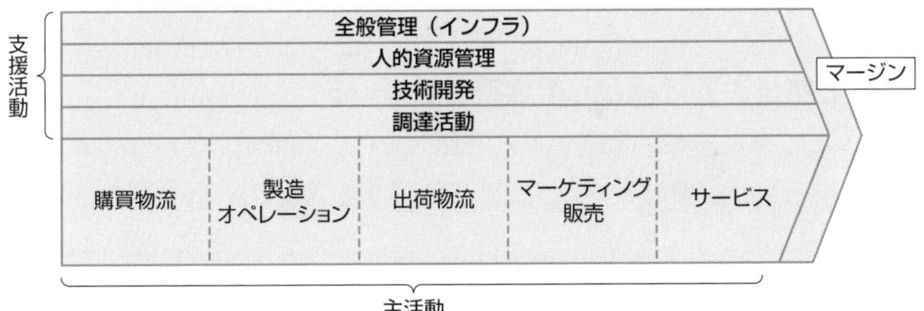

※マイケル・E・ポーター著、土岐坤他訳『競争優位の戦略』（ダイヤモンド社）をもとに作成

4-4 ▸IT戦略立案力

▶経営戦略に基づいてIT活用の方向性を組み立てる能力

❖ITコンサルタントはIT戦略の専門家

IT戦略とは、経営ビジョンの実現を目的とした情報システム活用の基本的な方針・方策を指します。IT戦略の立案は、ITコンサルタントのもっとも重要な仕事の1つです。

情報システムの導入は、企業にとって大きな投資であり、経営レベルでは、情報システムが経営ビジョンの実現にどれだけ寄与するか、すなわち「投資対効果」が問題になります。そのため、情報システム導入についても戦略が必要になり、戦略なき情報システム導入は経費の無駄につながります。しかし、自社でしっかりとしたIT戦略を立案できる企業はそれほど多くありません。そのため、IT戦略の立案支援がITコンサルタントには求められています。

❖ITと経営の架け橋として期待されている

現在、経済産業省が企業の生産性向上と競争力強化の一環として、IT化投資の支援を打ち出しています。

行政がIT化を推進するのは、ITを経営に十分活用できていない企業が多いからです。特に中小企業では、IT活用の遅れが競争力強化の足枷(あしかせ)になっています。

ITが経営に活かされていない最大の原因は、経営者のITに対する理解不足です。経営者のなかには、ITを省力化の手段としか認識していない人も多く、ITで競争力を高めようとしている人はまだ少ないのが現状です。また、IT化の必要性を理解しても、具体的にどうITを活用すればよいかがわからない経営者もたくさんいます。

情報システムの要件定義はSEでも支援できますが、情報システムの投資計画の策定や予算化は、財務やマーケティングなどの経営知識をもったITコンサルタントしか支援できません。ITコンサルタントは、経営とIT

の両方に精通した専門家として、顧客のIT化の推進役を担うことが期待されています。

◎ITコンサルタントの役割◎

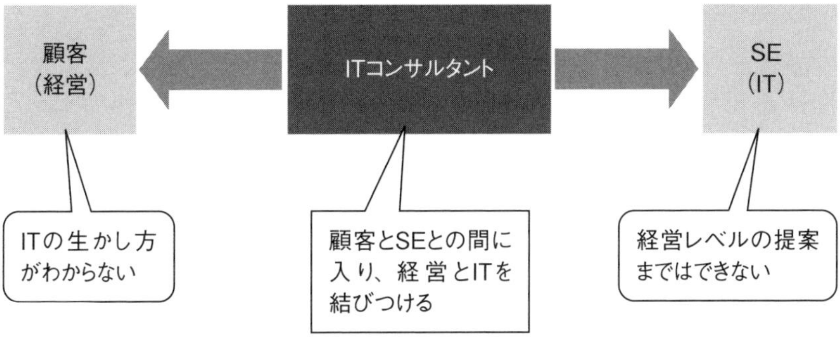

❖ 情報システムが動くだけでは評価されない

ここで、SEとITコンサルタントとの違いをもう一度確認しておきます。SEは顧客の要望通りに情報システムを作ります。何らかの提案をすることがあっても最終的には顧客の承認を得ます。また、情報システムを作らない、という選択肢はSEにはありません。

しかし、ITコンサルタントは違います。SEは、顧客の要望通りに情報システムが動けば仕事をしたことになりますが、ITコンサルタントは、それが経営目標達成に貢献しなければ何ら評価されません。「情報システムに対する顧客の要求」自体を作るのが、ITコンサルタントの仕事です。情報システム導入による業務効率化や収益向上などの効果を定量化したうえで、必要なシステム要件や費用、体制などを提案し、顧客の承認を得て前へ進めます。また、投資額に見合った効果が見込めないという理由から、「情報システム導入は見送る」という結論を出すこともあります。

流れとしては、ITコンサルタントと顧客が協働し情報システム活用の方向性をIT戦略として示します。それがもととなって予算が組まれ、SEによって情報システムが作られます。言葉を換えれば、SEが携わるのは情報システム導入の「手段」ですが、ITコンサルタントが携わるのは情報システム導入の「目的」です。

◎SEとITコンサルタントの違い◎

	SE	ITコンサルタント
顧客の評価基準	要求通りの情報システムが開発されること	情報システムが経営目標達成に貢献すること
顧客の要望	提案することも多いが基本的に従う	要望自体を作り出す
情報システム	必ず作成	作るべきでないと結論づけるケースもある
重要な視点	どのようにして情報システムを作るか（手段）	何のために情報システムを作るか（目的）

❖経営戦略とIT戦略の不整合が無駄な情報システムを生む

企業は、財務、販売、生産、調達、開発、人事、情報システムなどの各機能が統合されて成立しており、経営戦略には各機能に関する基本方針が含まれます。そして、経営戦略を機能ごとにブレイクダウンしたものが機能別戦略です。

IT戦略は、機能別戦略の１つであり、経営戦略のうち情報システムの部分をブレイクダウンしたものです。よって、IT戦略は経営戦略の一部であり、経営戦略とIT戦略が独立して存在するわけではありません。

しかし、実際には、大企業では戦略立案の役割分担がなされており、経営戦略はCEOが、IT戦略はCIOや情報システム部長が策定するのが一般的です。立案者が違うと、立場や考え方、立案時期の違いなどによって、

◎経営戦略とIT戦略の不整合◎

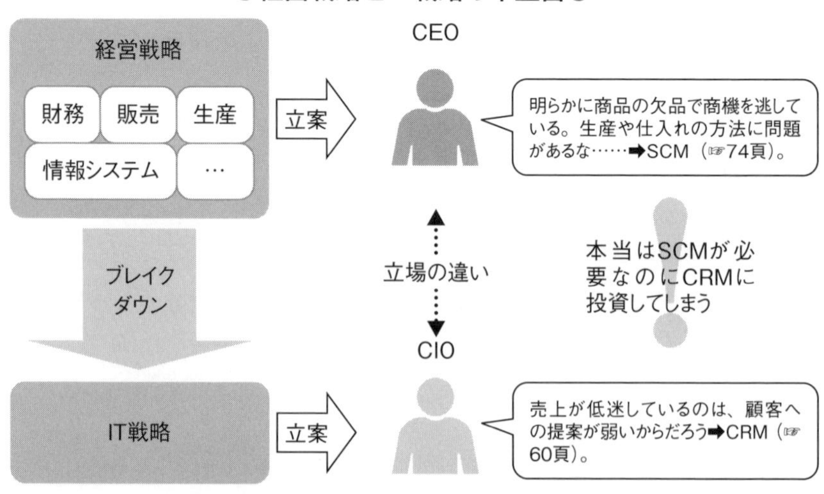

経営戦略とIT戦略の不整合が生じることがよくあります。また、戦略の立て方に対する理解不足から、経営戦略をまったく無視してIT戦略が立案されるケースさえあります。

IT戦略が経営戦略との整合がとれていないと、情報システムを導入しても、経営ビジョンの実現には結びつきません。IT投資に二の足を踏む企業が多いのは、こうした「苦い経験」も１つの要因になっています。

❖ IT戦略の立案力を身につけるには

ITコンサルタントは、経営戦略を踏まえたIT戦略を立案するために、顧客の経営目標や経営課題、ビジネスモデル、競争優位性、組織文化などを理解する必要があります。

また、ITによって経営がどう強化されるのかを熟知している必要があります。経営とITの知識は別々にもっておくだけでは不十分です。なぜなら、重要なのは「経営とITとの関係」だからです。たとえば、「なぜSFA*が営業成績の向上につながるのか」や、「AI（☞53頁）を導入するとビジネスモデルが具体的にどう変わるのか」といったことは最低限理解しておかないと、具体性のあるIT戦略は立案できません。

また、顧客の経営戦略を理解するには、資格の取得や実務経験の積み重ねも重要ですが、普段から色々な経営者と話をする機会をもつことも必要です。本やインターネットで得られる情報は、要約された情報であって生の情報ではありません。経営は理想通りにいかない場合が多く、経営者の生の声（本音）を何度も聞いていくことにより、理想論ではなく現実的なIT戦略を組み立てる力が養われるのです。

4-5 ▸コミュニケーション力

▶顧客や関係者を好ましい方向に誘導するスキル

ITコンサルタントに求められるコミュニケーション力

ITコンサルタントは、顧客に問題解決策を提案するだけでなく、解決に向けて関係者を誘導する立場にあります。そのためには、積極的に周囲との意思疎通を図っていかねばなりません。

関係者の立場や言い分を交通整理し、全体を一定の方向に導くには、高度なコミュニケーション力が必要です。コミュニケーション力は、性格などの先天的要素によっても左右されますが、それ以上に影響するのが、コミュニケーション技術の有無です。つまり、コミュニケーション力は、コツを知り、繰り返し訓練すれば誰でも高めることができます。

共感を得て情報を引き出す「傾聴力」

傾聴とは、相手の発言に積極的に耳を傾け、共感と重要情報を引き出すことです。ITコンサルタントの仕事は顧客へのヒアリングから始まりますが、その際に表面的な情報しか得られなければ、表面的なコンサルティングしかできません。初期の段階で顧客から重要情報を引き出せるかどうかがコンサルティングの質を大きく左右します。

ITコンサルタントがおさえるべき情報には、経営課題、事業のCSF*、過去の失敗事例、キーパーソン、社内の力関係などがありますが、こういった重要情報は、初対面の相手に出したがらないものです。

顧客が重要情報を出したがらないのは、まだ信頼関係ができていないからです。そこで、まず信頼関係を築くことから始めるわけですが、それには相手を理解するのが先決です。「このITコンサルタントは私の立場や考え方を理解してくれている」という共感を得ることが、信頼を得る第一歩になります。

そこで必要になるのが傾聴力です。まず、相手の発言を、ゆっくりと相槌を打ちながら聞き、しっかりと聞いていることを訴えかけます。そして、相手の話を整理し、時おり「つまり～ということですね」と確認します。これを繰り返すことによって、相手は「この人は私の話を理解してくれている。いい人だ」と心を開いてくれるのです。

また、「何が重要な情報か」を顧客が認識していない場合もあります。そこで、ITコンサルタントは顧客自身が重要情報を話してくれるよう、適切な質問を投げかけなければなりません。質問事項を事前に準備しておき、面談中に相手の発言内容に疑問を感じたら、突っ込んだ質問を投げかけていくことが大切です。

相手の真意を見抜く「理解力」

ITコンサルタントは、事実に基づいて正しく思考しなければなりませんが、そのためには、ヒアリングにおいて相手の発言を正しく理解することが重要です。

しかし、これが簡単ではありません。なぜなら、相手が発した言葉が、相手の真意と同じとは限らないからです。

まず、経営者のなかには面子(めんつ)や体裁を気にする人が少なくありません。こういったタイプは自分が気を許した相手にしか本音を話さず、初対面の人には建前しかいいません。特に、自分にとって都合の悪い事実はいいたくないものです。

また、本音を話してくれる相手でも、ITコンサルタントの質問の意図を正しく理解せず、聞かれたことに表面的な返答をする人もいます。自身の考えがまとまっていないために発言内容に矛盾があったり、話が脱線したりする人もいます。そもそも、自分の考えを正しく伝えることができない人も少なくありません。顧客企業でしか通用しない独特の言葉づかいをするために、発言の意味がまったく違っていることもあります。

ITコンサルタントは、顧客がコミュニケーションのプロではないという前提に立ち、相手の言葉から真意を理解していく努力をしなければなりません。

相手の真意を理解するには、相手の立場に立って物事を考えることが大切です。社内におけるポジションや周囲との力関係、課せられているノルマ、これまでのキャリアや引退までの残り年数などは、当事者の考え方に大きく影響します。こういったことを予備知識としてもっておき、「自分がこの人の立場だったら…」と仮説を立てながら面談に臨むと、相手の考えを理解しやすくなります。

◎真意と言葉の違い◎

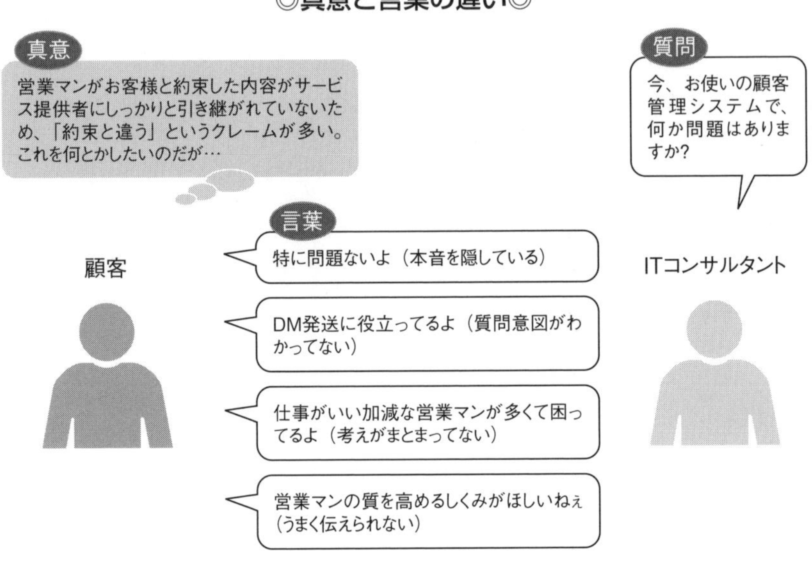

問題解決を容易にする「ファシリテーション力」

ファシリテーションとは、会議などにおいて関係者の相互理解と合意形成を促進することです。会議やディスカッションでは、声が大きな人や立場が上の人の意見が通りやすく、参加者が本音をいいにくいため、表面的な協議に終始しがちです。そのため、せっかく会議をしても結論が出ない、決定と意見が混在して結局実行されない、といった問題が起こりがちです。こういった場合、中立的な立場で議論を望ましい方向に誘導する進行役がいると、物事が前に進みやすくなります。

ITコンサルタントは、顧客側の部門責任者を集めてミーティングを行なうことがよくあります。その際、「欠品をなくしたい営業部長と在庫を減らしたい製造部長」など、参加者間で意見が対立することがよくあります。こういったケースでは、進行役であるITコンサルタントの力量によって、話がまとまるかまとまらないかが分かれてきます。

ITコンサルタントは、まず、すべての参加者の共通点を見出すことにより、参加者間の意見対立を解消し、視点を問題に向けさせなければなりません。次に、適切な質問をいくつか投げかけることによって議論を活性化させます。そして、出された意見を整理して最終的に結論を出します。

◎参加者同士の対立と問題との対立◎

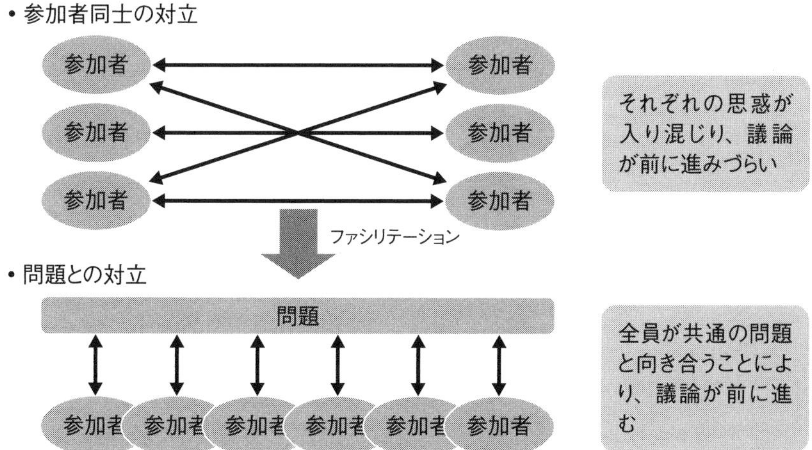

ファシリテーションの基本は、顧客満足や経営ビジョンなど、すべての参加者が納得する「共通目的」を見つけることです。そうすれば、参加者の視点を同じ問題に向けやすくなります。

進め方としては、否定的な意見に対しては、「もし〜ならどうでしょうか？」といった仮定の質問を投げかけて意識を前向きにします。また、声の大きな人に対しては、「なぜ、そう思いますか？」と根拠を問うようにします。そして、口頭だけでなく、ホワイトボードなどに図を書きながら話し合うことによって、認識の共有や整理がしやすくなります。

時には、意見の堂々めぐりで結論が出ないこともあります。その場合は、足りない情報や最終的な決定方法を明確にし、次回には結論が出せるようにします。また、今後の流れを示し、次回のミーティングまでにやっておく宿題を出すこともあります。このようにして、問題解決に向け誘導していくのがファシリテーションです。

Win-Winの状態を作り出す「交渉力」

ITコンサルタントは、全体最適の視点で顧客に問題解決策を提示しますが、人員削減や業務プロセス変更など、現場に負担を強いる実施項目があると、一部の関係者と意見や利害が対立することがあります。その際、交渉を円滑に進めて相手に理解を求め要望を受け入れてもらうには、権威を笠に着たゴリ押しでも、相手の顔色を伺う卑屈な態度であってもいけません。交渉は、双方が得をするWin-Winの状態を目指すのが基本です。

双方の利害が真っ向から対立しているように見える状態でも、大抵の場合は、どこかに落とし所があるものです。それを見つけるには、まず、意見が対立している項目を一覧化し、それぞれの目的や重要度、その理由を整理します。多くの人は、自己の目的が果たせれば手段は妥協してもよいと考えていますから、それぞれが重視している目的をお互いが達成できるように手段を柔軟に考えていけば、落とし所は見つけやすくなります。

交渉力を身につけるには、第一に交渉相手の立場を理解する努力が欠かせません。また、「こちらはどこまで妥協できるか」や、「交渉が決裂すると相手はどれだけ困るか」といったことを事前に整理しておくことも大切です。そして何よりも感情的にならず、常に冷静でなければなりません。

相手に決断や行動を促す「表現力」

ITコンサルタントにとって、自身の提案内容を顧客が実行するかどうかは、自己の存在価値を左右する重要な要素です。どんなに苦労して成果物を作成しても、顧客がそれを受け入れて実践しなければ、それはただの「紙切れ」であり、何の価値もありません。そのため、ITコンサルタントには、提案内容を顧客に理解させて実行を促す「表現力」が求められます。

ITコンサルタントは、顧客に対してプレゼンテーションをする機会がたくさんあります。その目的は、提案内容を実行してもらうことであり、単なる発表会ではありません。「参考になりました」で終わってしまっては意味がないのです。あくまで、提案内容を意思決定権者に伝え、決断を促さなければなりません。

プレゼンテーションの基本的な流れは次の通りです。

◎プレゼンテーションの流れ◎

	項目	内容
1	サマリー	全体の要約
2	前提条件	提案の前提となる情報や調査方法など
3	提案の背景	経済環境や市場動向、業界の動向など
4	現状の課題と原因	現在起きている問題とその原因
5	解決策	解決の方向性と実施事項
6	期待される効果	解決策の実施によって期待される効果
7	スケジュール	実施スケジュール（着手〜投資回収まで）
8	体制	顧客とITコンサルタントを含めた実施体制
9	予算	解決策の実施に必要な予算
10	全体の結論	全体の結論と決断すべき内容

プレゼンテーションで大切なのは、伝える相手と伝える内容です。まず、顧客側の意思決定権者（多くの場合は経営者）を意識した構成でなければなりません。たとえば、提案内容に情報システムの投資が絡む場合は、その投資対効果を金額ベースで明記する必要があります。

また、相手に決断を促すわけですから、結論はぼかさずに断言します。読む人によって解釈が分かれないように、単語を定義し抽象的なカタカナ言葉は避け、具体的で論理的な文章を書くように心がける必要があります。なお、プレゼンテーションは一発勝負ではありません。意思決定に大きな影響を与えるキーパーソンには事前に根回しをしておき、本番で確実に意思決定者に「Yes」を明言させるのも、ITコンサルタントの実力のうちです。

4-6 ‣コーディネート力

▶ コンサルを推進するには利害関係者との調整が不可欠

❖ コンサルティングは途中で終わるケースがある

ITコンサルタントは、ただ黙々と成果物を作成すればよいのではありません。周囲の利害関係者とさまざまなことを調整しながらプロジェクトを推進していかないと、ITコンサルティングが失敗に終わる可能性があります。起きやすい失敗には、たとえば次のようなものがあります。

・経営層が途中で関心をなくしITコンサルティングが自然消滅
・業務部門の協力を得られずITコンサルティングが進まない
・ITコンサルティングの成果物はできたが開発段階に移行しない

このような失敗に陥らないためには、ITコンサルタントは利害関係者に対するコーディネート力を発揮しなければなりません。

❖ 顧客企業における立ち位置を確保する

契約を結んだ時点では、ITコンサルタントは顧客企業にとって“部外者”であり、指示系統の外側にいます。そのため、必ずしも顧客企業の役員や社員がITコンサルティングに積極的に協力してくれるとは限りません。

たとえば、ヒアリングの日程調整や資料提供の依頼をしても、多忙を理由に後回しにされることがあります。また、何らかの提案をしても「参考になりました」のひと言で流され、実行に移されないこともあります。

こうしたことを防ぎ、ITコンサルティングを円滑に進めるには、早い段階で顧客企業の役員や社員に“一緒に働く仲間”と位置づけてもらう必要があります。

そのために重要なのは、経営層を味方につけることです。

ITコンサルタントが何の後ろ盾もなく顧客企業の現場に飛び込んでいっても、なかなか相手にしてもらえません。しかし、経営層にITコンサルタントへの協力を社内に強く要請してもらえば、現場にスムースに入っていくことができます。つまり、経営層がITコンサルタントに協力的かどうかで、ITコンサルティングの進み具合が変わってきます。

◎ITコンサルタントの立ち位置◎

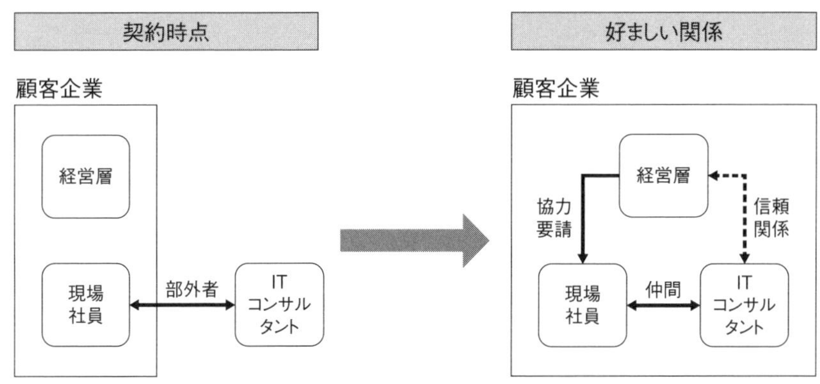

❖ 経営層との太いパイプをもつ

システム開発もそうですが、ITコンサルティングでも、コロコロと変わる経営層の意見に現場が振り回されるケースがあります。

こうした企業の多くは、経営層と業務部門との風通しがよくありません。経営層が現場をよく知らないと、社内の実状に合わない意見を言いがちです。また、経営方針をよく理解しない業務部門は、“木を見て森を見ない提案”を上程して経営層に否定されがちです。

これを防ぐには、ITコンサルタントは、顧客企業の経営層と直接話をする機会をもつ必要があります。

経営方針の細かいニュアンス、特に経営層が重視していることは、本人と直接話をしないと理解が不十分になります。経営層の意見が何度も変わる場合でも、よくよく話を聞いてみると、日々変わる経営状況に合わせて判断を変えているだけで、根底となる方針は一本筋が通っていることもあります。

また、ITコンサルタントがヒアリングや分析で得た情報を現場の実状として直接伝えれば、経営層の意見がブレにくくなります。経営層は重要事項の決定権者です。ITコンサルタントの提案内容の多くはシステム開発を伴いますが、その投資予算も含めて経営計画に盛り込んでもらえば、提案内容が実行される確度が高まります。そうなるためにも経営層とのパイプの太さは重要です。

❖ 顧客を知らずして信用は得られない

顧客企業から信用されるには、顧客企業をよく知ることが大切です。相手に「このITコンサルタントは当社をよく理解してくれている」と思ってもらえれば、提案が承認されやすくなり、作業依頼への協力も得やすくなります。

そのためには、少なくとも顧客企業の経営計画、事業構成、業界事情、競合先、重要取引先、組織体制などは把握すべきですし、キーパーソンや部門間の力関係、業界用語や社内慣習などの情報も必要です。とにかく、知的好奇心を強くもち、顧客企業について気になることは徹底して調べて回る姿勢が大切です。

じつは、顧客企業の役員や社員といっても、社内をすべて掌握しているわけではありません。多くの場合、経営層は業務部門の細かい業務を知りませんし、業務部門は他部門のことを十分に理解していません。

顧客企業の調査や分析を重ねて、経営層や業務部門のトップでさえ知らない社内情報を把握し提供していけば、ITコンサルタントを相談相手だと認識してくれやすくなります。

❖ 重要な提案は決定権者に直接伝える

提案内容を顧客企業に実行してもらうには、決定権者の賛同が必要です。そのためには、ITコンサルティングの骨子は決定権者と直接協議することが大切です。

提案内容を提案書にまとめ、顧客企業の窓口担当者から上層部にあげてもらうだけでは時間がかかります。また、何人もの管理職を介して提案書が稟議されていくなかで、間違ったニュアンスで伝わったり、提案書が“自然消滅”したりする可能性もあります。

したがって、重要な提案は決定権者に直接伝えるべきです。そうすれば、提案内容を早く正確に伝えることができます。

提案後の流れも違ってきます。質問や反論への対応がその場でできますし、相手の意見を聞いて提案内容をすぐに軌道修正することもできます。そして、多くの場合、何度も直接面談するなかで決定権者との信頼関係も深まり、色々な場面で味方になってくれやすくなります。

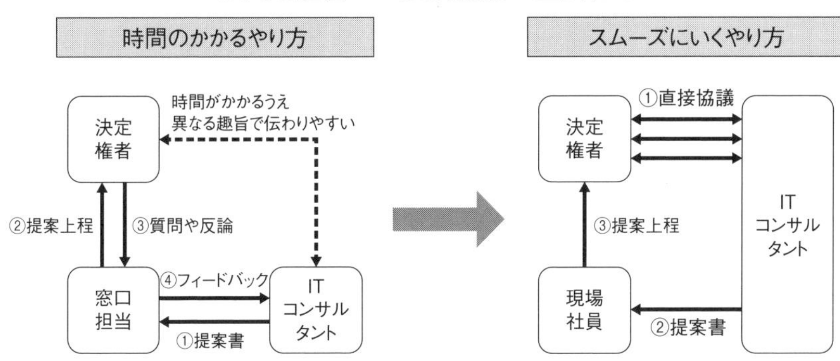

❖ 利害関係者への根回しが必要なケースも

ITコンサルティングの質を高めるには、顧客企業の課題や問題点を深く掘り下げる必要がありますが、経営や現場の深い所まで入っていこうとすると、社内の方針対立や過去からの慣習など、理屈だけでは解決しにくい根深い問題に突きあたることがあります。

たとえば、役員間で事業方針に違いがあったり、営業部門と生産部門の仲が悪かったり、作業負担が増えることへの現場の反発があったりすると、ITコンサルティングがなかなか前に進みません。

このような場合、会議で成果物をプレゼンするだけでなく、利害関係者への事前の根回しが必要です。

利害関係者にはそれぞれの立場があります。会社全体の視点で考える人ばかりではありません。むしろ、自分が担当する部門や業務の都合を優先する人が多く、なかには自己保身や個人成果を重視する人もあります。

さまざまな立場の人とITコンサルティングを進めるには、会話を重ねて当事者の本音を引き出す努力が必要です。会議の場では強硬論を述べたり口を堅く閉ざしたりする人でも、訪ねて二人だけで話をすると有意義な意見交換ができる場合があります。多くの関係者から話を聞きながら、落とし所を探っていくこともITコンサルタントの仕事です。

4-7 ▸プロジェクトマネジメント力

▶部下だけでなく顧客もマネジメントする必要がある

❖戦略の立案実行にもプロジェクトマネジメントが必要

IT戦略の立案や実行はプロジェクトを立ち上げて実施するため、情報システムの開発と同様に、プロジェクトマネジメントが必要です。

数十名から数百名の規模になることも珍しくはない情報システムの開発プロジェクトとは異なり、ITコンサルティングに参加する自社メンバーは多くても数名程度です。したがって、情報システム開発におけるプロジェクトマネージャーほどは要員管理のスキルが求められません。ただし、ITコンサルタントは顧客企業の社員を動かしながら作業を進めるため、顧客企業側の作業もマネジメントの対象となります。よって、SEとは異なるマネジメントスキルが必要になります。

顧客企業の社員は、別の業務も掛けもちしているのが一般的で、本来業務の合間にIT戦略の立案や実行に関する作業をするケースも少なくありません。そのため、作業の進捗を顧客企業に委ねていると、ITコンサルティングが先に進まなかったり、ひどい場合には途中で立ち消え状態に陥ったりすることがあります。

したがって、ITコンサルタントは、受け身の姿勢ではなく、顧客企業に対してイニシアチブをとらなければなりません。

❖プロジェクトチームが烏合の衆にならないために

プロジェクトチームを組織として機能させるには、①共通目的、②役割分担、③統合の３つの要件を満たす必要があります。

最も重要なのは、「何のためのITコンサルティングか」という目的の共有です。目指すものが各自バラバラでは、チームがまとまりを欠きます。また、優先順位の判断に狂いが生じ、重要でない作業に時間をかけすぎたり、反対に重要な作業に漏れが生じたりもします。

そうならないためにも、ITコンサルティングの成果と成果物は最初にしっかりと定義し、チーム内で定期的に確認しておく必要があります。

目的を共有したら、次は役割分担です。ポイントは、顧客企業側の作業分担も明確化しコンセンサスを得ておくことです。

各自の役割分担が明確になれば、プロジェクトマネージャーは各自の作業をとりまとめる「統合」をします。メンバー間で意見の食い違いがあれば、その調整もします。

なお、ITコンサルティングでは、メンバー全員が同じ場所に常駐するとは限らず、リモートワークを取り入れるケースもあります。リモートワークでは、細かいニュアンスが相手に伝わりにくく、進捗が遅れるメンバーが出やすいため、メンバー間のコミュニケーション頻度を意図的に増やす努力が必要です。

❖ ロードマップを作成しリスクを予測しておく

プロジェクトを成功させるには、ITコンサルティングの工程をロードマップに落とし込み、スケジュールを関係者と共有しておくことが大切です。

その際、ポイントが２つあります。

１つめは、プロジェクトの全体像を顧客企業の経営層とも合意形成を図っておくことです。ITコンサルティングを進めるなかで、経営層の一存で経営方針や事業計画などを何度も変えられてしまうと、プロジェクトチームが混乱します。

２つめは、プロジェクト推進上のリスクを洗い出し、整理しておくことです。たとえば、成果物が顧客企業の要求事項と異なると手戻りが発生します。一部のメンバーに大きな進捗遅れが生じる可能性もあります。また、プロジェクトの途中で利害関係者の反対や現場の根深い課題などに直面することもあります。起きた問題に対処することも必要ですが、起きうる問題を予防することはもっと重要です。

❖ 状況把握とマネジメントは異なる

プロジェクトマネジメントでは、状況把握とマネジメントは異なることを理解しておかねばなりません。マネジメントとは、計画を立てて実行し、現状を把握し、問題があれば要因を分析のうえ改善策を実施し、必要に応じて計画を軌道修正する、といったPDCAサイクルを回すことです。

◎PDCAサイクル◎

状況把握は、PDCAサイクルのCheckに該当します。つまり、マネジメントの一部にすぎません。状況把握とマネジメントを混同し、状況把握だけが自分の仕事だと思ってしまうと、プロジェクトマネジメントが機能しません。

ITコンサルタントは、スケジュールは当然のこと、成果物の質やコストも含めて、全体をうまく管理していく必要があります。作業が計画通りに進捗しているかどうかに常に目を光らせ、問題の予兆を早く察知し、先手で対処していくことが大切です。また、そのような姿勢が顧客企業からの信用を得ることにつながります。

プロジェクトマネジメント能力を高めるには

基礎知識としては、PMBOKや情報処理技術者試験のプロジェクトマネージャーのカリキュラムをおさえておけば十分です。また、情報システム開発においてプロジェクトマネージャーを務めた経験があれば、ITコンサルティングにおけるプロジェクトマネジメントのハードルはそれほど高くありません。

ただ、発注者である顧客を動かすには、自己の専門性を高め、顧客企業の役員や社員に専門家だと認めてもらう必要があります。そのためには、ITコンサルティングの流れやポイントを頭に叩き込み、コミュニケーション力やコーディネート力を発揮することが重要です。

4-8 業界知識

業界動向を知らずしてITコンサルティングはできない

顧客の経営課題を理解するための前提知識

ITコンサルタントは、顧客が抱える課題を整理してITによる解決策を提案します。しかし、顧客が属する業界の環境や動向を知らずして、適切な解決策を導き出すことはできません。なぜなら、どのような業界にも、何らかの規制や商慣習、企業の競合関係があり、それを踏まえた解決策でなければ実効性が低くなってしまうからです。

また、1つの企業の情報ばかりに集中していると、環境の変化を見落としかねません。企業を取り巻く経営環境は、業界全体として共通していることが多くなっています。たとえば金融業界は、規制緩和が進んでいるとはいえ、従来の"護送船団"ともいえる横並び意識が抜けきっていません。つまり、同じ業界の他社について調べていくことで、共通する経営課題や戦略が見えてくることもあります。

課題の背景とCSFを業界動向からおさえる

業界動向には、業界全体が抱える課題や自主規制、系列関係などがあります。顧客の事業活動は、何らかの法規制や業界の自主規制に基づいて遂行されており、それらを知ることは、システム化の前提を知ることへとつながります。

たとえば、金融業界に関係する法律として、銀行法や金融商品取引法、保険業法などがありますが、異なる業界間の垣根を低くする方向で規制緩和が進んでいます。一方、物流業界では、安全対策や環境問題に対応するため規制が強化されています。

また、コンサルティングの切り口を知るためには、基本的なCSF*として、業界における経営改革の重要なポイントをおさえることが非常に大切です。

たとえば、食品製造業の場合、国内人口の少子高齢化によって市場が飽和しており、長期的には縮小傾向にあります。しかも、水産や畜産の食品製造業では原材料比率が高く、限られた資源に頼らざるをえない収益構造になっているのが特徴です。

これに対して、調達方法を輸入に切り替えてコスト競争力を高めたり調達を安定化させたりすることが戦略的に重要です。また、高級・安全志向など、多様化する消費者ニーズに応えることも欠かせません。

ITの活用によってサプライチェーンを強化することで、海外の仕入先からの調達を効率化したり、小売業と連携して消費者の需要情報をいち早く取り入れて製造し、受注から納品までのリードタイム短縮が可能となります。また、食の安全志向に応えるためには、ICタグを活用したトレーサビリティ*の実現も重要なポイントとなります。

◎業界動向の情報◎

項　目	内　容
市場動向	業界は全体として拡大しているのか、縮小しているのか
業界構造	業界におけるシェアや競争関係はどうなっているか
業界の特色・課題	業界の歴史的背景、共通する課題は何か
経営改革のためのCSF	収益向上や経営改革をしていくためには、どのような点が重要なのか
政府による法規制	業界でビジネスの制約となる法律や制度には何があるか
業界団体による自主規制	業界団体による自主規制には何があるか
業界の専門用語	業界特有の専門用語には何があるか

❖「顧客の顧客」の動向も無視できない

ITコンサルタントは、最新の業界動向をおさえるだけではなく、そのことで顧客にどのような影響があるのかを分析しなければなりません。そのためには、「顧客の顧客」の情報もおさえることが大切です。たとえば、電子部品製造業が顧客の場合、顧客の顧客は、家電メーカーや自動車メーカー、コンピューターメーカーなどになります。

顧客の顧客は、コストダウンや納期短縮、品質向上など、何らかの要求を出していることが多く、そのことが顧客の経営課題にあがることも少なくありません。ITコンサルタントは、顧客の顧客についても意識的に情報収集し、顧客の課題が発生した背景を把握する必要があります。

❖ 書籍で体系的な知識を入手し最新情報も収集する

業界知識を得るためには、業界団体が発行している白書や就職用の業界紹介本などをあたるのが効果的です。また、きんざいから発行されている『業種別審査事典』は、業種別に、特色や動向、業務知識や分析視点、財務諸表の見方、経営改善に向けたポイントや関連する法制度などがコンパクトに網羅されています。ITコンサルタントが顧客の業種の背景を知り、コンサルティングのポイントを掴むには、必携のアイテムともいえます。

ただし、書籍は全体感を体系的に把握するのに適する半面、執筆から刊行されるまでに期間がかかるため、情報が陳腐化しやすくなっています。したがって、業界紙、たとえば、金融では『日本経済新聞』、流通では『日経MJ』、製造では『日刊工業新聞』なども併読したほうがよいでしょう。

4-9 ▸業務知識

▶使える業務知識は理論と実践の両面から身につける

❖業務知識には、業種共通と業種固有がある

ITコンサルタントは、経営層だけではなく、現場の担当者とも対話し、ITによる業務改善や業務改革を支援していきます。そのため、業界知識だけではなく、業務知識も身につけておく必要があります。

◎業務知識の例◎

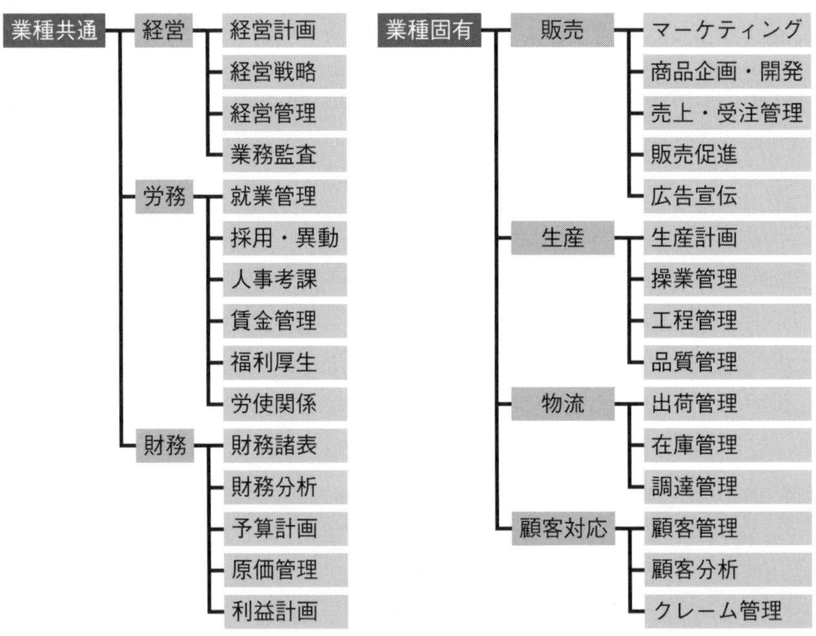

業務知識は、業種共通のものと業種固有のものに分けられます。業種共通のものには、経営、労務、財務といった企業を運営するうえで必須の業務があります。このうち、労務や財務は、法律や制度で定められたルールのなかで決められていることが多く、法律や制度を学ぶことで一般論でも通用しやすくなっています。

業種固有のものには、販売、生産、物流などがあり、同じ業務の名称であっても、実際には顧客の業種や業態によって重要なポイントや業務ルールはほとんど異なります。たとえば、同じ在庫管理でも、小売業と受注生産型の製造業では異なります。

小売業は、消費者からの注文がほとんど入らないため、売れ筋や季節変動などから、あらかじめ商品の売上げ見込みを立てて仕入れます。ここでは、販売機会の損失を減らすため、いかに在庫を適正量に保つかという視点で需要予測の精度が重要になります。

一方、受注生産型の製造業では、顧客からの注文を受けてから生産を始めるため、在庫をほとんどもちません。したがって、いかに短期間に効率よく製造するかという視点で生産計画の精度が重要になります。

❖ 業務知識を身につけるには

業務知識は一朝一夕に身につくものではありません。また、その業界でビジネスをしている顧客と同等の知識を得ることは現実的に不可能です。たとえば、自動車メーカーで10年以上、出荷業務を担当する社員よりも、門外漢のITコンサルタントがその業務に精通できるわけがありません。

したがって、顧客と会話できるほどの最低限の知識を得るので十分です。コンサルティングの入り口で会話が成立すれば、そこから密接に関わっていくことで知識を深めていくことができます。

◎業務知識を身につける方法◎

- 専門領域の書籍を読む
- 中小企業診断士などの資格取得を通じて基礎理論を学ぶ
- ERPパッケージが装備している標準機能から学ぶ
- 公開されているベストプラクティスから学ぶ
- 専門家（会計士、ベテランのコンサルタントなど）から教えてもらう
- 顧客から業務ノウハウを聞き出す

日々の仕事を通じて学ぶのはもちろん、中小企業診断士などの資格取得を目標に一般理論を学び、ERPパッケージ（☞81頁）がもつ機能構成から業務機能の詳細について学ぶなど、理論と実践を組み合わせるとより効果

的です。

ただし、印刷物の文献にある情報は、出版されるまで期間がかかっているため、陳腐化するのも早くなっています。生の情報を入手するには、その仕事のプロである顧客から業務ノウハウを聞いたり、会計士など、専門家とのネットワークを構築し、教えてもらったりするのが効率的です。

業務の全体体系については、優れた企業の業務体系を取り入れたベストプラクティスの標準プロセスとして、米国生産性品質センター（APQC）よりPCF*（Process Classification Framework）が公開されています。顧客の業務は、長年の商慣習や文化を反映して千差万別ですが、業務プロセスの標準を前提知識としてもっておくのは有効です。PCFを読み込んで頭に入れておくことで、顧客の業務における不足点が見えてきます。

また、サプライチェーンマネジメントに特化した標準モデルとして、SCOR（☞74頁）があります。受注から調達、生産、納入、返品など、顧客とのやり取りのすべてをカバーし、どの業種にも適用できるように、サプライチェーンのプロセスをモデル化しています。最新のベストプラクティスでは、デジタル戦略との適合性を高め、ブロックチェーン*なども取り込んでいます。

PCFにはプロセス名だけが公開されており、機能やインプット・アウトプットはありません。SCORと組み合わせることで、プロセスをより詳細化でき、顧客の現状サプライチェーンプロセスとのギャップを分析したり、成熟度を評価したりすることができます。

❖ IT戦略やシステム構築の事例も理解しておく

ITコンサルタントは、経営課題や業務課題をITによって解決する以上、その解決事例についても精通しておく必要があります。『日経コンピュータ』や「ITコーディネータ活用事例集」、インターネットのWebサイトには、IT戦略やシステム構築の事例が数多く紹介されています。

どんな課題に対してどのような戦略を立てたのか、システムによってどのように解決したのか、逆に、システム化によるデメリットはなかったのかという視点で分析するとよいでしょう。

第5章

ITコンサルタントのキャリア

- ITコンサルタントの適性
- ITコンサルタントの資格
- ITコンサルタントへのキャリアパス
- レベル別スキルアップ法
- ITコンサルタントの報酬

5-1 ITコンサルタントの適性

▶なすべきことを自分の頭で考え抜けるタイプが向いている

ITコンサルタントに必要なコンピテンシーとは?

どんな職業にも向き・不向きがありますが、ITコンサルタントも例外ではありません。ITコンサルタントとしての適性があるかないかによって、独り立ちできるまでに要する期間が違ってきます。

プロとして専門知識や高度なスキルが必要とされる点は、SEと同じですが、ITコンサルタントの適性を測るうえで大切なのは、職業人としての価値観や行動特性です。高い成果を出す人が共通して身につけている価値観や行動特性を「コンピテンシー」といいます。ITコンサルタントのコンピテンシーをマクレランドの氷山モデル*で図示すると、次のようになります。

◎マクレランドの氷山モデル◎

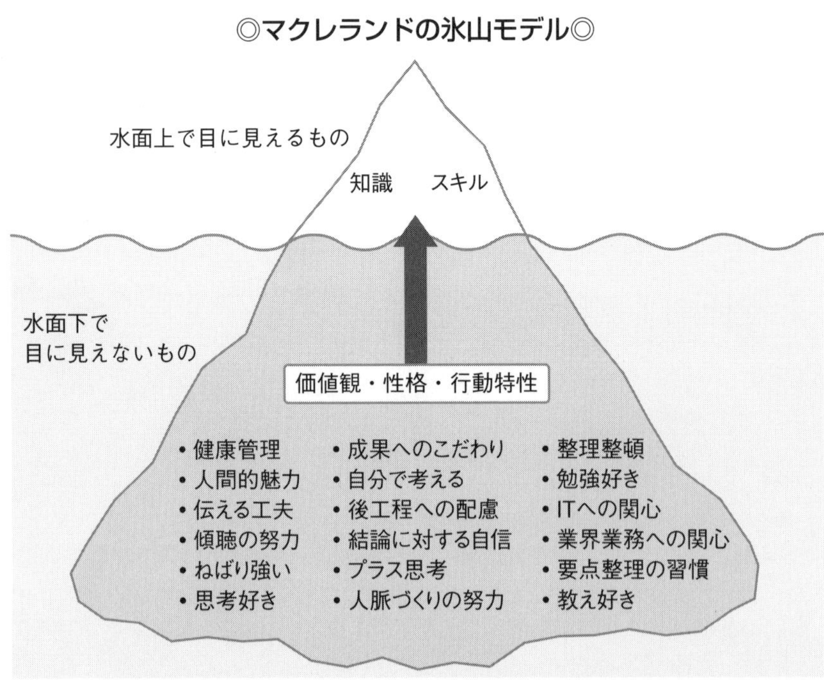

ただし、これはあくまで理想像であり、そうでないからといってITコンサルタントへの道を諦める必要はありません。時間は多少掛かりますが、努力次第で何とかなります。また実際に、長短合わせもちながら自身の個性を生かして活躍しているITコンサルタントは多数存在します。

❖ 体力と人間的な魅力がすべての基本

まず、ITコンサルタントは体力がなければ務まりません。長時間の勤務が多いのはSEと同じですが、顧客にとって頼もしい存在でなければならないコンサルタントは、顧客の前では疲れた顔をするべきではありません。ITコンサルタントは顧客企業の上層部と面談することが多く、会議を病欠すると能力や誠意を疑われかねません。日常の健康管理も仕事の一部と心得る必要があります。

また、人間的な魅力も大切です。顧客に対等の立場で接し、時には耳に痛いこともいわねばなりません。ITコンサルタントは礼儀正しくあるべきで、必要以上に格好をつけたり、相手を見下した態度をとったりするのは厳禁です。同時に、顧客を怖がらず毅然とした態度を貫くことも大切です。

そして、高度なコミュニケーション力も要求されます。伝えるべきことを正しく伝えるためには、話し上手でなければなりません。また、それ以上に大切なのは聞き上手であることです。「顧客にいかに共感してもらい、重要な情報を聞き出すことができるか」が仕事の質に直接影響します。

❖ 結果にこだわる強烈なプロ意識

ITコンサルタントとして成果を出している人は、共通して強いプロ意識をもっています。他社事例やフレームワークなどを振り回して自己満足するのではなく、顧客の経営課題の解決のために何をなすべきかを必死に考えて実践し、実際に成果を出すのがITコンサルタントのあるべき姿です。

ITコンサルタントは顧客のIT戦略の立案を支援しますので、コンサルティングに着手する時点では、作業の方向性さえ定まっていないことも珍しくありません。そのため、SEのように顧客の指示を仰ぐことは基本的にできません。なすべきことを自分で考え、むしろ顧客を導くくらいの気概が必要です。

また、ただIT戦略を策定して終わりではなく、その後の工程、すなわち情報システムの要件定義から設計、製造、運用、保守の成功までが自分の責任の範囲と認識し、戦略の実現性向上に配慮することも求められます。

そして、何よりも大切なのは、目の前の課題に対して明確な結論を出すことです。一般論を並べ立てて話がどちらに転んでもよいように無難な言い方に終始するITコンサルタントもなかにはいます。しかし、そのような姿勢では顧客から支持されません。情報が不足しているなら、経営方針や同業他社の動向、顧客ニーズや現場業務の流れなどを調査し、得た情報を分析・整理して、ハッキリとした答えを出す責任があります。また、熟慮の末に出した結論であれば、たとえ相手が目上の人であろうと、自信をもって伝える姿勢も必要です。

プラス思考で問題を解決したくなる性分

ITコンサルタントは、顧客の将来を左右する戦略レベルの問題を扱います。SEは不明点があれば上流工程の成果物を参照したり、顧客に質問したりできるでしょう。しかし、ITコンサルタントは顧客自身が答えを知らない問題に取り組むため、自分で考えて結論を出すしかありません。

ITコンサルタントが扱う問題のなかには、一見して解決不可能に思えるものが少なくありませんが、「必ず解決策はあるはずだ」と考える前向きな姿勢と、自他ともに納得がいく答えが出るまで考え抜くねばり強さが欠かせません。

したがって、ITコンサルタントには、知的労働をいとわず、考えることが好きな人が向いています。実際、コンサルタントのなかには、日常的な問題に対しブログで自分なりの解決策を提示したり、他のチームが抱える問題に首を突っ込んで一緒に考えたがるタイプの人が少なくありません。

また、整理上手な人も向いています。ITコンサルタントは自分の頭の中を常に整理しておかなければなりません。そのためには、まずは目に見える物、たとえば机の上やパソコンのフォルダの中を普段から整理する習慣が身についている必要があるのです。

❖ 勉強熱心で教え好き、誰からも学ぶ姿勢

ITコンサルタントは、ITに強い関心をもち、常に新しい知識を補充しなければなりません。それだけでなく、顧客が属する業界や業務知識、新しいコンサルティング手法についても貪欲に学ぶ姿勢が必要です。とにかく、多くの分野に幅広く関心をもち、勉強好きであることが求められます。

ITコンサルタントの世界では知識量がモノをいいます。したがって、研修受講や専門書購入、研究会参加などの自己投資と、誰からも学ぼうとする姿勢が欠かせません。また、学んだ重要なポイントを整理し体系化することで使える情報にすることも大切です。さらに、それを他人に教えていけば、自己の理解を深めるとともに、伝え方の訓練にもなります。

しかしながら、習得できる知識の量には限界があります。そこで、できるITコンサルタントは、自分の足りない知識やノウハウを補完するために、他分野の専門家との人脈を作ることに余念がありません。

◎ITコンサルタントの適性チェックシート◎

No	問い	はい	いいえ
	【体力・人間力】		
1	日頃から健康管理を怠らず、体力には自信がある		
2	人間としての魅力を磨く努力をしている		
3	自分が言いたいことを正しく伝えるよう心がけている		
4	相手に共感し、話を真剣に聞くよう努力している		
	【プロ意識】		
5	プロ意識をもち、成果を出すことにこだわっている		
6	指示待ちでなく、やるべきことを自分で考えている		
7	後の工程の成果も含めて自分の成果と考えている		
8	どんな相手にも自分の考えをハッキリと言える		
	【前向きな思考】		
9	どんな問題にも必ず解決策があるはずだと思える		
10	答えがわからなければわかるまで考え続ける		
11	自分で調べたり考えたりすることが苦にならない		
12	普段から机の上やパソコンの中を整理整頓している		
	【学ぶ姿勢】		
13	基本的に勉強することが好きで苦にならない		
14	ITの最新動向に対して常にアンテナを張っている		
15	顧客の業界知識や業務知識に関心をもっている		
16	何かを学んだ際は、要点を整理し体系化している		
17	他人に教えるのが好きである		
18	他分野の専門家との人脈を積極的に作っている		

「はい」の数が……
- 15以上　：ITコンサルタントの適性は十分です
- 9以上14以下：できていない項目を1つひとつ改めていきましょう
- 8以下　：まずは自分自身の意識改革から始めましょう

5-2 ITコンサルタントの資格

▶ 必須ではないがもっていれば有利になる

資格は体系的な知識習得と人的ネットワークの構築に役立つ

SEと同じく、ITコンサルタントにとって、資格は必須ではありません。資格は基礎知識の裏付けであって、コンサルティングスキルの証明書ではないことに注意が必要です。また、資格でカバーされている範囲も、実務に必要な知識のせいぜい2～3割程度です。あくまで、ITコンサルタントは、能力と実績によって顧客から評価されます。

ただし、最初は誰でも経験や実績がありませんので、顧客との縁を作るための入口として使うことができます。また、我流でスキルアップを図ると、スキルが特定分野に偏る懸念があるので、広く浅い知識を得るために資格の勉強をするのは有効です。さらに、コンサルタント系の資格は、有資格者のネットワークがあるのも特徴であり、そこから社外人脈を広げることも可能です。

人脈を構築しやすく公的にも認められる「中小企業診断士」

中小企業診断士は、経営コンサルタント唯一の国家資格であり、戦略から財務会計、マーケティング、人事労務、生産、店舗運営、新事業立ち上げまで、経営の基礎知識をほぼ網羅している資格です。ITコンサルタントに限らず、さまざまな分野のコンサルタントがこの資格を保持しています。

なお、中小企業診断士は、中小企業支援法に「中小企業の経営診断の業務に従事する者」と規定されており、職業として定義されています。そのため、資格を保有していると公的機関からよい印象を受けます。

有資格者の団体として、(一社）中小企業診断協会があります。有資格者同士の人脈が構築しやすく、協会を通してコンサルティングの依頼が入ることもあるため、中小企業診断士の約半数が会員になっています。

中小企業診断士の資格を取得するには、第1次試験と第2次試験に合格し、実務補修を受けなければなりません。

第1次試験は、①経済学・経済政策、②財務・会計、③企業経営理論、④運営管理、⑤経営法務、⑥経営情報システム、⑦中小企業経営・中小企業政策の7分野について、筆記形式で試験が行なわれます。第1次試験の合格者は、合格年度とその翌年度に限り、第2次試験を受験することができます。なお、第1次試験は科目合格制であり、3年間で7科目すべてに合格すればよいことになっています。

第2次試験は、筆記試験と口述試験から構成され、筆記試験で相当の成績を修めると口述試験を受験できます。第2次試験の合格者は、実際に中小企業に訪問し経営診断を行なう「実務補修」を修了すると、中小企業診断士として登録できます。

試験の難易度は高く、合格率は第1次試験が20〜40%、第2次試験が20%弱です。第2次試験は第1次試験の合格者のみが受験できるため、実質的な合格率は5〜10%です。コンサルティング経験のない人が独学で合格するのは難しく、受験予備校の講義や通信講座を受けて受験に臨む人が多いようです。

中小企業診断士の登録有効期間は5年であり、5年ごとに「知識の補充要件」と「実務の従事条件」の両方を満たさないと資格を喪失します。

❖ 経営者の認知度が高くIT経営をサポートする「ITコーディネータ」

ITコーディネータ*は、経営とITの両面に精通したプロフェッショナルの認定資格です。国家資格ではありませんが、経営者の立場に立って「真に経営に役立つIT投資」をサポートする役割を担う人材として、経済産業省から取得を推奨されています。

企業経営者に対する知名度が高いため、フリーのITコンサルタントの多くは、ITコーディネータの資格を保有しています。また、IT経営応援隊など、ITコーディネータが活躍することを前提とした公的事業も増えています。ITコーディネータの有資格者の多くはITコーディネータ協会に所属しており、能力研鑽や人脈形成、集客の場として活用しています。

ITコーディネータに認定されるには、認定試験合格とケース研修修了の2つの条件を4年度以内に満たさなければなりません。認定試験は、多肢選択式でITコーディネータとして必要な知識が問われます。なお、試験の合格率は65%前後ですが、試験によってばらつきがあります。

ケース研修は「仮想企業を題材に、経営者の変革認識から経営戦略立案、IT戦略立案、IT利活用、そして持続的成長認識までを一貫した体系で学習」(ITコーディネータ協会Webサイトより引用) するカリキュラムとなっています。

ITコーディネータの資格を維持するには、一定期間に所定の「実践力ポイント」を取得のうえ、「実務活動報告書」を提出し、「フォローアップ研修」を受講する必要があります。

❖ 大企業のIT戦略に強く更新が不要な「ITストラテジスト」

ITストラテジスト試験は、情報処理技術者試験の1つとして平成21年から実施されています。平成20年まではシステムアナリスト試験と上級システムアドミニストレータ試験が実施されていましたが、情報処理技術者試験の制度見直しに伴って廃止され、代わりにITストラテジストが創設されました。

試験の対象者は、情報処理推進機構によると「高度IT人材として確立した専門分野をもち、企業の経営戦略に基づいて、ビジネスモデルや企業活動における特定のプロセスについて、情報技術 (IT) を活用して改革・高度化・最適化するための基本戦略を策定・提案・推進する者。また、組込みシステムの企画及び開発を統括し、新たな価値を実現するための基本戦略を策定・提案・推進する者」です。ひと言でいえば「IT戦略」が対象です。

ITストラテジスト試験の合格は、ITスキル標準*のコンサルタント (レベル4) の判定条件の一部になっており、企業内でITコンサルタントを目指す人にとって、ITストラテジストは今後、重要性を増してくると予想されます。

難易度は高く、合格率は約15%です。なお、ITストラテジスト試験には、更新制度はありません。

❖中立性に欠けるが即効性を評価される「ベンダー系資格」

ベンダー系資格としては、たとえばSAPやOracleなどのERPベンダー（☞82頁）やAWSなどのクラウドベンダーが実施する認定制度があります。公的資格とは異なり、経営知識よりはベンダー製品の使いこなしのほうに力点が置かれているのが特徴です。

自分の所属企業が当該ベンダーと提携している場合は、資格を保有していると社内的に有利です。顧客に対しては、経営層よりは情報システム部門へのPRに効果があります。最新技術を取り入れていることが多く、現場では、ERPパッケージやクラウドサービスなど、特定製品で即効性を発揮します。

ベンダー系資格は、あくまでベンダーのビジネスの一環として設けられたものです。したがって、試験制度は必ずしも中立的ではなく、制度も短期間で変わったり、バージョンアップごとに再取得の必要に迫られたりします。

◎各資格の比較◎

	中小企業診断士	ITコーディネータ	ITストラテジスト	ベンダー系資格（注）
主に問われる知識	経営	経営・IT戦略	IT戦略	製品
PR対象	経営者	経営者	情報システム部門	情報システム部門
企業系へのメリット	小	中	大	大
フリーへのメリット	大	大	小	小
合格者コミュニティ	有	有	有	無
資格の中立性	有	有	有	無
試験の難易度	難	易	難	中
取得までの費用	中	大	小	中〜大
更新制度	有	有	無	無

（注）ベンダー系資格は、一般論として表記してあり、主催するベンダーによって異なる。

5-3 ITコンサルタントへのキャリアパス

▶ITや業務に精通し戦略面の志向性を高めていく必要がある

SEからITコンサルタントへのキャリアパス

ITコンサルタントへの道は1つではありません。ソフトウェア開発のSE、ユーザー企業のシステム企画担当や業務担当からキャリアアップしたり、新卒でコンサルティングファームに入ってIT分野のコンサルティングを担当したりする方法があります。

なかでも多いのが、IT面のスキルを身につけたSEからの転身でしょう。SEとしてシステム開発の下流工程から上流工程の経験を積み、さらに超上流であるシステム企画や戦略立案へと発展していくケースです。SEからITコンサルタントを目指すには、ITや業務に精通したうえで、マネジメントや戦略面での指向性を高めていく必要があります。

IT業界では、従来、プログラマからSEになって、最終的にプロジェクトマネージャーになるという単線型のキャリアパスが主流でした。しかし、ITが多様化している現状では、分野別に専門化しなければ対応できない時代になっています。また、顧客は経営の効率を上げるため、システムの開発に関わる仕事をアウトソーシングする傾向が強まっています。このように、シーズ、ニーズの両面からITの仕事は専門化が一気に進み、単線型のキャリアパスが複線化することになりました。

IT業界に入れば、一般的にはプログラマからスタートし、経験を積むにしたがって業務系、もしくは技術系のSEへと成長します。そして、さらに戦略志向を強めればITコンサルタント、技術志向を強めればITアーキテクト*へ進みます。また、特定の技術やソリューションに強くなり、それを軸にITコンサルタントへ進む技術系SEも存在します。

なお、ITコンサルタントやITアーキテクト、プロジェクトマネージャーに要求されるスキルは、マネジメントスキルや交渉スキルなどの共通部分が数多くあります。したがって、重点をおく専門性は異なるものの、相互に行き来しやすくなっています。

◎SEからITコンサルタントへのキャリアパスの例◎

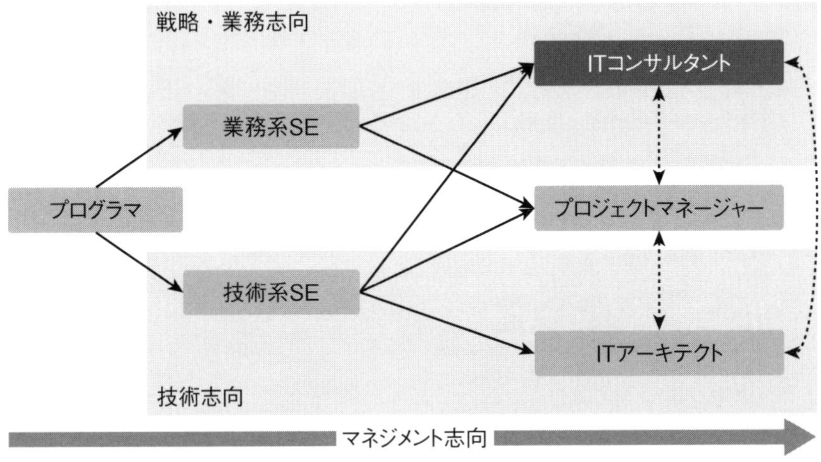

❖ ITスキル標準にみるITコンサルタントのキャリアパスとスキル

経済産業省が策定したIT人材のスキル体系として、IT業界で普及が進んでいるITスキル標準（ITSS）は、多くの会社が職種定義や人材育成の基準として採用しています。コンサルタントを含む11の職種とスキルレベルの定義、キャリアパスモデルが示されており、スキルの開発に役立ちます。

①レベルの定義

レベル１・２は、入社２、３年目までのエントリレベルで、教育研修や業務指導によりスキルアップが求められます。レベル３・４は、専門分野を確立しエントリレベルを育成できるミドルレベルです。レベル５・６・７は、専門分野を極めてマネジメント能力も発揮しながら組織をリードするハイレベルとなります。

◎ITスキル標準のレベル定義◎

レベル	定義
7	プロフェッショナルとしてスキルの専門分野が確立し、社内外において、テクノロジやメソドロジ、ビジネスを創造し、リードするレベル。市場全体から見ても、先進的なサービスの開拓や市場化をリードした経験と実績を有しており、世界で通用するプレーヤとして認められる。
6	プロフェッショナルとしてスキルの専門分野が確立し、社内外において、テクノロジやメソドロジ、ビジネスを創造し、リードするレベル。社内だけでなく市場においても、プロフェッショナルとして経験と実績を有しており、国内のハイエンドプレーヤとして認められる。
5	プロフェッショナルとしてスキルの専門分野が確立し、社内においてテクノロジやメソドロジ、ビジネスを創造し、リードするレベル。社内において、プロフェッショナルとして自他共に経験と実績を有しており、企業内のハイエンドプレーヤとして認められる。
4	プロフェッショナルとしてスキルの専門分野が確立し、自らのスキルを活用することによって、独力で業務上の課題の発見と解決をリードするレベル。社内において、プロフェッショナルとして求められる経験の知識化とその応用（後進育成）に貢献しており、ハイレベルのプレーヤとして認められる。スキル開発においても自らのスキルの研鑽を継続することが求められる。
3	要求された作業を全て独力で遂行する。スキルの専門分野確立を目指し、プロフェッショナルとなるために必要な応用的知識・技能を有する。スキル開発においても自らのスキルの研鑽を継続することが求められる。
2	上位者の指導の下に、要求された作業を担当する。プロフェッショナルとなるために必要な基本的知識・技能を有する。スキル開発においては、自らのキャリアパス実現に向けて積極的なスキルの研鑽が求められる。
1	情報技術に携わる者に最低限必要な基礎知識を有する。スキル開発においては、自らのキャリアパス実現に向けて積極的なスキルの研鑽が求められる。

※独立行政法人情報処理推進機構「ITスキル標準V3 2011」より引用

②ITコンサルタントのキャリアパスモデル

前述した各レベルと職種を組み合わせた全体像を「キャリアフレームワーク」といいます。このなかでコンサルタントは、レベル４からスタートします。これは、他の職種で経験を積んでレベル４まで到達すれば、コンサルタントへ職種転換が可能なことを意味しています。

将来、コンサルタントを目指す場合、たとえばITスペシャリストやアプリケーションスペシャリスト、セールスのレベル１などからスタートし、レベル４までスキルアップした後、専門性を生かしてコンサルタントへ移行するパターンがあります。あるいは、レベル３までスキルアップした後にプロジェクトマネジメントに移行し、マネジメント経験を積んでレベル４からコンサルタントへ移行するパターンもあるでしょう。

③ITコンサルタントの必要なスキル

前述したように、キャリアパス初期では専門性を極めつつ実績を積み上

◎ITスキル標準のキャリアフレームワーク◎

職種	専門分野	レベル1	レベル2	レベル3	レベル4	レベル5	レベル6	レベル7
マーケティング	マーケティングマネジメント							
	販売チャネル戦略							
	マーケットコミュニケーション							
セールス	訪問型コンサルティングセールス							
	訪問型製品セールス							
	メディア利用型セールス							
コンサルタント	インダストリ							
	ビジネスファンクション							
ITアーキテクト	アプリケーションアーキテクチャ							
	インテグレーションアーキテクチャ							
	インフラストラクチャアーキテクチャ							
プロジェクトマネジメント	システム開発							
	ITアウトソーシング							
	ネットワークサービス							
	ソフトウェア製品開発							
ITスペシャリスト	プラットフォーム							
	ネットワーク							
	データベース							
	アプリケーション共通基盤							
	システム管理							
	セキュリティ							
アプリケーションスペシャリスト	業務システム							
	業務パッケージ							
ソフトウェアデベロップメント	基本ソフト							
	ミドルソフト							
	応用ソフト							
カスタマサービス	ハードウェア							
	ソフトウェア							
	ファシリティマネジメント							
ITサービスマネジメント	運用管理							
	システム管理							
	オペレーション							
	サービスデスク							
エデュケーション	研修企画							
	インストラクション							

※独立行政法人情報処理推進機構「ITスキル標準V3 2011」をもとに作成

げていき、コンサルタントに職種転換していくことになりますが、職種転換後は下表の主要スキルを獲得・強化していく必要があります。

そして、担当するプロジェクトの規模や責任範囲、世の中への貢献度が増すことによって、5、6、7へとレベルアップしていくことになります。

◎ITスキル標準が定義するコンサルタントの必要スキル◎

ビジネス上の課題の特定と分析（AS-IS分析）	業界・顧客の分析、経営計画や経営指標の情報収集、課題の構造化、ベンチマーク調査、業務プロセス調査等
「経営におけるIT」の知見からの課題発見	最新ソリューション動向、業界・業務のIT活用動向、情報技術動向の調査等
解決の方向性の提言（TO-BE提言）	課題分析、優先順位の仮説設定、解決方向性の導出・検証、概算の投資対効果の見積、戦略展開計画の立案等
コンサルティングメソドロジの活用	コンサルティングメソドロジの選択と活用、分析ツールとモデルの理解と活用
知的資産管理（Knowledge Management）と活用	知的資産（事例、分析・提言テンプレート）の管理と活用
プロジェクトマネジメント	統合マネジメント、スコープマネジメント、コストマネジメントなど、PMBOKが示す10のマネジメント領域
リーダーシップ	リーダーシップ
コミュニケーション	2Wayの情報伝達、情報整理
ネゴシエーション	ネゴシエーション
インダストリ知見活用	産業・金融・公共等、業界固有のCRM、SCM等の知見
ビジネスファンクション知見活用	業界共有の会計・人事・設備管理等の知見

※独立行政法人情報処理推進機構「ITスキル標準V3 2011」をもとに作成

IT業界以外からのITコンサルタントへの道

SEからITコンサルタントになる以外の道には、IT企画担当や業務担当からの転身、新卒からの出発の3つがあります。

①企画調整能力に強みをもつIT企画担当からの転身

事業会社でIT企画部門に所属し、IT戦略の立案や投資効果の測定などに携わってきた人がITコンサルタントに転身するケースです。

ITコンサルタントには、IT戦略の立案やシステム化の企画、クライアント社内を調整する能力が必要です。IT企画の業務をこなしてきた方ならば、業務知識はもちろん、ITに関する基本的な知見をもち、中長期的なシステム化計画の作成経験が豊富なのが一般的です。また、作成した計画を確実に推進するために、社内における調整能力にも長けていることが多いでしょう。したがって、社内のIT推進担当から社外の支援者に立場を変えて、ITコンサルタントとして活躍することが可能です。

ただし、主にITの利用者側として活動してきたため、提供者側としてのシステム構築や運用面のスキルが不足しがちです。したがって、見積もり技術や構築プロセス、開発技術、運用ノウハウなどについて、積極的に知識を習得し実践していく必要があります。

②業務知識に強みをもつ業務担当からの転身

事業会社で生産管理や営業、人事などの個別業務の実務経験を積んでからITコンサルタントに転身するケースです。

ITコンサルタントは、クライアントの業務改革をするにあたり、現状をおさえたうえで理想の業務プロセスを描く必要があります。業務知識や業務ノウハウなどが豊富にあると、それが強みになります。

ただし、IT面でオンチだとITコンサルタントとしては活躍できません。すべてのITについて精通する必要はありませんが、ITの動向や業務課題に対する活用のイメージを理解しておく必要があります。

また、特定の業務範囲しかわからないのであれば、クライアントの経営レベルの改善に寄与するのは困難です。したがって、事業会社にいるうちに、さまざまな業務の経験を積むように意識し、組織マネジメントや事業開発などにも携わっておくのが理想です。これは、「ITに強い経営のスペシャリスト」といい換えることもできるでしょう。

③新卒で入社しゼロから経験を積む

新卒で最初からITコンサルタントになる道もあります。コンサルタントを志望してコンサルティングファームに入社し、そのなかでIT分野のコンサルティングを担当するケースです。ファームの充実した研修やOJTにより、経験を積んで一人前のITコンサルタントを目指します。

コンサルティングファームは新卒の就職先として人気が高く狭き門ですが、他職種からの転身のように回り道せず、ゼロからコンサルティングの経験を積めるのがメリットの1つです。その一方で、これは新卒だから仕方がないのですが、実務や社内政治の経験が浅いため、困難な場面に直面することもあります。

新卒は、経験や実力が厳しく評価される中途採用とは異なり、ポテンシャルで判断されるため、入社の選考に通りやすいという実態もあります。もし、ITコンサルタントになりたいという希望がある程度、固まっているのであれば、新卒で入社するのも一考に値します。

5-4 レベル別スキルアップ法

▶ITコンサルタントになってもスキルを磨き続ける必要がある

スキルセットを意識してスキルアップを図る

ITコンサルタントになるためには、数多くの技術分野があるIT知識のみならず、問題解決力やコミュニケーション力、業務知識などを身につける必要があります。しかし、これらのスキルを一度に身につけるのは現実的に不可能です。どのようにスキルを広げればよいのでしょうか。

スキルの組合せを「スキルセット」と呼びます。経験が浅いうちは、特定の分野に集中するＩ型からスタートし、深めたところで他の分野も身につけて幅を広げT型へと発展するのが効果的です。

たとえば、技術系SEの場合、最初の段階では、データベースやネットワークなどに特化したＩ型になるでしょう。しかし、他人と協力して仕事を円滑に進めるためには、得意分野以外についても技術用語の意味や特徴などを理解しておくことが必要です。そこで、特定の技術に強みをもちつつ、他の技術分野も幅広くおさえるT型のスキルセットへ発展させていきます。

そして、ITコンサルタントとして活動していくためには、問題解決力やコミュニケーション力などを身につけ、π型のスキルセットへと発展させていきます。また、さらに成長を目指すには、足が3つ以上になる“のれん型”のスキルセットになるように、不足するスキルを意識して身につけることが大切になります。

◎スキルセットの発展例◎

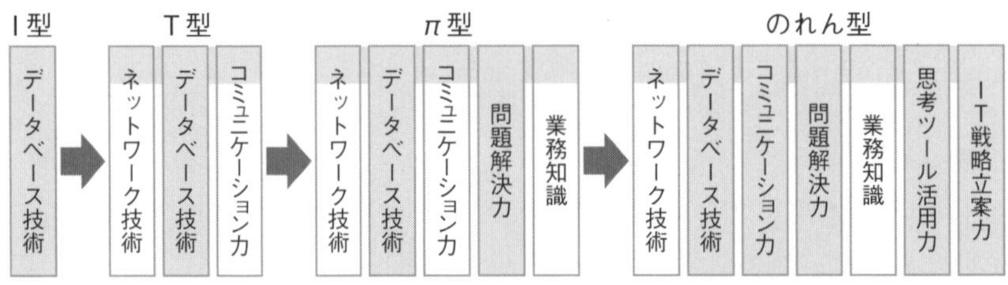

❖スキルアップ方法にはメリット・デメリットがある

スキルアップ方法には、職場での仕事を通じて学ぶOJTと、職場を離れてセミナーなどを受講するOff-JTがあります。OJTは、プロジェクトでの実務を通じて設計スキルを身につけたり、提案活動を通じてプレゼンテーションスキルを向上したりする方法です。また、Off-JTの方法には、セミナーや通信教育の受講、書籍の利用、コミュニティでの勉強会などがあります。

これまで、終身雇用を前提としてきた日本の企業では、長い年数をかけて職場でじっくりとスキルを向上させるOJTが主流でした。そこでは、上司や先輩の仕事のやり方をまねたり、業務指導を受けたりして、育成する機会が与えられてきました。

しかし、最近の実力主義の風潮や即戦力を求める企業の人材需要の高まりなどから、OJT中心の育成はコストがかかりすぎるという見方が増えています。つまり、効率的な知識習得が必要となり、インターネットを活用したeラーニング*の普及にも後押しされ、企業側はOJTだけでなくOff-JTによる教育手法に積極的に取り組んでいるのが現状です。

会社と社員との関係が微妙に変わりつつあるなか、自分のスキルアップを会社に委ねすぎてはいけません。自らスキルアップ方法を選び、状況に応じてこれらを組み合わせて活用していくべきでしょう。

◎スキルアップ方法のメリット・デメリット◎

方法	内容	メリット	デメリット
OJT（On The Job Training）	業務のなかで、必要な知識を身につける	•業務に直結するため、身につきやすい •業務の一環のため、費用がかからない	•十分な学習時間をとりにくい •仕事と関係のない知識は学べない
セミナーや講座の受講	講師の指導を受けながら、座学や実習を受ける	•業務を離れ集中的に学べる •学習のペースをつかみやすい	•学習時間が拘束される •費用が高くつきやすい
eラーニングで学習	パソコンを使い、都合のよい時間・場所で受講する	•時間や場所に制約されない •セミナーや講座よりも費用が安い	•学習のペースをつかみにくい •受講するのにパソコンやネットが必要
書籍や教材で独学	専門書や専門誌を読む	•費用が最も安い •教材を自ら選択できる	•学習のペースをつかみにくい •疑問点を聞けない
コミュニティの勉強会に参加	研究会や資格者団体に入って、勉強会に参加する	•モチベーションを上げやすい •人脈をつくりやすい	•参加時間が拘束される •会費が必要（数千円～数万円／年）

❖ レベル別のスキルアップ法

どんな人にも万能なスキルアップ法はありません。レベルや制約に応じて選んでいく必要があります。

①初級レベル

まだ経験が浅く初級レベルの場合には、セミナーなどを受講し集中的に学ぶところから始めていくとよいでしょう。興味のある技術の展示会やセミナーに参加することによって、刺激を受けたり短い期間で知識を身につけたりすることができます。もし、集中的に時間をとれない場合には、eラーニング*や通信教育によって期間をかけてじっくり学ぶ方法もあります。

特に初級レベルでは、コンサルティングに関する知識を習得するため、中小企業診断士やITコーディネータなど、コンサルティングに関連する資格の取得をターゲットに学習することをお勧めします。そのことで、必要な知識を体系的に学ぶことができます。

②中級レベル

ある程度、知識やスキルが身につき仕事で実践できている中級レベルの場合、期待される役割も大きいため、より複雑な課題の解決が必要になってきます。

したがって、実務の場面で、OJTを通じて知識の定着を図るのが効果的です。実務では、机上で学習したこととは異なり、各種の制約に縛られることがよくあります。そんな時でも、どのようにすればもっと効率的にやれるのかを考え、自分なりの工夫を加えて知識を活用していく姿勢が大切になります。

また、中小企業診断士やITコーディネータなどの資格を取得できれば、有資格者の団体である、一般社団法人中小企業診断協会や特定非営利活動法人ITコーディネータ協会などに入会しましょう。他の有資格者と交流することによってITコンサルティングの経験談を聞くことができ、能力研鑽や人脈形成も図れます。

③上級レベル

上級レベルになると、グローバルでより複雑な課題の解決にあたったり、ITコンサルタントを育成したり、顧客の動向をいち早く察知して今後の方向性を見出したりする必要があります。したがって、顧客業界の動向やコンサルティング手法、ITソリューションの最新情報や事例情報の収集が欠かせません。

そのためには、書籍やインターネットから得られる情報に加え、人づてに生の情報を収集していく姿勢が大切となります。資格を取得していれば、前述のコミュニティに参加して情報収集をしたり、異業種交流の勉強会やパーティーに参加して、会計士や税理士といったプロフェッショナルとの人脈を構築し、専門分野以外の視野を広げていくとよいでしょう。

また、自信のあるテーマ、たとえばSCMなどを題材に勉強会を立ち上げて主催するのもお勧めです。人に教えることは自分が改めて学ぶことにつながり、仲間とともにモチベーションを高めつつ自己研鑽していくことができます。

なお、上級レベルになれば、人脈から書籍執筆や講演のチャンスがめぐってくるかもしれません。書籍の執筆は、自分がもつ知識を再整理し体系化するプロセスでもあります。臆せず、チャレンジするようにしましょう。

❖ 読書の習慣化が自己成長につながる

ITコンサルタントを目指して自己成長するためには、原則として実体験を積み重ねなければなりません。しかし、時間や物理的な制約のなかでその機会をつくるのは難しいものです。また、ITコンサルタントになったあとも、顧客の環境変化を理解し、研究が進む経営手法や思考ツールをキャッチアップするためには、継続的な自己研鑽が欠かせません。

書籍・雑誌には他人の経験や知識が凝縮して整理されており、読むことで言語体験ができます。読書は思考を鍛えることにもつながります。自己成長を続けるためには、読書が大切なのです。

5-5 ▸ITコンサルタントの報酬

▸得られるものは高い報酬だけではない

❖ITコンサルタントの報酬は他業界よりも高い

「高額収入の業界」として、金融、商社、マスコミと並ぶイメージを抱かれているコンサルティング業界ですが、ITコンサルタントの報酬の実態とはどのようなものなのでしょうか。実際のデータと照らし合わせながら検証していきます。次頁の表は、各社の新卒段階における初任給の一覧表です。この時点では、他業界と比しても高水準であることが見てとれます。

ひと言でITコンサルタントといっても、年収水準は所属する会社の規模や系列、国内系か外資系かによって大きく異なります。また、会社業績によって左右される部分があるため一概にはいえませんが、たとえば外資系の大手ファームであれば、30歳前後のコンサルタントクラスの場合、額面で550～800万円程度、マネージャーになっていれば1,000万円程度というところです。

独立系コンサルティングファームの一部でも、上流の戦略から提案できる力量のある会社では、大手ファームに匹敵する給与水準をもつ会社があります。外資系でも、システムインテグレーターであったり、国内系のファームやシンクタンクなら、金額的には上記水準を若干下回る程度になります。ただ国内系企業の場合、外資系にはない福利厚生が充実している面もありますので、金額面だけでの単純比較はできないのが実情です。

いずれにせよ、年収水準については企業間での差が非常に大きく、業界全体でみても年収が高い会社もあれば、一般的なシステム開発会社とさほど違わない水準の会社も存在します。会社規模も、年収レベルの高低とはあまりリンクしていません。

このような事情のため、会社ごとのばらつきはありますが、年収レンジは230頁のグラフのようになります。アミカケの濃淡によって、「大手ファーム」「インテグレーター」「独立系」と大まかに分類しています。なかで

◎ITコンサルティング各社の初任給実績◎

（注）表記のない年度は2020年11月時点の情報をもとに作成
（注）年俸制以外は月給額

分類	会社	初任給実績
ITコンサルティングファーム	アクセンチュア（ビジネス・テクノロジーコンサルタント職）	年俸制　4,300,000円
	デロイト トーマツ コンサルティング（テクノロジーコンサルタント/デジタルコンサルタント）	年俸制　学部卒　5,302,400円 修士了　5,403,200円
	アビームコンサルティング（デジタルイノベーションコンサルタント）	学部卒　340,300円　修士了　370,300円
システムインテグレーター	日本アイ・ビー・エム	高専卒　252,100円　学部卒　279,400円 修士了　291,300円
	NTTデータ	高専卒　192,220円　学部卒　222,020円 修士了　251,520円　博士了　300,070円
	伊藤忠テクノソリューションズ（CTC）	学部卒　230,000円　修士了　245,200円
	電通国際情報サービス（iSiD）	学部卒　250,000円　修士了　270,000円
	SCSK	学部卒　266,500円　修士了　289,900円
	日本オラクル	年俸制　学部卒　4,641,600円 修士了　4,824,000円（2016年度実績）
	日本ユニシス	学部卒　220,000円　修士了　245,300円
独立系ITコンサルティング会社	ワークスアプリケーションズ	年俸制　5,000,000円
	フューチャー	学部卒/修士了　320,000円 （研修期間中は月額290,000円）
シンクタンク系ITコンサルティング会社	野村総合研究所	学部卒　221,500円　修士了　251,500円 博士了　299,500円
	日本総合研究所	高専卒　195,000円　学部卒　221,000円 修士了　247,000円
	みずほ情報総研	学部卒　205,000円　修士了　230,000円 博士了　275,000円
	三菱UFJリサーチ&コンサルティング	学部卒　224,000円　修士了　254,000円

※各企業のWebサイト、採用のWebサイト、働き方改革総合研究所㈱の調査結果をもとに作成

も、やはり大手ファームの水準が比較的高く、独立系は高いところから低いレベルまで幅広く存在します。システムインテグレーターはその中間にあたります。

◎ITコンサルタントの年収マップ◎

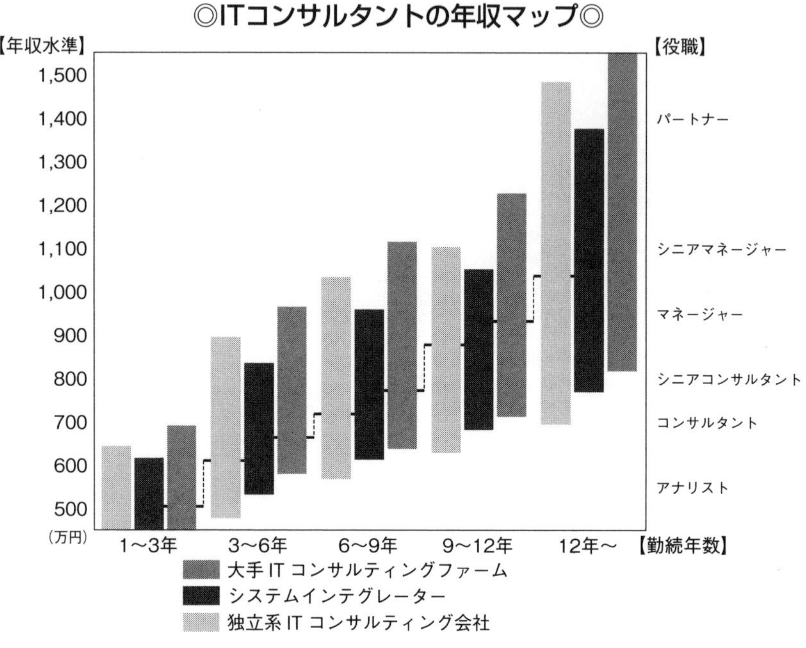

※働き方改革総合研究所㈱の独自調査結果をもとに作成

このグラフは、求人サイトなどで目にする「コンサルティング業界の年収チャート」などと比べると、全体的に低めの水準だと感じられるかもしれません。それは、比較的、給与水準が高い戦略系コンサルティング会社の数値が算入されていないこと、また求人サイトの場合、転職を促す目的から、残業代や業績賞与などを加味したやや高めの水準を示すことが多いのが理由です。

ITコンサルタントの給与は、基本的には勤続年数ではなく、役職やランク（☞31頁）にしたがって上昇していくのが一般的です。評価と査定については後述しますが、アナリストからコンサルタント、マネージャー、パートナーと昇格していく際に給与のレンジも変わり、そのタイミングで金額もアップするしくみとなっています。

ITコンサルタントの報酬は経験よりも能力と適性で判断される

ITコンサルタントに転職する際、前職での経験や実績、保有するスキルなどから入社時のクラスが決まり、それに合わせたランクと年収が決定します。これには「社会人として何年働いたか」という点はあまり関係なく、純粋に能力と適性で判断されます。

10年以上の経験があっても、非管理職のコンサルタントからスタートということもあれば、数年の経験でもアナリスト扱いではなく、いきなりコンサルタントからということもありえます。

ITコンサルタントの評価と査定の実際

ITコンサルタントの評価は、国内系企業であれば一般的な人事評価制度に基づきます。ここでは外資系企業などに特徴的な部分について説明していきます。

ITコンサルタントの評価は、基本的には半期に一度、もしくは年度ごとに行なわれます。当該期間内に携わったプロジェクトでの働きや実績に基づいて年間の評価が確定し、そのデータをもとに昇給率が決まっていきます。

また業績連動型の賞与をとり入れていて、全社一律支給でない場合は、個人への配分率もこの場で決まることとなります。そして一定レベル以上の評価が続くと、1つ上のクラスへと昇進していきます。この際に人事制度上のランクも昇格することになるため、合わせて給与が大幅にアップすることにつながります。

ITコンサルタントが高給という印象をもたれる理由は、おそらくこの昇給率の高さにあるでしょう。国内企業の場合でも、平均昇給率は2.0%(厚生労働省「令和元年賃金引上げ等の実態に関する調査結果の概況」より）という状況のなか、ITコンサルティング会社では軒並み10〜15%、会社によっては20%以上の昇給率を設定しています。

高額な給与が得られている裏には当然ながら、相応に高額な報酬をクライアントに請求しているという事実があります。とはいえ、けっして暴利をむさぼっているわけではなく、「高額な報酬を確保しなければ、クライアントを満足させるだけの優秀な人材を引き止められない」というコンサルティング会社側の事情もあるといえます。たとえば、ITコンサルティング会社のマネジャークラスの人材を雇用するために必要な費用は、国内系の大手ベンダー各社における上級SEの倍程度になります。

自身が提供できる付加価値が増せば、その分対価としての報酬も増えます。一方で、この給与水準を維持するためには、常にスキルを向上させ継続的に付加価値を提供し続ける不断の努力が必要ともいえるでしょう。

❖ ITコンサルタントとして得られる真の報酬とは?

絶対的な金額だけで判断すれば、まだまだ高水準なITコンサルティング業界ですが、恒常的に残業が発生し、「働いた時間」よりも「出した成果」で給与が決まる環境を考えると、「時給換算」という尺度ではまったく割に合わない職業であるともいえます。

ただそれは、サービス残業が美徳という雰囲気を意味するわけではありません。むしろ、「クライアントに極力高い付加価値を提供したい！」という思いがあって、限られた期日のなかで最大限のクオリティをアウトプットするために、必然的に長時間勤務となってしまうものなのです。

ITコンサルタントとして、何を得たいのか。もちろん、高額な報酬もその1つかもしれませんが、ゴールはそれだけではないはずです。ITコンサルタントであることによって、次のようなやりがいが得られます。いずれも、この環境でこそ追求できるものなのです。

◎ITコンサルタントのやりがい◎

- 対象が経営課題全般であり、提案できるソリューションや携わることができる業務範囲が幅広い
- 困難な課題に取り組み、解決できた際の達成感
- 経営層の視座に立った仕事ができる
- プロフェッショナルとしてキャリアパスが広がる
- 高額な報酬

第6章

ITコンサルタントになるための就職・転職ノウハウ

▶ ITコンサルタントの人材需要

▶ 新卒採用の傾向と対策

▶ 人事の本音にみる新卒採用のポイント

▶ 効果的な転職方法

▶ 中途採用のポイント

▶ 面接の傾向と対策

▶ 合格できる応募書類の作成法

▶ ITコンサルタントからのキャリアアップ

6-1 ITコンサルタントの人材需要

▶今、どんなITコンサルタントが求められているのか

引き続き高いITコンサルタントの需要

技術進歩が早く、日々新たなサービスが生まれているIT業界において、ITコンサルタントの人材需要は常に旺盛です。IPA「IT人材白書2020」によると、ユーザー企業におけるIT人材の「量」について「大幅に不足している」「やや不足している」との回答が合わせて「89.0%」、同じく「質」についても合わせて「90.5%」が不足感を抱いており、新卒・中途ともに力量あるIT人材に対する採用ニーズが高止まりしている状況が伺えます。

特に昨今では事業戦略の一環として、DXによって抜本的に業務のあり方を変革する動きが生まれ、AI（☞53頁）やRPA*を用いた業務自動化、テレワーク導入のためのセキュリティ対策やシステム導入など、戦略立案や業務プロセス設計の段階からITコンサルティングの知見が求められる時代となっています。

実際、大企業を中心に企画・設計など社内システムの上流から内製化を進める割合も増えており、社内でIT技術を蓄積・強化し、企業の競争力を向上させるためにもITコンサルタントの支援が求められています。それらのニーズの高まりを受け、経営コンサルティング会社はシステムインテグレーターのサービス領域と競合するところまでIT部門の業容を拡大させていますし、システムインテグレーターは上流工程から顧客に入り込むために高い提案スキルをもつ人材を求めています。

ITコンサルタントの高い需要は今後も続くことが考えられます。従前の技術やスキルを生かせる業務はまだ豊富に存在しますが、デジタルビジネスの業容が拡大していくなかで、ITコンサルタントとして求められる存在であり続けるためには、コンサルタントとしての力量はもちろん、最新のIT技術やサービスにまつわるトレンドを把握し、知見をアップデートさせていく必要があるでしょう。

❖ITコンサルタントの募集要件

ITコンサルタントには、具体的にどのような素養や業界経験、知識、人物像が求められているのでしょうか。

実際に企業側が打ち出している採用ニーズから、ITコンサルタントに求められる要素を見てみましょう。

①高度な専門性

システムの開発、もしくは導入、改善に関わる実務経験は必須です。具体的には、事業会社、コンサルティングファーム、システムインテグレーター、ソフトウェア開発会社において、開発側で上流の要件定義などプロジェクトの立案段階から参画していたり、コンサルティングの一環としてITシステム導入にまつわるプロジェクトの実務経験があったりすることが求められます。

昨今ではクライアント側のITへの見識も高く、ニーズが多様化していることもあり、SAP、Oracle、Salesforce、Microsoft、AWSなど主要な製品ソリューションに対する知識や実際の導入経験があることや、AI、ブロックチェーン*、IoT（☞46頁）、DX、xR*といった新たなIT関連スキルを保持していると歓迎される傾向にあります。

これらのうち、システム開発経験は必須とならないこともありますが、実際にシステム導入段階において協業することとなるSEやプログラマーの人たちとの間でもスムーズに話を進められる程度の知見は身につけておく必要があります。

②コンサルタントとしての知見

要件に沿ってシステムを開発・構築していくSEとは異なり、ITコンサルタントはクライアントの経営課題に対して、ITを用いて解決へと導いていくことが使命であるため、単なる技術的な知識のみならず、経営的視点から考察し、提案するための知見が求められます。

具体的には、課題を発見してその要因を分析し、論理的思考によって解決へと導いていく「問題解決力（☞175頁）」、クライアントの置かれた業界における所与の条件をもとに、ビジネスモデルや競争優位性、組織文化

◎募集要項から見たITコンサルタントに求められる要件◎

分類	要件	企業
必須要件	・大卒以上、ビジネス実務経験3年以上	各社共通
経験・スキル	・事業会社における経営企画、業務改革、IT戦略、IT導入プロジェクト経験	各社共通
	・コンサルティング会社におけるビジネス/ITコンサルティング経験	各社共通
	・コンサルティングファームやソリューションベンダーでのビジネスコンサルティング経験、システムプランニング経験 ・情報システム開発経験（上流の要件策定から参画、大規模なプロジェクト、コンプレックスなシステムのアーキテクチャーデザインの経験など） ・Webアプリケーション設計、開発の経験	日本IBM
	・シェアード・サービスの設計・運用経験 ・プロジェクトマネジメント、チームマネジメント経験（受注側・発注側、プライム・二次請問わず） ・品質管理、開発管理、テスト計画策定／推進、移行計画策定／推進経験 ・ERP/Open系の構築や運用保守経験 ・ERP/Open系の設計・開発標準策定経験	アビームコンサルティング
	・システム構築やITインフラの計画策定、ITに関する標準化などに関わった経験	日立コンサルティング
	・ITコンサルタント、SE、社内SE、経営企画にてIT関連経験 ・ERP（SAP、Oracleなど）導入プロジェクト経験 ・クラウドやITインフラの経験	デロイトトーマツ コンサルティング
	・経営計画を実現するための次世代ITシステムの立案経験 ・SAP/Oracle/Salesforce/Microsoft/AWS等の主要な製品ソリューションに対する導入経験や知識 ・NEW IT関連スキル・経験（AI、ブロックチェーン、IoT、xR等） ・Java/Python等でのカスタムメイドシステム導入経験 ・英語を用いたグローバルプロジェクトの経験	アクセンチュア
知識・資格	・プロジェクトマネジメント資格（PMP等） ・SAP認定コンサルタント資格 ・Oracle DB、SQL*Serverに関わる認定資格 ・AWS認定資格 ・ITIL資格 ・IPA高度情報処理技術者資格（ITストラテジスト等） ・簿記	アビームコンサルティング
	・インフラからアプリケーションまで幅広い技術に関する経験および知識 ・特定の業界・業種に対するIT/OTの知見	アクセンチュア
人物像	・クライアントとのやりとりを通じて信頼関係を構築できるコミュニケーションスキル	アクセンチュア
	・顧客と良好な信頼関係を築いていくために、顧客の立場に立って考えられること	アビームコンサルティング
	・コミュニケーション力、調整力、問題解決力といった資質	フューチャーアーキテクト

などを理解したうえで顧客のビジョン実現に資するIT戦略を考え出す「IT戦略立案力（☞186頁）」、コストやリソース、時間、リスク要因などの制約条件を踏まえ、プロジェクト完了までチームを効率的にリードしていく「プロジェクトマネジメント力（☞200頁）」といったスキルが歓迎されます。なお、語学力は必須ではないものの、ビジネス英会話が可能であれば活躍できるフィールドが広がります。

③プロフェッショナルとしてのマインド

クライアントの成功のため、徹底的にコミットすることが求められます。その過程でさまざまな制約条件や課題を乗り越える必要があるため、肉体的・精神的にタフであることがまず前提条件です。そのうえでクライアントの要求に応えるのみならず、その期待値を超えるレベルの付加価値を提供することが次のビジネスにつながるため、自身のなかで高いハードルを設定し、妥協せずプロジェクトを進めていかなくてはなりません。

さらには業務上、クライアントの重要な経営情報や機密事項に触れる機会も多いため、高い倫理観を保たなくてはならず、全方位的なプロフェッショナリズムが必要になります。

④高いヒューマンスキル

ITコンサルタントの仕事は単に提案書を提出し、システムを導入して終わりではありません。その後の運用やクライアント内部での実行支援も含め、多くの立場の人々とコミュニケーションをとって進めていく仕事であるため、円滑な人間関係を築き、相手に気持ちよく行動してもらえるヒューマンスキルが必要です。具体的には、相手の要求を正確に把握するヒアリング力（☞190頁）、相手の立場や気持ちを汲みとって寄り添える共感力、自分の意見を的確に伝え、相手に納得してもらうプレゼンテーション力（☞194頁）などがあげられます。これらの力がベースとなり、相手からの信頼を得たうえで、自発的・自律的な行動を促すことができれば、実務能力以外の部分で大きな差別化ポイントとなります。

◎ヒューマンスキルに求められるもの◎

- クライアントと信頼関係を築けるコミュニケーション能力がある
- チームのなかでの役割を把握し、チーム全体の成果を意識できる
- 相手の立場に立って考え、かつ説明ができる
- 関係者に心底納得してもらい、気持ちよく行動してもらうことができる

◎現役ITコンサルタントが語る「求められる資質」◎

スキル
•「**理論的に考え、問題を解決する力**」でしょうか •「**ITの知識**」と「**業務プロセスの知識**」の両方をバランスよくもつことです •「**コミュニケーション能力**」。お客様と我々との間で認識にギャップが生じることもあるので、「我々の意図は本当に相手に伝わっているか」を常に確認しながら進めます •「**プレゼンテーション能力**」。クライアントのあるべき姿を、クライアント自身にイメージしてもらうために絶対必要です •「**システムデザインのセンス**」です •「**スピード**」。問題を把握して、根源を探り、解決策を考えて提案する。すべての行動にスピードが伴うことがサービスだと考えています •「**チームワーク**」と、チームを実際に動かしていく「**リーダーシップ**」でしょう。個々のメンバーとの協調ありきですから •「**社内政治に入り込んで、キーパーソンを納得させること**」 •「**マネジメント能力**」です。これは人的と物的両方あって、多種多様なメンバーをまとめてプロジェクトを進めていくことと、予算と期日を管理して予定通り終わらせること

マインド
•「**肉体的、精神的にタフであること**」 •「**圧倒的な顧客志向**」と「**プロフェッショナルマインド**」 •「**何があってもやり切る力**」です。今日の仕事が終わって、クライアントのメンバーは帰ったとしても、我々は翌朝までの何時間かでできることをやり切って次の日に臨む。その繰り返しが迫力と説得力を生むんです •「**判断力**」と「**要領のよさ**」が求められます。とりあえず何をおさえておけば先に進められるのか。まずは仮説で進めてみて、間違っていればすぐ戻ってまたやればいいんです •「**謙虚で素直**」が一番

6-2 ▸新卒採用の傾向と対策

▸「コンサルタントになりたい」という明確な想いが必要

❖ 新卒採用のスケジュールは短期集中型

新卒採用の選考スケジュールについては、これまで経団連が示す「採用選考に関する指針」が影響力を保っていました。すなわち、求人情報を公開して広報活動を開始するのが「卒業・修了年度に入る直前の３月1日から」、採用選考を開始するのが「卒業・修了年度の６月１日から」、そして正式な内定日は「卒業・修了年度の10月１日」というものです。

（一社）日本経済団体連合会（経団連）の指針は2018年に廃止となり、採用スケジュールは政府が主導する形へと変わりましたが、政府としては当面の間、従前のスケジュールを維持する方針を示しています。

これらの日程遵守はあくまで経団連加盟企業に対して求められていたもので、外資系企業やベンチャー企業など、経団連非加盟企業には適用されず、実質的に形骸化したルールとなっていました。採用日程の早期化はかねてより進んでおり、指針廃止が決定したことでさらにその動きが加速しています。ちなみに新卒就職情報サイト運営企業「ディスコ」調査によると、2021年新卒採用において面接開始時期としてもっとも多いのは「３月中旬」でした。広報開始のタイミングを考えると、就職活動準備に費やせる時間は少なく、全体的に短期集中型のスケジュールといえるでしょう。

❖ 就職活動は早めのスタートが重要

2019年には、経団連と大学側が「新卒学生の通年採用」を拡大することで合意しました。またインターンシップへの参加を実質的に選考の一環として位置づけている企業も多く、スケジュール早期化の動きも鑑みると、就職活動とその準備は早期から開始するに越したことはないといえます。

仮に「卒業・修了年度の６月１日から選考開始」というスケジュールを前提に考えると、卒業・修了前年の夏休みや冬休みには夏季/冬季のインターンシップに参加しておき、ひととおりの自己分析や業界研究をこなしておくとよいでしょう。併せて、年明け頃から各種筆記試験の対策もしておくと時間に余裕をもてるのでお勧めです。

そして３月からの広報開始と同時に会社説明会やセミナーが開催されるので、その際に企業に提出する履歴書やエントリーシートの準備も行ないます。実質的にはその頃から面接もスタートするため、必要に応じて面接の練習なども行なえればよいでしょう。いずれにせよ、６月中にはひととおりの内定が出揃うことになるため、志望企業が決まっているならスケジュールを早め早めに確認し、先取りして行動していくことが重要です。

◎理想的な就職活動スケジュールの例◎

大学3年生 11月 12月 1月 2月 3月 / 大学4年生 4月 5月 6月 7月 8月 9月 10月

企業の動き
インターンシップ
合同企業説明会
単独企業説明会
選考（予想）
選考（経団連ルール）

あなたがすること
自己分析
インターンシップ
情報収集・企業研究
エントリー
企業説明会・エントリーシート
試験・面接

なぜ早期からの活動開始が重要なのでしょうか。それは、次の理由から希望する企業に入社できるチャンスが圧倒的に高まるからです。

①活動の方向性を定められる

就職活動で不安や迷いが生じてしまう大きな理由に、「何をしたいかわからない」「何ができるかわからない」といった点で困惑してしまうことがあげられます。

それに対し、早くから自己分析と業界研究を進めることで、「この業界/仕事なら興味をもてるかもしれない」という「アタリ」をつけることができます。そして、実際に説明会や選考に参加することで「アタリ」を確かめ、合致していればさらに追求し、そうでなければ早めに方向転換ができます。したがって、迷いなく活動が進められるのです。

②選択肢が多い

企業は採用目標人数を設定しており、それが充足すると採用活動を終えてしまいます。当然ながら早期から準備ができていれば、それだけ多くの選択肢をもつことができ、可能性が広がります。

一方で、時間がたつにしたがい、ある程度の採用数を確保できると、企業側の選考基準も厳しいものになっていく可能性があります。

その他、「当初は関心がなかったが、企業に触れていくうちに興味を抱き始めた」といった変化が訪れることもあります。相対的に選択肢が多くなっていくのです。

③「場数」を踏める

筆記試験やグループディスカッション、面接などへの有効な対策として、「場慣れ」があげられます。早期から就職活動を始めることで、選考過程に慣れることができ、その経験を通して自分の考えや意見が研ぎ澄まされていく効果もあります。

そのうえで、選考のピークである5月・6月に熟成された状態で臨めれば、有効に過ごすことができるでしょう。実際、希望企業への内定を得ている学生ほど、早期に活動を開始している傾向があります。

❖新卒選考の一般的なプロセス

新卒採用の選考は、多くの企業において「リクナビ」や「マイナビ」といった就活サイトを窓口として行ないます。サイト上からエントリー希望者として登録を行ない（プレエントリー）、以降サイトやメール経由で送られる案内をもとに会社説明会やセミナーに出席し、履歴書やエントリーシートを作成・提出することで初めて正式なエントリーとなります。

会社説明会やセミナーは立派な選考の1ステップであると捉えたほうがよいでしょう。企業によっては説明会の場でエントリーシートを配布したり、説明会後に希望者を対象とした選考（筆記試験や面接など）を用意したりするなど、説明会に参加しないと次の選考ステップに進めない場合がありますし、選考がある旨を明記していないこともあります。

また、説明会の席上での態度や言動などがチェックされていることも多いため、社会人としてのマナーも含めて事前準備をして、心構えをもって臨む必要があります。

ITコンサルティング会社の新卒採用選考において、特徴的かつ重要度が高い項目を「エントリーシート」「筆記試験」「面接」に分けて解説します。

◎新卒選考のプロセス◎

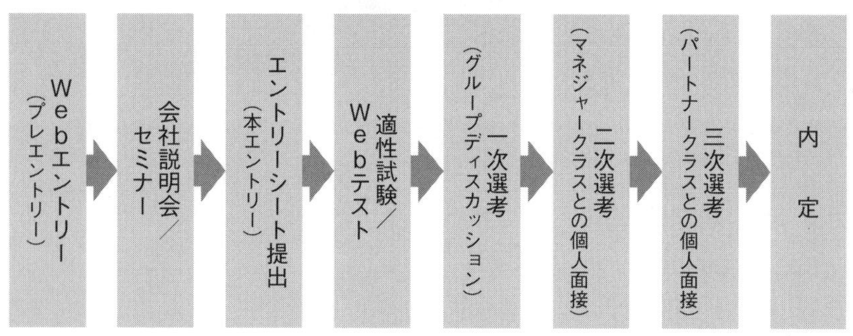

（上記は各社の平均的な選考プロセスを参考に、代表的なパターンを表現したものです。会社説明会と同時にグループディスカッションを行なったり、個人面接の回数が多かったりするなど、企業によって様々なかたちで行なわれますので、詳細は各社の選考情報を参考にしてください）

①エントリーシート

エントリーシートにおけるポイントは、次の３点です。

- 要点が簡潔にまとまっているか
- 主張したい事項は、具体的な論拠に支えられているか
- アピールしたい強みは、会社が求める人物像に合致しているか

採用枠の割に応募者が多い業界ですので、見やすく表現できることは必須であり、論理的に記載されているかどうかでコンサルタントとしての素養が見てとれます。同時に、一方的なPRではなく、会社が求める人物像に合致しているかどうかも確認されます。さらに、クライアントの伴走者

としての働きを求められるため、周囲との協調性や、相手への貢献意識といった素養も、具体的なエピソードを通して読み取られます。

②筆記試験

筆記試験では、オリジナルの問題が用意されるか、SPI（Synthetic Personality Inventory）やCAB（Computer Aptitude Battery）と呼ばれる適性検査を用いられることが多くなっています。

オリジナルの問題というとさまざまですが、国家公務員総合職試験で出題される「判断推理」「数的推理」に似たようなものをイメージするとよいでしょう。いずれも、解法については一定のパターンを当てはめれば解けるもので、事前にきちんと問題演習をこなしていれば高得点を狙えます。

また、SPIはトップシェアの適性検査であり、主に人物像を中心に判断します。一方、CABはITシステム系企業の多くで採用され、専門職としての適性を判断する試験です。

③面接

面接におけるポイントは一般的な新卒採用と同様ですが、ITコンサルタントを志望する場合、特に重要になるのが次の3点です。

・使命感

ITコンサルタントという仕事に対する思い入れの強さが求められます。単に「興味がある」「なれたらいいな」程度の気持ちではなく、「自分がやらねば誰がやる」くらいの強い意志と、それに至る確固とした動機が問われます。また同業他社が数あるなかで、あえてこの会社を選んだ理由、といったところまで説明できるとよいでしょう。

・好奇心と学習意欲

システムや最新の技術的なトレンドはもちろん、クライアントの業界や業務に関することなど、求められる知識とスキルは膨大なものです。何より、新たな知識に触れること自体に主体的な興味関心をもち、かつ日々の限られた時間のなかで効率よく学び、アウトプットにつなげる力が求められます。

・**考え抜く力**

コンサルタントとしてクライアントの課題を解決するにあたり、課題を把握し、原因を分析し、解決策を立案し、実行していくというすべての段階において、高度な思考力が求められます。普段から自分の頭で考える習慣を持っているかどうか、またさまざまな思考のフレームワークを活用できているかどうかといった点が問われます。

基本的には、これらの要素を「学生時代に力を入れて取り組んだことは何か」という質問から広げて問われることになります。具体的にどのような問いがなされ、その意図と評価基準とはどのようなものか、次項で詳しくみていきましょう。

6-3 人事の本音にみる新卒採用のポイント

人事の面接では、どんなことが聞かれるのか

専門能力よりも行動特性や人間性が評価される

新卒採用の場合、応募者には社会人としての職務経験がありませんので、おもに重視されるのは「行動特性」と「人間性」です。

①行動特性

行動特性とは、あなたがこれまで生きてきたなかで自然と身につけた行動の習慣やクセのことです。人によってそれぞれ、行動する際の判断基準や優先順位は異なるものですが、選考にあたっては自社内で成果を上げる人に共通する思考パターンや行動パターンを抽出し、自社にとって理想的な行動特性を定義します。その特性をもとに、あなたの具体的な行動に着目して評価していくのです。

選考においては一般的に「学生時代に力を入れて取り組んだことは何か」というテーマを軸に質問が進んでいくのですが、これは単に「何を成し遂げたか」という結果だけを聞きたいのではありません。「その時、なぜその行動をとったのか」「なぜそうしようと考えたのか」といった形で、あなたの具体的な行動特性を確認し、それが自社のハイパフォーマーといかほど合致しているかを知ることが目的なのです。その際の流れとして、「当時の状況」(Situation)、「その時抱えていた課題」(Task)、「その際にとった行動」(Action)、「最終的に得られた成果」(Result)、という順に確認していくので、これらのアルファベットの頭文字をとって「STAR面接」とも呼ばれています。

応募者の過去の行動と考えにまつわる、かなり細かい部分まで突っ込んだ具体的かつ多角的な質問がなされるため、慣れない人にとっては「圧迫面接なのでは!?」と感じられるかもしれません。しかしこの方法によって、

応募者が「どんな状況で、どのような課題意識をもつ思考パターンをもっているのか」「どんな動機をもとに、どのような行動をとるタイプか」などを、事実に基づいて把握できるため、いわゆる「話を盛る」方法が通用せず、応募者の能力や志向性、誠実さなどをある程度的確に測ることができる手法として重宝されています。

◎行動特性に関する質問の例◎

Q.「学生時代に力を入れて取り組んだことは何ですか」
A.「学生団体のサブリーダーとして組織をとりまとめ、成果を上げました」

①Situation：状況
「その学生団体に参加したきっかけは何ですか」
「あなた個人の、活動における目標は何でしたか」
「学生団体の規模はいかほどで、どのようなチーム体制でしたか」
「サブリーダーに就任したのは自薦ですか他薦ですか」
「なぜサブリーダーをやろうと考えたのですか」
「サブリーダーは何人くらいいて、そのなかであなたはどんな役割でしたか」
「どのような責任と権限をもっていましたか」

②Task：課題
「サブリーダーとして果たすべきミッションは何でしたか」
「そのミッションの難易度はいかほどですか」
「ミッションを進めていく過程で、どんな課題・問題がありましたか」
「問題発生のきっかけは何でしたか」
「その問題や課題の根本的な原因は何だったと考えられますか」

③Action：行動
「その課題をどうやって解決しようとしたのですか」
「どのような解決策を考えたのですか」
「複数の解決案のなかで、最終的にその策を選択したポイントは何ですか」
「そのために、どのような計画を立てましたか」
「周囲のメンバーとどのように関わりながら進めていきましたか」
「非協力的なメンバーにはどのように働きかけましたか」

④Result：成果
「課題はどれだけ解決できましたか」
「どれだけ計画通りに実行できましたか」
「今から思い返すと、足りなかったと感じられる部分は何ですか」
「成果に対する周囲の反応はいかがでしたか」
「取り組みの後、どのような変化がありましたか」
「一連の経験を経て、あなた自身が変化・成長したことは何かありますか」

新卒の採用選考では往々にして「何か希少で、すごい経験実績をもっていなくてはいけない」と考えられているようですが、選考側は決して経験実績そのものを評価しているわけではありません。具体的な思考と行動について深く掘り下げた質問のなかで、次のような「思考パターン」「行動パターン」を確認し、評価しているのです。

◎行動特性に関する評価基準◎

- 主体的に目標設定し、計画立てて行動できている
- 物事の根本的な課題にアプローチし、その解決を目指して行動している
- 困難な状況のなかでも、自分なりに工夫・努力をして乗り越えている
- 周囲の人にも働きかけながら、協働して目標達成している
- 判断や行動を振り返り、至らない点は反省し、経験から学ぶことができる

②使命感

コンサルタントという華やかなイメージのみで仕事を捉えてしまい、実際にはハードワークであったり、極限まで考え抜くタフな仕事であるという認識ができていない志望者も一定割合、見受けられます。単なるイメージではなく、「コンサルティング」することに対しての強い想いや使命感のようなものを伝えられるといいでしょう。「なぜITコンサルタントでなくてはいけないのか」に対しての答えは明確でしょうか。

たとえば、次のような回答であれば想いが伝わるでしょう。

◎使命感を伝える志望動機の例◎

ITの力で、企業変革を具現化する仕事をしたいと考えているからです。もともと、ITへの興味から、システム会社の営業部門でインターンシップ経験を積んで参りました。ただそこでは、お客様からの受注があると、システム部門に引き継いで対応する形でした。営業部門としてお客様の悩みは把握できており、それをどう改善すればよいのかイメージはできているのに、導入まで見届けられなかったのは大変歯がゆい思いでした。

導入まで携わり、お客様の課題解決や変革のサポートを最後まで遂行したいという思いで、ITコンサルタントを志望しております。

③好奇心と学習意欲

ITコンサルタントにはさまざまな専門的知見が要求されますが、実務経験から判断できない新卒学生に対しては、新たな知識に触れ、学んでいくこと自体に興味関心をもち、かつ実際に主体的に学ぶ習慣をもっているかを問われます。

◎好奇心と学習意欲に関する評価基準◎

- ITのトレンドや新技術に積極的な興味関心をもち、情報収集している
- プログラミングを学んでいる
- 経営やマネジメントについて学んでいる
- 論理思考やフレームワークなどを学んだり、普段から意識的に使ったりしている
- ニュースや報道記事、広告などを題材に「自分ならこう考える」といった発想の訓練をしている
- 文章を書いてSNSに投稿する、プレゼンテーションツールを用いて発表するなど、自分の意見を表現する機会を設けている

いくら面接で「ITコンサルティングをやりたいです!」と主張しても、普段から何の勉強もしておらず、考える習慣を持ち合わせていない人が選考を通過することは不可能です。日々の心構えと地道な努力が報われるポイントですので、日常の行動を少しずつ変えるところから始めていきましょう。

④ヒューマンスキル

特にコミュニケーション力やチームワーク、人間的魅力といった点を重視します。いくら論理思考力に優れていても、クライアントが求めていることを引き出して把握し、チームメンバーと円滑に協働し、クライアントが納得して実行しやすいように伝えることができなければコンサルティングは成立しません。したがって、面接では次の点をエピソードを踏まえながら確認していくことになります。

◎ヒューマンスキルに関する評価基準◎

- 相手の立場や理解度合いに合わせた話ができる
- 相手の要求を正確に把握できる
- 相手の立場や気持ちを汲みとって寄り添うことができる
- 自分の意見を的確に伝え、相手に納得してもらうことができる
- 温和で話しかけやすい雰囲気である

自ら「コミュニケーション能力があります！」とアピールしてしまうのは論外です。面接官は会話の一言一句からあなたの人間性を観察していますので、面接の場できちんとコミュニケーションをとる、という実際の行動を通してアピールすべきです。普段の友人・家族との会話や日常生活のなかで、上記を意識しながら取り組んでいきましょう。

なお、これらはITコンサルタントに限らず、すべてのビジネスプロフェッショナルに求められる資質になります。実践できればどの業界でも通用できる人材になれることでしょう。

6-4 ▸効果的な転職方法

▶ 転職後に活躍できるかどうかが成功の鍵

❖「転職しよう!」と思い立つ、その前に確認すべきこと

ITコンサルティングへのニーズ拡大やファーム各社の業容拡大に伴い、中途採用において求められる人材像も幅広くなっています。ITコンサルタントを目指す人にとってはチャンスではありますが、転職を意識する前に必ず確認しておきたい事項が3点あります。

①仕事を究めたという自負があること

まずは今の組織で、「あなたがいなくては困る」といわれるくらいの圧倒的な実績や存在感を示しているかどうか、を振り返ってみてください。イメージとしては、同期入社や同じ職位にいる社員のうちで上位10%に入っているかどうか。そして、残りの90%の社員に貢献できているかどうか。

そのレベルに達しない状況での転職は、ほとんど無意味といっていいでしょう。転職すること自体はもしかしたら簡単かもしれません。しかし大事なのは、希望するITコンサルティング会社に内定を得ることではなく、「転職先で自分らしく活躍できる」という点であるはずです。

そのためには、前述した能力や資質などさまざまな要件が必要になりますが、まずは現在の会社で求められている役割を全うし、組織からの期待に応え続け、「辞められたら困る」というレベルまで自らを高めておく必要があります。ハードルは高いようですが、そうすることが結果的に自分らしいキャリア（☞218頁）を実現する近道なのです。

②現職への不満にカタをつけられていること

転職を思い立つきっかけには、何かしら現在の仕事や環境に対しての不本意な思いが存在するかもしれません。しかし、そのような思いを解決しないまま、不満自体が転職理由になってしまうと、恐らく転職先の会社においても、同じようなシチュエーションに遭遇したときに、同様の思いを

抱くことになってしまうでしょう。

仕事内容、報酬、人間関係など、不本意な気持ちになる原因はいろいろあると思いますが、多少タフな状況であっても、自分なりに折り合いをつけて、都度きちんと対処しておくことが重要です。

いわば転職とは、「今の会社でやることはすべてやり切ったが、これ以上は不可抗力でどうしても難しい」というところまで尽くした人だけが選択できる手段、といっても過言ではないでしょう。

何かしらの不満があると感じられれば、もちろん面接官は見抜きますし、「不本意な点を、自分なりにどのように解決してきましたか？」と問うはずです。この質問に対して「今の会社において、自分としては最大限の努力をしてきました。具体的には……」と自信をもって答えられない間は、転職を検討すべきタイミングではありません。

③「ITコンサルタントになる」のが目的ではないこと

「ITコンサルタントになって、自己成長したい」とイメージする人がいます。ITコンサルタントとしてさまざまな経験を積めるのは得がたい機会ですし、報酬も比較的高水準で、成長できる場であることは確かです。成長意欲があるのも素晴らしいです。

ただしそれは、コンサルタントとしての職務を地道に全うした結果としてはじめて得られるものです。ITコンサルティング会社に入れば成長できる、というものではありませんし、そもそもコンサルティングはあなたが成長するための手段ではないのです。「give&take」という言葉があるように、自分自身がITコンサルタントとして、組織やクライアントに対してどんな「give」ができるのかを考えてみてください。

◎giveできるかどうかの視点◎

- どんな経験、実績を生かせるのか
- コンサルティングへの思い入れはどれほど強いのか
- 他のコンサルタントにはない、自分ならではの人間的特質は何か

ちなみに、「実績」といっても業務上の成果のことだけを指しているの

ではありません。実績は必要条件ではありますが、極論すれば「過去」のことに過ぎないためです。

転職先となるITコンサルティング会社は、これまでの業績や周囲へ与えた影響力といったものから総合的に判断し、「これから当社にどんな貢献をしてくれるのか」という、あなたの「将来性」を買っているのです。その期待にどのように応えられるか、じっくり考えてみましょう。

世の中の価値観が変わり、メディアからはキャリアアップを促すメッセージがさかんに流され、転職しやすい環境が整っています。また転職という手段は、これまでのしがらみから開放されて、リセットした状態からスタートできるという機能があることも事実です。

ただ、転職を意識する際には上記3点をいま一度自分自身に問うてみてください。もし1つでもNOであれば、現在の環境でまずはやり切るところから始めましょう。そして、すべてYESと言い切れたならば、あなたはITコンサルタントとして新たな環境で活躍できる存在になりうるはずです。

❖ 中途採用の一般的なプロセス

現在の環境ですべてをやり切った、そのうえでどうしてもITコンサルティングをやりたいという強い思いが継続していれば、転職を検討しましょう。

ITコンサルティング会社の場合、中途採用は一般的に通年で実施していますが、その時々の採用状況やプロジェクトの受注状況などによって採用意欲が変化するため、まずは各社のWebサイトなどから採用の有無を確認します。また不定期で応募希望者向けのキャリアセミナーなどが開催されることもあります。業務内容や求める人物像などについて説明がありますので、企業理解にも役立ちます。Webサイトなどでスケジュールを確認しておくことをお勧めします。

同じITコンサルティングという分野でも、会社によって得意としている領域が異なることもあります。自分自身のやりたいことができ、経験や知識が生かせる分野がある会社を選んでエントリーするのがよいでしょう。

エントリーはWebサイト経由で必要事項を記入して行ない、前後して履歴書や職務経歴書を送信して書類選考に進み、通過すればその後、筆記試験、複数回の面接をへて内定に至るパターンが一般的です。

筆記試験は存在しない場合もあり、実施の場合も論述、マークシート、Webテストなど形態はさまざまです。またケーススタディをもとにした口頭試問や、プレゼンテーションを求められることもあります。

❖ 転職エージェントの活用も有効な手段

自分自身で転職活動をする以外の手段として、エージェントのサポートを受ける方法があります。登録型の人材紹介会社や、システムは多少異なりますが、エージェント側から声をかけられる形式のエグゼクティブサーチ会社を利用する方法です。エージェントを活用するメリットには、次の点があります。

◎転職エージェント活用のメリット◎

- 客観的に見て、自分に合うと判断できる会社や職位を紹介してくれる
- 過去の転職者の事例や実際の社風、給与など、リアルな情報が手に入る
- 提出書類に関して添削などのアドバイスが受けられる
- 面接指導や模擬面接が受けられる
- 内定時の条件交渉やその後のフォローが受けられる

ただし、すべてのエージェントがきちんとした情報やサポート体制をもっているとは限らないため、利用時には十分な吟味が必要になります。具体的には、次の点を確認するとよいでしょう。いずれにせよ、中途採用の場合、要求水準は高いもののチャンス自体は豊富です。事前準備を確実に行なえば、機会をつかみやすくなります。

◎転職エージェントのチェックポイント◎

- ITコンサルティング会社への転職サポート実績が豊富にある
- 個別企業の採用状況や社風などを、具体例をもってきちんと説明できる
- アドバイザー自身がITコンサルティング会社出身などで、豊富な情報だけでなく、業界動向や趨勢などにも言及できる知見をもっている

◎転職前のチェックリスト◎

・自分自身について

- □ 理想のキャリアプラン、ライフプランについてイメージできている
- □ 転職を決意した理由を明確に説明できる
- □ これまでの仕事は、やりきったといえる状態である
- □ どんな経験をしてきて、どんな強みをもっているか整理して説明できる
- □ 自分の価値観や適性について、客観的に判断・認識できている
- □ 会社や仕事選びの条件は整理し、優先順位がつけられている
- □ 資格試験等の受験に必要な就労年数を満たしている
- □ 転職活動に必要な費用や時間は確保できる
- □ 健康上の問題はない
- □ 新たな環境で頑張るという気力、精神力が充実している

・家庭や日常生活について

- □ 家族の了承や理解が得られている
- □ 家族のキャリアや進学、結婚等に影響がないか確認できている
- □ 最低3か月分程度の生活を維持できるだけの蓄えがある
- □ 給与がダウンしても、生活を維持する覚悟がある
- □ 金融機関からの借入れ、ローンなどに影響がないか確認できている
- □ 転居にも対応できる

・会社や仕事との関わりについて

- □ 退職時の手続きや条件などについて就業規則を確認できている
- □ 現在の仕事は退職予定時期までに完了できる
- □ 仕事を引継げる人がおり、引継ぎの時間も確保できている
- □ 引き留められた場合の対処法を知っている
- □ 退職により、顧客との取引関係に問題が生じることはない
- □ 退職後も、同僚や顧客との関係は良好に維持できる
- □ 雇用保険の受給資格や退職金、賞与などへの影響は確認できている

・転職情報について

- □ 転職情報サイト、人材紹介会社など、サポートサービスを把握している
- □ 希望する業界・職種の求人情報は精査した
- □ そのうち、自分の希望条件に合うものがどれほどあるか把握できている
- □ 自分のキャリアがどこまで通用するか、ある程度の見通しがついている
- □ 希望する業界・職種の最新動向は把握できている
- □ 希望業界・職種に信頼できる知人がおり、リアルな情報が手に入る

❖ 転職して活躍できる人、できない人

ITコンサルティング会社に転職したものの、結局うまくいかなかったという事例には、次のような共通パターンがあります。

◎転職に失敗するパターン◎

①社風になじめず、力を発揮できなかった
②想像以上にハードワークだった
③専門分野での技術力が生かせなかった

①は、国内企業—外資系企業間で転職する場合に起こりやすいパターンです。そもそも転職するということ自体、社風が異なる環境に身を移すことになるわけで、調整が必要なのは当然といえます。国内—外資間のように文化的差異がある場合はなおさら、ミスマッチが起こりうるであろうという前提のもとで柔軟に対処する必要があります。

②は、ITコンサルタントを目指す方ならある程度は覚悟しているでしょう。しかし、自分にとってハードワークと感じてしまった時点で、その仕事は合っていないのかもしれません。仕事選び・会社選びの段階で、そもそも、ハードワークを求められる環境で働くことになるのだ、という前提で考え、「毎日終電になったとしても、やりたい仕事か？」と自分自身に問いかけてみることが大切です。

③は、トレンドは常に変化していくという事実を受け容れることにつきます。特にITの分野は圧倒的なスピードで技術革新が起こり、常に教科書が書き換えられているような状況です。それは、すなわちベストソリューションさえも変化し、自分自身の技術知識も陳腐化してしまうということにほかなりません。むしろ、そのような状況を楽しみ、今後何が必要になりそうか、先を見越して研鑽を継続していくことが必要です。

上記に限らず、何かしらの原因で力を発揮できないとプロジェクトにアサインされなくなり、会社に居辛くなってしまう可能性もあります。まずは自分自身の力量を見極め、しっかりと成果を出せそうな会社を選ぶ、という観点も重要といえるでしょう。

逆に、転職して活躍できる人には次の共通点があります。これらの資質はITコンサルタントに限らず、あらゆる業界、あらゆる職種において有効なものといえるでしょう。

◎転職して活躍できる人の共通点◎

- どんな環境であっても「仕事を楽しめる」感覚をもっていること
- 環境や価値観の変化を受け容れ、柔軟に対応できること
- 常に幅広い好奇心をもち、自己研鑽に励んでいること

◎転職後、活躍するためのチェックリスト◎

- 入社前日～当日まで

□ 転職先企業や業界動向に関する最新情報を収集し、理解できている
□ 出社日、出社時間、出社場所、持参物等は確認できている
□ 印象的な自己紹介を考えられている

- 入社当日～1週間

□ 前職でいくらキャリアがあっても、現在の会社では新入社員であるという意識をもてている
□ 社内の人間関係、部署内の上下関係、独自の社内ルールなどについて情報収集し、ある程度認識できている
□ 周囲からは期待されつつも、厳しい眼で判断されているという意識をもって行動できている

- 入社後1か月

□ 仕事の全体像や業務フローについて認識できている
□ 仕事の進め方や業績評価についてのポイントが把握できている
□ 業界・社内用語、細かい社内規定などについて把握できている
□ 自分から積極的にコミュニケーションをとり、社内人脈が構築できている

- 入社後3か月

□ 小さくとも、活躍がわかる程度の実績を残している
□ 周囲から、ある程度の信頼を得られている
□ 入社後これまでの間で疑問に感じた仕事の進め方や事業方針に関して、自分なりの提案が練られている

- 入社後半年～

□ 業務上果たすべき役割はこなしつつ、これまで練ってきた独自の提案を積極的に推し進める準備ができている
□ 周囲や他部署も巻き込んで、プロジェクトを進められるだけの幅広い社内人脈を構築・維持できている

6-5 中途採用のポイント

▶転職者はバックグラウンドと人間性が評価される

ITコンサルタントに求められる素質とは?

中途採用市場の進展と雇用流動化により、今やコンサルティング業界も異業界からの転身者が大半を占めるようになりました。ITコンサルタントについても例外ではなく、コンサルティング業界やIT業界出身であることは必須条件ではありません。

しかしながら、「ITコンサルタントとして成長し、活躍できる人材か」という点についてはシビアに判断されています。では実際にどのような要素を見極められているのか。具体的な点について、「バックグラウンド」と「人間性」に分けて見ていきましょう。

ITやコンサルティング分野でのバックグラウンド

当然ながら、IT分野やコンサルタントの経験をもっている人は優遇されます。仕事の進め方や共通言語などで業務上の親和性があり、即戦力として活躍できるという判断からです。

昨今は未経験者を対象とした採用も拡大していますが、あくまでIT業界やコンサルティング業界出身でなくても可、というだけであって、各自の領域での卓越した知見と実績を求められることはいうまでもありません。具体的にニーズがあり、かつ実際の選考で有効なのは次のような要素です。

①高学歴

論理的思考力（☞177頁）や地頭力など、コンサルタントとしての基礎的な力量を左右するものとして参考にされます。

②出身業界や企業

IT業界であればもちろん歓迎されます。また、応募各社のクライアント企業が属する業界での実務経験や、各業界における上位３社くらいまでの大手企業での経験は優遇されます。クライアントも同規模であることが多く、社内政治や発生しうる課題などについて共通感覚をもって発想できるためです。

③実務経験

システムに関わる経験は必須です。圧倒的な実績をもっているに越したことはないですが、最低でも要件定義から開発、導入、運用に至るまで一連の実務経験が３年以上あることが１つの目安になるでしょう。

また、SAPやOracle、Salesforce、Microsoft、AWSなどの経験、ERP（☞80頁）などをユーザー側で導入した経験もあれば優遇されます。ただ、技術的なスペシャリストでなくとも、事業会社の経営企画や事業企画部門などでシステムを含めた業務改革に携わっていた経験、もしくはシステム関連の営業職として課題解決型の営業で実績を残してきた経験などは、十分な即戦力と判断され有利に働きます。

④視座の高さ

ITコンサルタントとして、顧客に対してさまざまな提案や実行支援を行なうにあたって、現場担当者から、経営陣に至るまで組織内のあらゆる階層、立場の人と協働することになります。その際、視座のギャップがあることで議論がかみ合わず、提案が通じないといったことが起こり得ます。現場担当であれば目前のタスクレベルの話、経営陣となれば「この社会をどうしていくか」「未来をどう変えていくか」といったレベルでの議題に対応でき、ファイナンス、マーケティング、マネジメント、人事・組織など、広範なテーマについても俯瞰的な視野で応えられることが期待されます。

❖ 使命感や顧客志向などの人間性

ITに関する知識をもつ、論理思考力を備えている、といった条件はITコンサルタントにとって必須ですが、それだけでは不十分です。あくまでクライアントと相対してサービスを提供する仕事である以上、他者とのインターフェイスとしての人間性は非常に重要なポイントになります。

こちらについてもさまざまな要素がありますが、共通点をくくっていくと次のような分類ができます。

①使命感

単に「ITコンサルティングをやってみたい」、という軽い気持ちではなく、「自分がやらねば誰がやる」というくらいの強い使命感をもっていることが重要です。意識が高いレベルにあると、それを維持するための自律的学習など主体的な行動に移せます。その結果、プロフェッショナルとしての迫力が出て、クライアントからの信頼獲得にもつながります。

②顧客志向

単に「お客様のために何でもやります！」というような御用聞き的なものではなく、論理思考力と結びついた「徹底的にクライアントのために考えて行動する」志向です。具体的には「クライアントは、本当のところどうなりたいのか？」「問題はそもそも何なのか？」と考え抜き、おかしいと感じたら遠慮なく指摘できるような「常に本質を追求する姿勢」であるといえます。

③バランス感覚

経験や専門的知識に長けていると、どうしても「自分の技術的知見を最大限反映させてコンサルティングしたい」という気分になってしまうことがあるかもしれません。しかし、それはクライアントや自社にとって本当に必要なことでしょうか。

コンサルタントとしてのエゴは排除し、クライアントの制約条件、自社が確保できるリソースやフィーとのバランスを考え、そのなかで最適な提案ができる感覚と自制心が求められるところです。

④人柄

定義が曖昧な言葉ですが、「一緒に働きたいと思える雰囲気や信頼感」と言い換えてもいいでしょう。

コンサルティングの一環として、クライアント企業に常駐したり、チームメンバーとしてクライアント側の社員とともに働いたりすることがあります。その際に彼らを巻き込み、効果的なチームワークが発揮されるためには、コンサルタントの人柄によって「この人と協業したい」と思われるかどうかが重要なポイントになります。

以上が、ITコンサルティング各社の中途採用における共通点です。もちろん、企業ごとに細かい差異がありますし、市場環境によって変化する条件もあります。また対象年齢が上がるとともに、人間性などの「素養」から、バックグラウンドである「経験実績」へと判断のウエイトが変化していきますので、その点の考慮は必要になります。

6-6 面接の傾向と対策

面接でなければ判断できないことがある

なぜ面接をする必要があるのか？

新卒・中途に関係なく、企業は面接を行ないます。特にITコンサルティング業界の場合、会社によっては多いところで5～8回程度の面接を行ない、パートナークラス全員と会うように定めているところもあるくらいです。職務経歴などは書類を確認すればわかるはずですし、ITスキルを試すのであればオンラインの試験でも可能なはずです。あえて時間と手間をかけてまで、企業はなぜ面接を行なうのでしょうか。

結論からいうと、面接は応募者と企業双方が「一緒に働きたいと思うか」という基準のもと、応募者は組織環境を、企業は人物像を、自らの眼で判断するために行ないます。

面接とは「コミュニケーションの場」

面接によって採用の合否が左右されるため、一般的には「面接=試験」と考えられています。

しかし、面接とはあくまで「コミュニケーションの場」であり、一緒に働きたいかどうか、応募者と企業双方が対等な立場で判断する場です。

したがって、面接のための準備には必要なものと不要なものがあります。あなたのことが相手によりよく伝わるように、伝えるべき内容を整理し、その企業に対してどんな貢献ができるかを考え、本音で楽しくコミュニケーションしようと準備することが必要です。

一方、どうにかして相手に評価されようと考え、些細なエピソードを誇張し、ゼロのものを無限大かのようにアピールしようと画策するのは無駄で、有害でさえあります。

面接官は人を見るプロ

もしかしたら面接官は、ITスキルや知識においてあなたに及ばないかもしれません。しかし、人を見るプロである、という点ではみな共通しています。

たとえあなたが口下手であったとしても、真摯にコミュニケーションを心がけ、本音で話していることがわかればそれを見抜くでしょうし、逆も同様であるといえます。

もし仮に、とりつくろった姿で無理に会社に合わせて面接を突破できたとしても、本来のあなたではない姿を見せて入社しているわけですから、いずれ仕事や環境面など、どこかで無理な部分、合わないと感じる部分が出てくることになるでしょう。

❖ 面接の合否は会社との相性で決まることが多い

「面接で不合格」となった場合、何が問題だったのかを十分検証して、次回の選考に生かす必要があります。ただし、不合格という結果自体は、あなたが能力不足であるとか、人間性に問題があるという評価に直結するわけではありません。面接では「現時点の当社にフィットするかどうか」という基準も相応のウエイトを占めます。つまり、能力や人間性の問題ではなく、単にフィーリングや雰囲気が合わなかった、もしくは組織の成長フェーズやタイミングの問題でポジションが用意できない、といった理由で不合格になってしまうことも十分ありえます。

実際、ある企業では面接の初期段階で不通過だった人が、より規模も大きく、世間的にも難関といわれる企業で内定を得た事例などは多々あります。これは、面接での評価基準が絶対的なものではなく、各企業によって相対的であるということを示しています。

❖ 企業は応募者の何を見ているのか？

それでは実際のところ、企業は面接においてどんな点を評価しているのでしょうか。ここでは、最も重要な「対人印象」「対人能力」「個人能力」の3点を見ていきます。

◎面接時の評価ポイント（対人印象）◎

- □ 清潔感があり、TPOをわきまえた装い
- □ 挨拶や言葉使いなど基本的なマナー
- □ 落ち着きと信頼感を抱かせる表情や立居振舞い

対人印象については初歩的なようで、非常に重要なポイントです。選考側はこれらの要素から「自分たちと一緒に働く仲間としてふさわしいか」「わが社の看板を背負って顧客に赴く存在として問題ないか」といった点をまず判断することになります。最終的な選考結果は面接内容で決まるとはいえ、「第一印象」が面接官に与える影響には大きなものがあります。くれぐれも注意を払っておくに越したことはありません。

◎面接時の評価ポイント（対人能力）◎

- □ コミュニケーション力
  相手の話をしっかり聴き、正しく理解できるか。また、自身の意見を相手にわかりやすく伝えることができるか。会話を深めていくことができるか
- □ 協調性
  周囲に配慮しつつ、チームの力を最大化すべく考え、行動できていたか
- □ リーダーシップ
  周囲と建設的な関係を築きつつ巻き込み、やる気を高めて、実行へのイニシアティブを発揮できていたか
- □ プロジェクトマネジメント力
  一定人数をまとめ、プロジェクトの目標達成のために高い視点から働きかけができていたか

ITコンサルティングの仕事で対応する業界、職種は多岐にわたるため、対人能力は重要な資質として認識されています。過去の経験を整理したうえで、これらの能力をどのような局面で発揮できたのか、具体的にどう考えてどんなアクションをとったのか、結果としてどのような実績につながったのか、についてアピールできるようにしておくとよいでしょう。特にコミュニケーション力については、面接時の会話そのもので判断されるため留意が必要です。

◎面接時の評価ポイント（個人能力）◎

スキル
□ 深い業務知識 自らの専門分野に関する圧倒的に深い知見をもっているか □ 論理思考力 物事の本質を捉え、構造的に筋道を立てて考えることができるか □ 課題解決力 既存の常識や習慣にとらわれることなくゼロベースで考え、課題の原因や解決方法を考えることができていたか。かつ、課題解決に至っていたか □ 発想力 新しいアイデアによって課題解決を行なったり、新しいビジネスの局面を開拓できていたか

マインド
□ 使命感 自らの知識・経験をもとに、ITコンサルティングに寄与していくという強靭な目的意識をもっているか □ 顧客志向 クライアントを第一に考え、課題解決のためにできることをすべて全力で取り組む。そして価値を極限まで高めて提供する、という意識をもって仕事をしているか □ 自律性 課題に対して自ら目標設定し、周囲を巻き込みつつ自律的に行動できていたか □ コミットメント 強い責任感をもって、関わった物事は最後までやり切れていたか

個人能力は、ITコンサルティングにおける付加価値の源泉であり、面接においても非常に重視されます。面接回数が多いのは、それだけ深く、かつ多角的な視点から検討することが必要と認識されているからにほかなりません。

これまで自分自身がどのような期待をされ、どのように役割を果たし、結果として何を学び、それを今後の仕事にどのように生かせるのか。これらの項目について具体的かつ論理的にわかりやすく整理しておけばよいでしょう。

❖ 面接突破の秘訣

スポーツの大会に臨むには十分な練習を経なければならないのと同様、面接においても事前に確実に準備を行ない、機会を生かすよう心がける必要があります。選考側の評価ポイントをもとに、実際に面接に臨むにあたってどのような準備が必要なのかをチェックリストとしてまとめました。

できれば企業選びの時点から、リストに沿って確認してみてください。また、文章にしながら考えをまとめていくと、さらに頭を整理できるでしょう。

なお、中途採用を想定した質問項目になっていますが、新卒採用への応募においても応用できるようになっています。その際は、「②業務上の実績」と「③転職」の部分を、部活やアルバイトなど「②組織に関わりながら、何らかの目標を成し遂げた経験」「③それを辞めようとしたとき」といったテーマに置き換えて考えてみてください。

◎面接突破のためのチェックポイント◎

①自身のキャリアについて

- □ 自身のキャリアにおける目標は何か
- □ これまで、その目標に向けてどのような行動をとってきたか
- □ 結果として、目標達成に資するキャリアを形成できているといえるか
- □ 志望企業では、自身のキャリア形成に関して、筋の通った経験が積めそうか

②業務上の実績について

- □ 業務上での成果といえるものを複数あげると何があるか
- □ それが成果であるといえる、明確な根拠は何か
- □ 成果を創出するにあたって、自身が発揮した役割、貢献できた点は何か
- □ それらの経験・実績から、自身が学んだこと、得たことは何か
- □ そこから導き出せる、自身の普遍的な強みとは何か

③転職について

- □ 転職を思い立ったきっかけは何か
- □ あえてネガティブな要素をあげるなら何か
- □ ネガティブな要素に対し、どのように対処したのか
- □ 結果として、どうしても転職以外にキャリア目標を実現できる手段がないといい切れるか
- □ 今の仕事はやり切ったといえるか

④志望企業について

- □ そもそも、なぜITコンサルタントなのか
- □ なぜ数ある企業のなかでも、当社なのか
- □ 当社で具体的にやりたい仕事とは何か。それは他社ではできないのか
- □ その仕事を遂行するにあたり、自身の強みをどう生かせるのか
- □ 結果として、当社にどのような貢献ができるのか

⑤人間性について
□ 自身ではどのような人間と認識しているか □ 周囲からはどのような人間と評されているか □ 組織や集団のなかで、どのような役割を果たしたり、期待されることが多いか □ その期待には応えられているか。その根拠は何か □ 能力、人柄など、他の応募者と比較して、圧倒的に優位にあるといえる点は何か。その根拠は何か

面接当日までの準備チェックリスト
□ 履歴書、職務経歴書を作成し、内容をしっかり把握した □ 提出した書類はコピーをとり、どのような内容で提出したのか確認できる状態である □ 面接先企業のHPや関連図書、関連記事などを読み込み、理念や事業内容、他社との差別化点などを確認できている □ 面接場所と時間を再確認し、企業までの交通機関、所要時間などをチェックした □ 緊急連絡先として、面接先企業の電話番号や住所はメモに残しておいた □ 面接時に確認したいこと、聞きたいことを事前に整理し、まとめてある

行動面接（STAR面接）対策のための準備チェックリスト
□これまで力を入れて取り組んだことは？ □それをやろうとした動機は？ □開始時点での目標は？（いつまでに/何を/どうしたい…等） □目標達成のためにどんな行動をとっていた？ □活動していくなかで気づいた課題や、直面した困難な状況はどのようなもの？ □その課題や困難な状況が発生していた原因は？ □それをどのように解決しようと考えた？ □課題や困難解決のため、具体的にどんな行動をとった？ □周囲の非協力的な人や行動しないメンバーに対してどのように働きかけた？ □結果として、課題や困難はどのような形で解決した？ □当初の目標に対してどれくらい達成できた？／変化度合いを数値化すると？ □一連の経験を通して、あなたは何を学んだ？／以前と比べてどんな点が成長した？ □その経験によって得た強みや学びを、その他の場面で活かせた/応用できた事例は？

チェックリストを参照し、自分自身に対して論理的に問いかけながら準備することをお勧めします。すなわち、何か1つの事柄に対して「自分は○○である」と述べる際、「なぜそうだといえるのか（Why So?）」「だからどういうことなのか（So What?）」という2点を常に意識しながら考えてみるというクセをつけることが大切です。

このような考え方ができると話の説得力が増しますので、面接突破に対

◎STAR面接の内容◎

Situation（環境や背景）	Task（課題や任務）	Action（本人の行動）	Result（結果と再現性）
• きっかけは何？ • 目的・目標は？ • 目標の高さは？ • チーム構成は？（何人くらいで、どんな人がいた?） • 周囲の意見はどうだった？	• チームの中での自分の役割、ミッションは？ • 自分は何をすべきだったか？ • 課題や問題は？ • 工夫すべき点や狙いは？	• 具体的にどんな行動をとったか？ • なぜそう考えた？ • 周囲への影響、あるいは周囲からの意見は？ • 次に何をしたか？ • どう工夫したか？	• その結果は？ • プロセスにおいての改善点は？ • 学んだことは？ • 反省点は？ • 他にも同様な能力を発揮した場面はあるか？

して有効な武器となります。また、現場での仕事にも応用できることになるでしょう。

◎自分自身への問いかけ◎

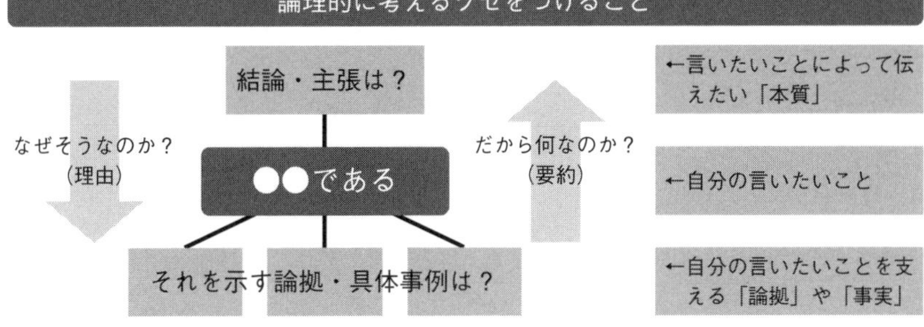

Web面接における準備と注意点

インターネットを介して行なうWeb面接は、国内遠隔地や海外在住の人材ともマッチング機会が増え、応募者および採用担当者の負担軽減、そして採用スケジュールの短期化にもつながることから近年導入する企業が出てきていましたが、世界的な感染症の拡大を機に実施率は急激に高まりました。対面型でもWeb形式でも、面接内容や選考基準自体には違いがありませんが、Web面接の場合は遠隔コミュニケーションならではの注意点があります。事前に準備しておくことと、面接時の要点を確認しておきましょう。

①Web面接に用いるツールと機材の確認

Web面接では、Zoom、Webex、Skype、FaceTimeなどの専用ツールを介して行なうことが一般的です。事前に応募企業から案内されますが、初めて用いる場合はアプリやソフトのダウンロード、ID登録が必要になることもあります。一度アクセスして、音声も含めて問題なく接続できるか確認しておきましょう。

指定ツールをすでに用いたことがある場合、現在使っている表示名やアイコンを確認しておきましょう。ビジネスに適さない仕様になっている場合は修正するか、ビジネス用に新たにアカウントを取得するとよいでしょう。

ノートPCやタブレット端末を用いる場合、カメラを上から覗き込む姿勢になりがちで、どうしても「上から目線」に見えてしまいます。カメラが顔と同等の高さになるよう台の上に機材を置くことをお勧めします。なお、スマートフォンを使用する場合は、手で持つと画面が揺れてしまうため、固定できるスタンドを用意しておくとよいでしょう。

②接続環境の確認

面接途中で通信が途切れることのないよう、安定した接続環境を確保しましょう。また、周囲の雑音や人の出入り、余計な情報が画面に映り込むことがない場所で行なうようにします。自宅の場合は同居人に、面接であることを伝えて協力を依頼しましょう。その際、整理整頓がなされていない部屋が映り込むことはマイナス印象になりますので、映り込む可能性がある部分は事前に掃除を済ませるか、ツール上で背景画面を設定しておきましょう。

面接中に機材の充電が切れてしまうとせっかくの機会を生かせないばかりか、準備が足りない人というマイナス評価にもつながってしまいます。事前に充電を完了させておくことはもちろん、万一に備えてモバイルバッテリーや充電器を用意しておくとよいでしょう。

③準備物の確認

応募企業に事前に提出している履歴書や職務経歴書などの応募書類は、

同じものを印刷して手元に置いておきましょう。また面接中メモをとる場面があるかもしれませんが、パソコンのキーボードで打ち込むと相手方にもタイピング音が響いてしまう可能性があるため、メモ用紙と筆記用具を用意し、必要に応じて手書きでメモをとるようにします。

Web面接当日は少なくとも開始10分前には着席し、音声や画面のテストを済ませておきましょう。その際、通知音が鳴るアプリケーションは面接の邪魔になるため、音が出ない設定にするか、終了させておいてください。

④Web面接中の注意点

全般的なマナーは対面形式の面接と同様ですが、Web面接の場合、通話にタイムラグが生じる可能性があります。相手の発言に対して間を置かずに話し始めてしまうと会話が噛み合わなくなる可能性があるため、余裕をもっていつもよりゆっくり話すようにしましょう。

また、画面を見て話してしまうと目線が下がってしまうため、意識的にカメラを見て話すように心がけるとよいでしょう。

音声が途切れる、画面が映らない、うまく操作できないなど、当日になって思わぬトラブルに陥って混乱することのないよう、上記点に留意して準備するとともに、事前に転職エージェント担当者などに協力を依頼し、Web面接の練習をしてから臨むと、余裕をもって本番を迎えられるはずです。

6-7 合格できる応募書類の作成法

▶ 書類通過が転職への第一歩

職務経歴書は採用担当者の視点で書く

旺盛な採用意欲は継続しながらも、企業は応募者の経験や資質をよりシビアに判断するようになってきました。なかでも職務経歴書の果たす役割は重要で、いわば「自分自身のプレゼンテーション資料」です。ITコンサルティングは特に専門性が問われる職種であるため、経歴書の内容次第では、採用担当者は会おうとさえしないかもしれません。

現職が何であるかに関係なく、すべての職務経歴書に共通するポイントは「採用担当者の視点で書くこと」に尽きます。採用担当者は実際のところ何を知りたいと思っているのか。職歴をただ羅列するだけでは不十分であり、「本当に伝えるべき点」について網羅することが必要になります。

職務経歴書の説得力が増す方法

少々の配慮と工夫を施すことで、職務経歴書の説得力は大幅に向上します。ここではサンプルを用いながら、採用担当者の視点を踏まえた職務経歴書について説明します。すでに自身で職務経歴書を用意している方も、内容を確認してさらにブラッシュアップの機会とし、学生の方はエントリーシート記入の際の参考にしてください。

一般的な職務経歴書作成の流れは次の通りです。ポイントは、事前準備に時間を割いて、キャリアを棚卸し、キャリアプランを考えることです。その点こそが採用側の知りたいところであり、自身のキャリアビジョンがはっきりと見えれば、書くべき内容は自然に出てくるものです。

◎職務経歴書の作成の流れ◎

キャリアを棚卸する → キャリアプラン、ライフプランを考える → 職務経歴書を書く → 内容をチェックする

①キャリアを棚卸する

「経験やスキル」、「興味のあること」、「価値観」といった観点から、改めて自分自身を客観的に見つめなおすことが必要です。そうすれば、「自分は何を成し遂げてきたのか」「今の状態で何が不満なのか」「本当に今、転職すべきか」「どんな会社、仕事を選ぶべきか」といった点が明らかになってくるはずです。

◎事前準備のポイント◎

・経験、スキルの棚卸

これまでの経験を振り返りながら、「今までの仕事内容」「具体的な実績」「身についた知識や技術」「資格や各種表彰」などを整理していきます。すると集団のなかで、「リーダーシップやマネジメント力、チームワークを発揮できていたか」が見えてきます。また、「実際に何ができるのか」「自信をもって果たせる役割は何か」「アピールできる知見はどんなものか」なども明らかになります。

これらはすべて「自身が新たな環境でどのように貢献できるのか」というアピール要素になるうえに、面接においても必ず確認される事項です。したがって、効率的な準備にもつながります。

・興味、関心の棚卸

自分自身の興味、関心があることを振り返ります。仕事上で「やりがいを感じた」「楽しく、充実感があった」と感じられたことはどのようなものだったか、また、個人的関心も含めて、「何がやりたいのか」「どんな分野に興味があるのか」を改めて考えてみましょう。

その興味、関心の「要素」が明らかになれば、「そんな要素がある仕事はどこにあるのか」を考えるきっかけとなり、自身のキャリアに新たな可能性が広がるかもしれません。

・価値観の棚卸

仕事や人生を考えるうえで、「絶対に譲れない条件」とは何でしょうか。これまで感じた嬉しかったこと、憤ったことなどから自身の価値観を振り返り、優先順位もつけて自分のなかで明確にしておくようにしましょう。

この点が明らかであれば、「そもそも自分がなぜ転職したいと思っているのか」「新しい環境では、何がクリアであれば頑張れるのか」が見えてきます。また、「今の会社から何を学ぶべきか」もわかるはずです。そして、自身にとって大切な条件が認識できれば、貴重なチャンスを掴み、素早く行動に移すことにもつながります。

②キャリアプラン、ライフプランを考える

その時々で携わった個々の仕事が「点」だとすれば、キャリアはその集合体としての「線」のようなものです。これまでの職歴や経験から、どんなキャリアが見えてくるでしょうか。ちなみに「やりたいし、できること」だけがキャリアではありません。「特に得意というわけではないけど、周囲からは評価されること」「興味もないし、好きでもないけど、周囲からは向いているといわれること」もまたキャリアなのです。そういった客観的な視点も含めて振り返ってみてください。

また、仕事と生活は密接に結びついているため、キャリアプランとライフプランは一緒に考えてみましょう。この先５年後、10年後はどのような働き方をしていたいか。そのためにどんなキャリアを得たいか、そのキャリアを実現するために何が必要なのか。その前提で、異動や転職、留学や結婚などを決断していくことが必要になります。

採用側があなたのキャリアプランについて尋ねるのは、あなたがキャリアとライフにおいて実現したいことが、その企業でどれだけ合致しそうかはかっているためです。仮にあなたが過去転職を繰り返していて多くの職歴があったとしても、その奥に一貫した「意図したキャリアプラン」さえあれば、採用側は納得します。あなたが活躍することで、あなたと企業双方にメリットが生まれるようにするためにも、まずは自分自身の人生をどう生きるか、じっくり考える機会として取り組みましょう。

③職務経歴書を書く

これまで考察してきた内容をベースに、実際に書いていくことになります。ただ選考側は、職務経歴書に記された内容のみならず、情報の見せ方や見やすさなどについても注視しており、応募者のプレゼンテーション能力をはかっています。そこで伝えるべきポイントを効果的に見せるため、次頁の点に留意するとよいでしょう。

◎職務経歴書作成のポイント◎

・結論となるキーワードを中心に、簡潔にまとめる

自身の強みとして強調したいことをキーワードとし、それを中心に全体的に簡潔な文章でまとめます。箇条書きなども適宜用いながら、わかりやすく端的に記述できればよいでしょう。

・実績は具体的な論拠を示す

単に「～を達成した」「～に貢献した」といった表現にとどまらず、自身がどんな役割を果たし、どのような成果に携わったのか、より具体的に記述するよう心がけましょう。たとえば、

「○名規模のプロジェクトリーダー」
「システム導入によりコストが○%減少」
「業務の所要時間を○割削減」
といった形です。

・背景とプロセスを説明する

アピールしたい実績について、単に成果のみを羅列するのではなく、

- 従前の業績と、あなたが関与した際の成果の対比
- 成果を出した際のメンバー構成と、あなたの役割
- 成果創出に寄与したあなた自身の働き

など、自分自身が成果創出に貢献した具体的な働きについて伝え、たとえチームや課題が変化したとしても、普遍的に生かせる経験と知見を保持していることを伝える必要があります。

・見やすい表現方法を工夫する

ネット上では職務経歴書のテンプレートも簡単に入手できますが、そのまま使うだけではなく、

- 表形式にして見やすくする
- 字体や大きさのメリハリをつけ、大事な箇所を強調する
- 応募企業に合わせて、経験やスキルの見せる順番を変える
- 自己PR欄を設ける

といった工夫ができれば、さらにアピールにつながります。

④内容をチェックする

職務経歴書を書きあげたら、必要事項が漏れなく記載されているかを改めて確認します。以下は、職種別のチェックリストです。

◎職務経歴書の職種別チェックポイント◎

全職種共通のチェックポイント

- □ 自身のスキルや知見がいかに応募先企業のニーズにマッチするか、具体的なデータを用いてわかりやすく説明しているか
- □ 得意分野・技術など、特にアピールしたい点が明確か
- □ これまでの業務経験から、今後やりたいことまで、筋の通ったキャリアプランが見えるか

ITコンサルタント

- □ 携わったプロジェクトの業界、規模、担当業務、工程、役割についてわかりやすく簡潔に記述されているか
- □ 実績につき、クライアントの変革度合が、変化率など具体的な数値をもって示されているか
- □ 具体的な技術知識、発想力、提案力など、差別化できる要素がわかりやすく説明されているか

システムエンジニア、プログラマー

- □ 今まで携わってきた技術、業務、担当フェーズ、役割、規模など、必要情報が網羅できているか
- □ 開発環境については、OS・開発言語・データベースなども具体的な名称で記載されているか
- □ ユーザーとの折衝をどの程度やっていたかを説明できているか
- □ スキルのみならず、人物像が伝わるような情報はあるか

ネットワークエンジニア

- □ 今まで携わってきた業務規模、担当フェーズ、環境（拠点数）、使用プロトコル、機器の名称、型番など、必要情報が網羅できているか
- □ ネットワーク・サーバ・OS・データベースなど、インフラ全般においてどこまで携わった経験があるか、具体的なデータを交えて説明できているか
- □ ユーザーとの折衝をどの程度やっていたかを説明できているか
- □ スキルのみならず、人物像が伝わるような情報はあるか

プロジェクトリーダー、プロジェクトマネージャー

- □ 携わったプロジェクトの規模（人数、機器、予算、期間）、役割、実績が明確に示されているか
- □ 仕事の進め方、スムースに進めるための努力、トラブルへの対応、コミュニケーション手法などについて具体的に説明できているか
- □ リーダー、マネージャーとしての資質（高い視座、マネジメント力、業務推進力、折衝力など）が、具体的なエピソードをもとに示されているか
- □ プロジェクトが多岐にわたる場合、プロジェクトの種類ごとに分類してわかりやすくまとめられているか

IT営業（システムインテグレーター、通信・ソフトウェア・ハードウェア・ネットワーク関連のベンダー） セールスエンジニア（プリセールス）
□ 取り扱ってきたサービスや製品、提案規模、営業形態（直販・代理店、新規・既存）、役割などについて、具体的なデータを用い詳しく説明できているか □ どのようなソリューションを提供し、どのような手法でどんな工夫をして提案し、どう成果に結びついたのか具体的に記載されているか □ 営業実績について、比較対照できる数字（目標対比、前年対比、前任者対比など）を用いてわかりやすく示されているか □ 商品力や企業ブランド以外の部分で、自身の営業スタイルや戦略などで特に差別化できる点、アピールできる点が示されているか □ 担当分野の専門知識や技術レベルがどれほどか、資格など客観的な基準をもって示されているか

管理部門（経理/財務/人事/総務/情報システム）、経営企画
□ 専門分野 ＋ 情報システムに関わった経験・実績が明記されており、応募先企業で生かせるイメージがあるか □ 社内システム導入、新会計制度導入や人事制度改革など、定常業務以外の主体的な行動があれば、役割や規模など具体的に説明されているか □ 業務実績は数値などを用いて具体的に示されているか □ マネジメントに関わった経験があれば、その詳細も記載されているか □ 専門分野外の人が読んでも理解しやすい言葉と内容になっているか

❖ 転職理由はポジティブか？

転職活動でもしなければ、転職理由や志望動機を職務経歴書に記載する機会はめったにないと思われますが、職務経歴書を書く段階で整理しておくことは重要です。

転職理由として、そもそも会社を辞めるというからには、何らかの不満があるのは当然のことでしょう。選考側もその点は重々承知しています。

ただ難しいのは、不満をストレートに伝えるとネガティブな印象を与えてしまいますし、「特に不満はない」とか「転職はスキルアップのため」などといってしまうのも本音ではない、という点であるといえます。

選考側が知りたい点とも関連しますので、下記のような流れで自分自身に問うてください。できれば、この設問にすべて答えられるようになってから転職を検討するのが望ましいところです。

◎転職にあたって自問自答するポイント◎

- 転職を思い立ったきっかけは何か
- 今の仕事や職場において、あえてネガティブな要素をあげるなら何か
- ネガティブな要素に対し、どのように向き合って対処しようとしたのか
- その結果はどうであったか
- やれることはやったうえで、「転職以外に不満解消やキャリア目標を実現できる手段はない」といい切れるか
- 応募先企業は、その不満解消やキャリア実現が可能な環境なのか
- 今の仕事は本当にやり切ったといえるか

不満があること自体は仕方ありませんが、単に「不満だから辞めたい」、というニュアンスで伝わるのは避けたいものです。なぜなら、「困難な状況から逃げてしまう人ではないか」「この会社でも、何か不満があれば同じように辞めてしまうのか」などと判断される可能性があるからです。

それよりも、不満を抱くなかで自分自身と向き合い、それを解消すべく何かしらのアクションにつなげることが重要です。「それでも環境が変わらないので、自身のキャリアビジョンを実現するために転職する」というポジティブなストーリーが望ましいといえます。そこまで「やり切る」ことができれば、転職理由自体も自信をもって語れるようになるでしょう。

また、転職のきっかけが、会社のリストラや倒産など、自身の意思ではない理由もあるかもしれません。ただその際も、あくまで会社都合であり、個人にとって不可抗力であることは選考側もよくわかっているはずです。大事なのは「あなたに能力や資質があり、当社に貢献してくれるか」ということですから、その点が合致していれば、決して自身を過小評価する必要はありません。

❖志望動機はエピソードで伝える

転職理由がしっかりと分析されていれば、志望動機は比較的簡単にまとめることができます。なぜなら、それはそのまま転職理由の裏返しであり、「現職（前職）では、○○ができなかった」、したがって「御社で○○を頑張りたい」という前向きなメッセージにつながるからです。

具体的には、次の流れで考えてみてください。こちらも同じく、面接で

選考側が問いたいことと重なる内容です。

◎志望動機を伝える流れ◎

- そもそも、なぜITコンサルタントを志望するのか
- なぜ数ある企業のなかでも、当社を選ぶのか
- 当社で具体的にやりたい仕事とは何か
- それは他社ではできないのか
- その仕事を遂行するにあたり、自身の経験や強みをどう生かせるのか
- 結果として、当社にどのような貢献ができるのか

一般論ではなく、「なぜこの会社の、この仕事がいいのか」「なぜ自分が貢献できるといえるのか」という具体的、かつ論理的なコメントが必要になります。きちんと述べれば強い説得力を与えることができます。

一方で、「御社は業界トップクラスで…」「将来性があり…」といった会社説明型、「御社で勉強したい」「キャリアアップしたい」といった会社依存型の志望動機は歓迎されません。前者は文字通り単なる会社説明でしかなく、トップクラスで将来性があるから何がよいのか、というロジックが欠けています。後者は確かに本音ではありますが、それらはあくまで仕事をやり遂げた結果として得られるものであり、キャリアアップが目的となるのは主客転倒と認識されるためです。あくまで主体的に貢献する前提で、あなたならではの意欲を伝えてください。

❖具体例に見る職務経歴書のポイント

ITコンサルタントへの転身を目指しているシステムエンジニア、IT営業の具体例をもとに、職務経歴書のポイントを見ていきます。

職務経歴書で重要なのは、職歴や実績について具体的でわかりやすく述べられているのはもちろんですが、「どのように考え、行動して実績につなげたか」というプロセス、「経験を通して何を学び、得たのか」という自身の強み、「自分の能力やスキルを生かして、応募先企業にどんな貢献ができるか」というアピールが入っていることです。

これらをきちんと網羅し、「書類があなたをPRしてくれる」状態にもっていくことが大切です。

◎職務経歴書のサンプル（システムエンジニア）◎

職　務　経　歴　書

20●●年●月●日現在
氏名　●●　●●

■職務要約

20●●年4月～現在　　株式会社●●●

■生かせる経験・知識・技術

・Java・C++を使いWindows、Linux両環境で動作するアプリケーションの設計・開発
・クライアントＰＣ管理システムのLinuxサーバ構築・運用
・コンシューマ向けシステム開発のコンサルティング

冒頭に要約のコメントがあると、大量の書類を審査する採用担当者にとっても一見してわかりやすく、効果的なアピールにつながります。

実際にどんなプロセスに携わったのか、業務内容が具体的に説明されている点はよいです。もっと詳細に、「代表的なプロジェクトのメンバー数」や「そのなかでの自身の役割（リーダー、マネジメントなど）」、「どのような戦略をもって遂行したか」なども合わせて記載すると強力なアピール要素になります。

■職務経歴詳細

業務内容	関連知識
社内業務システムの改善 ◆経理システムのＰＣへの移行と社内経理システムへの対応 汎用機からＰＣへ経理システムの移行に伴うシステムの設計と移行ならびに運用計画の策定と実施 ◆社内システムの運用 ・セキュリティポリシーの策定と運用 ・課金システムの管理・運用 ◆社内インフラ設計・整備 ・内線電話網の設計とトラフィック設計 ・ネットワーク設計と利用する機器の調査・選定・評価	[OS] Windows Linux [言語] Java C/C++ VB
システム管理運用サービス商品の開発 ◆専任管理者を置けない企業でも簡単に利用できるシステム管理サービスの設計・構築 ・サービス提供内容の選択 ・サーバ機器構成の選択 ◆管理対象機器の増加にも柔軟に対応可能な監視サーバの設計・構築 ・毎分2000クライアントのSSLリクエストを処理するサーバ ・可用性向上を目的とした分散型サーバ構成 ◆代理店向け商品説明 ・システム関連情報を含めた商品解説セミナーを開催 【実績】 商品発売後5年で約●●●台の契約、20●●年度売り上げ約●●億円規模まで成長	[OS] Linux Redhat 8.3 [DB] Oracle PostgreSQL [言語] Java C/C++ [関連ソフトウェア] Apache/Tomcat
システム開発コンサルティング ◆コンシューマ向けシステム開発に関わるコンサルティング ・セキュリティ技術に関して情報の収集と顧客向けセミナー開催 ・デモシステムを構築、営業同行のうえで顧客向けプレゼンテーション ・顧客情報をもとにした課題解決のサポート 【実績】 20●●年度、コンサルティング関連サービスと商品売上が●●億円	[言語] Java CGI/HTML

実績が具体的な数値で表されているとわかりやすいです。これがどれだけすごいことなのか、昨年対比や業界平均的な数値と併記できればさらにアピールできます。

具体的な技術知識や使用アプリケーションなどが明記されていると、技術レベルや提供できるソリューションも読み取れ、わかりやすいです。

■資格

20●●年●月　RHCE（レッドハット認定エンジニア）
20●●年●月　経産省認定 国家試験 情報セキュリティマネジメント
20●●年●月　ORACLE MASTER Silver

■自己PR

システムのトラブル解決や、既存システムの置き換えなどを通して、他者が作成したプログラムを迅速に理解し、どのように対応するかという能力を習得しました。またシステム開発においては、停止時間の短縮や高品質のアプリケーションの構築に必要となる技術を習得し、商品のリリースという形で発揮できました。

そしてコンサルティング業務では、お客様の専門分野についての理解を深めるための技術に加え、システムに関わる専門的な技術用語をお客様に理解していただくための説明を通し、論理的なコミュニケーションスキルを習得しました。

これらの経験を通して、設計段階からその先にある顧客の姿をイメージし、高い品質を提供できる技術へとつなげていくことを意識できるようになりました。そのうえで関連各所と協力しながら、「顧客の課題解決を成功させる」という意思をもって仕事に取り組むことができました。

職務を通してどのようなスキルや強みを得たのかがわかり、好印象です。一歩進めて、「これらの強みが、応募先企業の仕事にこのように生かせる」というところまで明記できれば、さらに説得力が増します。

◎職務経歴書のサンプル（IT営業）◎

職　務　経　歴　書

20●●/●/●
氏名：●●　●●

職　務　経　歴

> 冒頭に要約のコメントがあり、「何を扱えるか」が明記されているので一見してわかりやすく、効果的なアピールにつながっています。

20●●年4月　株式会社＊＊＊＊＊入社
法人営業部　第一課に配属
財務会計や販売・仕入管理、給与計算など、基幹・業務系システムと、それに関連したLAN、WANなどのネットワークシステムのコンサルティング営業を担当。

■主な取扱商品・サービス
- 基幹・業務系パッケージソフトウェア
- 基幹・業務系の開発システムのコンサルティング
- ハード（サーバ、クライアントPC、周辺機器）
- 回線系
- WEBコンサルティング

■取得した資格
- Microsoft　Sales　Specialist
- パソコン財務会計主任者　第二種

■年間売上：●●億●千万円
（売上目標　●●億円　達成率：180%）
（同僚営業担当者の平均達成率：約95%）

■顧客数は常時50社程度（累計では数百社）

> 実績が数字として、目標対比、同僚との対比も示されており、非常に具体的でわかりやすい。応募者の社内における相対的な位置づけもわかるため、これだけで説得力のあるアピールになっています。

20●●年3月　大学で専攻していた財務会計の知識と、クライント・サーバ型のネットワークシステムを集中的に学んだ甲斐あり、同期入社●●名中、年間営業成績でトップになり最優秀新人賞を獲得。20●●年4月には、会社設立以来最短で主任に昇格。

20●●年3月　基幹・業務系パッケージソフトメーカーの＊＊＊＊＊と、＊＊＊＊＊の担当チームリーダーに就任。拡販のための各種セミナーや、販売促進の企画などを担当。

20●●年11月　「大規模な基幹・業務系システムの拡販と、専門的プロフェッショナルチームの拡充」という提案が受け入れられ、「ビジネスコンサルティンググループ」が発足。チームの立ち上げに携わる。マネジャーとして、5名の部下の営業マネジメントを経験。

> 具体的な業務プロセスが説明されており、どんな工夫をしたのかがわかりやすく記述されています。
> 「営業成績トップ」についてはさらに具体的に、どんな努力や工夫、他の営業マンと差別化できる点があったのか等について言及できれば、より効果的なアピールにつながります。
> また、「主任昇格」についても、自身のどんな点が評価されたことによるのかを記述できれば、さらに説得力が増します。

■主な業績と営業戦略

①某大手会計事務所の所内ネットワークの受注と、それ以降の共同セミナーの開催

提案戦略：競合他社（2社）との差別化をはかり、充実した所内ネットワークの提案だけではなく、そのシステムを活用した顧問先への展開と、それに伴う会計事務所としての差別化を提案。その結果、所内ネットワーク構築の受注と、共同セミナーへの展開、さらに300社に及ぶ顧問先への営業展開を勝ち取る。

共同セミナー：上記会計事務所と、株式会社●●●●の協賛にて、自社主催セミナーを開催。
テーマ例：「基幹・業務系システムのネットワーク化」
「キャッシュフローと財務会計管理システム」など
上記セミナーの企画・立案、協賛企業との交渉、DM作成、プロモーション、セミナー講師、開催後のフォロー（営業活動）を担当。

> 具体的な営業戦略がわかりやすく記述されています。対応できる業務範囲の幅広さも伝わり、心強いです。
> 共同セミナー以降、実際にどのような営業展開につながったのかの事例や、そこに連なる実績があればさらにアピールになるでしょう。

②某大手コンピューターメーカーの「債権・債務管理システム」の提案・受注。

提案戦略：15種類に及ぶ通貨の自動レート換算など難しい部分もあったが、ゼロからの開発ではなく、コアの部分にパッケージソフトを活用することで開発金額をおさえ、さらに、既存の資産を有効活用できるシステムを提案。

売　　上：●億●千万円

日々進展する新たなＩＴ技術やサービスのなかで、一見、基幹・業務系に関連のなさそうなものでも、常に広い視野をもって新しいアイデアを模索し、提案に結びつけられるよう心がける習慣を身につけました。またコンサルタントとしては、お客様の既存システムの問題点と要望事項を的確に判断することが重要であり、実現可否の判断、不可の場合の妥協点や代替案の判断などの「判断力」と、実行に移す際のスピードのある「実行力」も高めることができました。

> 自律的に行動し、仕事を通じて着実に成長されている様子が伝わり、頼もしい印象です。
> 経験を通じて、どんな能力を身につけたのかがよくわかりますが、ではそのスキルをITコンサルティングの仕事にどのように生かせるのでしょうか。その点までコメントできれば、説得力のあるアピールになります。

6-8 ITコンサルタントからのキャリアアップ

▶ITコンサルタントの活躍の場は広がっている

ITコンサルタントからのキャリアは選択肢が広い

ITコンサルタント経験者の能力と知見は多様な業種、職種において求められており、転職先の選択肢は数多く存在しています。

以前からの主要な転職先といえば、顧客側で発注する部署である事業会社の情報システム部門が挙げられます。日系・外資系、民間・行政、大企業・ベンチャー企業を問わず、その業種も製造業、商社、金融、サービスからITベンダーまで多岐にわたります。これらは導入したシステムの運用から成果創出まで携わることができ、コンサルティング側では難しかった組織成長を実感できるところが魅力といえるでしょう。

より直接的にビジネスに関与したい場合は、事業会社の経営企画部門や、ベンチャー企業などの経営幹部に移るという道もあります。組織のシステム全体を把握し、比較的大きな裁量を得てプロジェクトを動かしていく経験は、システム部門では味わえない醍醐味といえるかもしれません。

また、同業他社であるコンサルティング会社も継続的に人気のある転職

◎ITコンサルタントからのキャリアアップ例◎

最終職位	年齢	転職先業種	会社状況	職種・役職
コンサルタント	20代	戦略系コンサルティング会社	非上場	経営戦略コンサルタント
コンサルタント	20代	流通サービス会社	非上場	経営企画部門　システム担当
コンサルタント	20代	ITコンサルティング会社	非上場	業務プロセスコンサルタント
コンサルタント	20代	官公庁	－	情報通信政策担当
コンサルタント	20代	Webサービス会社	新規設立	代表取締役
コンサルタント	30代	外資系ソフトウェアベンダー	上場	テクノロジーコンサルタント
コンサルタント	30代	Webサービス会社	上場	事業開発部門　マネージャー
マネージャー	30代	ITコンサルティング会社	新規設立	取締役
マネージャー	30代	人材サービス会社	上場	経営企画部門　マネージャー
マネージャー	30代	フリーランス	個人事業	システム戦略コンサルタント
マネージャー	30代	アウトソーシングサービス会社	上場	システム部門　マネージャー
マネージャー	30代	システムインテグレーター	上場	ERPコンサルタント
マネージャー	40代	精密機器メーカー	上場	事業企画部門　IT戦略担当

先です。昨今はITコンサルティング会社のみならず、戦略系、組織人事系、金融系、シンクタンクなど、どの領域でもIT化は進んでいるため、専門分野が異なるファームへの転職もできやすい状況です。また事業会社に移ると低下しやすい報酬ベースも、同業のコンサルティング業界であれば維持することができます。

ITコンサルタントの先のキャリアを考えて転職先を選ぶ

自分自身がどうありたいのか、そのためにどんなキャリアをつくることが適しているのかを意識するためには、ITコンサルタントの先のキャリアを考えることが大切です。

たとえば、ITを強みとして究めていきたい場合、同業他社や独立系のITコンサルティング会社、シンクタンク、システムインテグレーター、ベンダー、もしくは事業会社のIT部門などが適しているでしょう。またコンサルティングそのものに興味があり、幅広い領域に対してコンサルティングしていきたいということであれば、戦略系や総合系、さらには国内独立系のコンサルティング会社という選択肢があります。

ITコンサルタントとして顧客のビジネスを支援するだけでなく、実際に自分自身がビジネスの当事者として関わりたいのであれば、事業会社で経営企画職や事業企画職のような仕事に携わったり、ベンチャー企業でCTO*やCIOとして技術・情報部門を統括するなどの方法があります。また、インキュベーションを行なう会社に所属し、ベンチャー支援や事業立ち上げ要員として支援先に入るという手段もあります。

転職では、これまでに培った経験やスキルがアピールポイントになりますので、仕事の進め方に親和性のある同業他社や、事業会社でもIT部門への転身であれば、経験を生かして活躍しやすい領域といえます。

一方、コンサルタントからの転職先として人気のある事業会社の企画部門については、ストレートに当該部門に移ることができた事例は実際のところそれほど多くありません。理由としては上記の裏返しですが、「事業会社の企画部門での実務経験がないため、即戦力ではない」と判断されてしまうことが挙げられます。

したがって、事業会社の企画部門を目指す場合は、直接当該部門から入るのではなく、IT企画など「現時点でもっとも貢献できる領域」を生かして転職し、社内で実績を挙げてから異動する、というキャリアパスを視野に入れるような柔軟性も必要になります。

❖ 自分のキャリアを俯瞰的に捉えることが重要

いずれにせよ、会社が変わるということは、働き方や周囲の環境、さらには報酬まで、すべてが変わることでもあります。ITコンサルタントへのニーズは高いとはいえ、安易に転職を考えるのではなく、次の点についてきちんと自問自答し、コンサルティングと同様に自らのキャリアを俯瞰的視点から捉えて考える必要があります。

◎自分のキャリアを見つめ直す視点◎

- 転職先でやりたいことは明確か
- 転職先は、そこでなくてはならないのか
- 転職先での経験は、自身のキャリアゴールに近づけるものか
- 転職先で着実に成果を出し、貢献できるのか
- 転職先の環境や仕事は確実に楽しめるか

実際に転職を成功させた人々に共通しているのは、上記すべてにYESと答えられるか、仮にNOがあったとしても、最後の質問にだけは絶対的な自信をもってYESと言い切れる思い入れがあったという点です。

そのような想いをもって活躍できる人が増えれば、世の中からのITコンサルタントへの期待もさらに高まり、よい循環ができていくことになるでしょう。

用語集

数字・アルファベット順

●3PL（3rd Party Logistics）

荷主でも運輸業者でもない第三者的な事業主体（3rd Party）を活用した、物流における一括アウトソーシングサービスを指す。サービス提供主体である3PL事業者は、物流業務を中心に受発注業務や物流センター運営、流通加工などの周辺業務の運営やシステムの企画までを包括して請け負う。荷主は、物流関連コストを削減できるとともに、事業のコアである設計・開発・調達・製造・販売などの業務に自社の経営資源を集中させることが可能になる。

●CIM（Computer Integrated Manufacturing）

製造業で使われる設計情報や工程情報を統合し、生産性の向上を目指す生産管理システム。製品の組み立てや加工を自動化するFA（Factory Automation）から生産情報を収集し、生産計画と突き合わせることで効率のよい生産を行なう。現在では生産計画情報や販売情報も統合し、生産の上流から下流のデータを集約した製販統合システムとなりつつある。

●CISO（Chief Information Security Officer）

企業の情報セキュリティに関する最高責任者。コンピュータシステムのセキュリティ対策の計画や実行管理を中心に、CIO（Chief Information Officer）が兼任する場合もある。法務、人事労務、営業、研究開発など、企業の業務全域に渡っての機密情報や個人情報の管理なども担当範囲に含まれるため、本来は情報セキュリティの専任役員を置くことが望ましい。

●CSF（Critical Success Factors）

重要成功要因。企業が戦略を遂行するうえで決定的な影響を与える要素を指す。業界によってCSFは異なることが多く、戦略を立案するためには、業界のCSFと自社の能力とのギャップを把握することが重要である。たとえば、戦略実行レベルのCSFとしては、コンビニエンスストアの場合、立地条件やチェーン展開による経営ノウハウ、時間帯による柔軟な品ぞろえだが、ディスカウントストアの場合、商品の調達力やローコストオペレーション、顧客ターゲットの絞り込みになる。

●CSIRT（Computer Security Incident Response Team）

コンピュータセキュリティインシデント対応チーム。CISOの指示で設置され、情報セキュリティに影響を及ぼすインシデントの発生時に、影響範囲と重大性に基づいて招集され、迅速かつ効果的な対応を提供することを使命としている。CSIRTには、セキュリティインシデントを調査し適切な措置を講じるために必要な権限が与えられる。

● CTO（Chief Technology Officer）

最高技術責任者。企業において、技術戦略や研究開発計画を立案し実行する責任者である。企業の各部門が個別に技術開発をしていても、経営戦略に対して整合がとれていなければ、経営に寄与することはできない。CTOは、全社的な見地から、企業の各部門における技術開発戦略や研究開発内容を調整し、統一的なビジョンのもとに研究開発投資に対する効果の最大化を担う。

● CX（Customer eXperience）

顧客体験。企業が提供する製品やサービスについての顧客視点の体験を指す。製品やサービスの購入および利用時だけでなく、購入前の段階から購入後のサポート対応までの、カスタマージャニーのすべてをもとに顧客体験が形づくられ、心理や行動を左右する。顧客と企業とのあらゆるコンタクトポイントが、顧客体験の総体に影響を及ぼしているといえる。

● eラーニング

パソコンやインターネットを利用して学習すること。ネットワークを生かして遠隔地でも受講可能で、自分のペースで学習できるのが特徴である。また、動画などを活用した効果的な教材も提供されている。近年は、Webサイトを活用したWBT（Web Based Training）が普及している。

● IaaS（Infrastructure as a Service）

クラウドサービスの形態の1つ。サーバやネットワーク機器などのハードウェアがあらかじめ用意され、処理量の増加などに応じて増設できる環境である。従来のデータセンターにおけるホスティングに近いが、増設や運用が自動化されている点が異なる。

● IDS/IPS（Intrusion Detection System / Intrusion Prevention System）

侵入検知システム／侵入防御システム。IDSは、ネットワークを流れるパケットやサーバのログなどを監視して、外部からの不正アクセスを察知し、システム管理者に通知するシステム。管理者はリスクが顕在化する前に防御策を講じることができる。IPSでは、さらに、トラフィック遮断などの不正アクセス防御アクションを自動的に行なう。検知された内容について、いったん管理者の判断を要するものにはIDSが、対応のスピードが重視されるものにはIPSが適している。

●ITアーキテクト

企業の業務システムには、連続稼働できる高い信頼性や環境変化に耐えうる拡張性、柔軟性が求められる。ITアーキテクトは、これらの特性を向上させるために、数多くある技術の将来性や標準化の動向を見極めて適用を判断し、システムを実現する最適なアーキテクチャを設計する人材である。また、未熟な技術や製品については技術リスクを評価し、プロジェクトへの適用を支援する。

●ITコーディネータ

真に経営に役立つIT利活用に向け、経営者の立場に立った助言・支援を行ない、IT経営を実現する人材。経済産業省の推進資格として、2001年に制度化された。ITストラテジストやプロジェクトマネージャなどの情報処理技術者のほか、中小企業診断士や税理士などの経営に強い人材が認定されているのが特徴的である。

●ITスキル標準

各種IT関連サービスの提供に必要とされる能力を明確化・体系化した指標であり、産学におけるITサービス・プロフェッショナルの教育・訓練等に有用な「ものさし」（共通枠組）を指す（情報処理推進機構ウェブサイトより引用）。コンサルタントやITアーキテクトなど、11の職種について、レベル１から７までの基準が規定されている。大手ベンダーを中心に、人事考課制度やキャリアパスの設計に活用されている。

●KGI（Key Goal Indicator）

重要目標達成指標。企業活動における目標を定量的に評価する指標。企業における経営戦略の成果を表す指標として設定する。KGIとKPIの関係は、KGIが経営目標の達成を確認する指標に対して、KPIはKGIに至る過程を示す指標である。

●KPI（Key Performance Indicator）

「業績評価指標」もしくは、「重要業績評価指標」と訳される。目標を達成するための活動の進捗度を定量的に測定するための数値である。最終的な成果指標を表すKGIに対して、KPIは中間目標の位置づけにある。たとえば、「新規顧客の増加」という戦略の場合、KGIは「新規成約数」、KPIは「新規顧客への訪問件数」となる。

●MaaS（Mobility as a Service）

情報技術を活用し、電車やバス、タクシー、カーシェアリング、シェアサイクルなどさまざまな交通手段をシームレスに連携させ、あたかも一つのサービスのように提供すること。これにより、交通機関ごとに行なっていた予約や支払いをスマートフォン上のアプリケーションだけで一括で完結させたり、複数の交通機関を組み合わせた定額の乗り放題サービスが利用可能になったりすることが期待されている。

●PCF（Process Classification Framework）

APQC（American Productivity and Quality Center）によって開発されたベンチマーキングのためのフレームワーク。企業のほぼ全業務をカバーし、業務プロセス名を一覧化したものである。会計や人事など共通版のほか、自動車、銀行、通信、電力など、業界・業種版が提供されている。自社の現状業務と比較（ベンチマーキング）することで、不足している業務を明らかにすることができる。

●PMO（Project Management Office）

プロジェクトマネジメントを支援する組織。プロジェクトマネジメントに関するマニュアルや管理規定の整備、プロジェクトの進捗や品質の定点観測、トラブルを起こしたプロジェクトのレスキュー、プロジェクトマネージャーの育成などの役割を担う。

●QCD

Quality（品質）、Cost（コスト）、Delivery（納期）の頭文字をとったもので、企業活動のアウトプットを評価するフレームの1つ。この3要素は、たとえば、品質を高めようとするとコストや納期が延びるといった互いにトレードオフの関係にある。顧客満足度に直結する指標であるため、自社のターゲット顧客のニーズを最大限満たすよう、この3要素のバランスを最適化することが求められる。

●RFI（Request for Information）

調達や業務委託に先立って、調達条件や選定条件を取りまとめるために必要な基礎情報の提供を外部業者に要請すること、もしくは、要請内容をまとめた文書を指す。この文書をベンダーに提示することによって、一般に公開された情報だけでは入手しにくい製品アーキテクチャ、カスタマイズ容易性、スケーラビリティ、導入実績、業者のバックグラウンドなどに関する情報を網羅することができ、その後の業者選定、提案や見積もり依頼、交渉プロセスへの基礎固めをすることができる。

●RFID（Radio Frequency Identification）

微小な無線タグを使って、人やモノから識別情報を入手し管理するしくみ。バーコードに代わる技術として注目度が高く、JR東日本のSuicaなどの非接触カードで検札情報の管理を行なうなどの実用例も多い。また、食品をはじめ、すべての商品にRFIDタグが添付されることによるトレーサビリティ（追跡可能性）機能などに期待が高まっているが、導入コスト、現場状況（電波の状況など）による調整、精度、プライバシーなどの課題もある。

●RFP（Request For Proposal）

ユーザー企業がベンダーに提示する、情報システム導入などの提案依頼書を指す。RFPはユーザー企業側が作成し、ベンダーはRFPをふまえて提案書を作成しユーザー企業に提示する。情報システムの導入目的や調達方法、契約条件などをRFPに詳しく記述することによって、ベンダーが的確な提案書を作成しやすくなり、結果として、ユーザー企業によるベンダー選定や契約条件交渉の的確さにつながる。

●RPA（Robotics Process Automation）

機械学習などを活用したホワイトカラーの定型作業を自動化する技術。コンピュータ上の社内アプリケーションやインターネットブラウザ、Excelなど複数の画面にわたる業務操作を学習し、ソフトウェアロボットが人間と同じように操作して、月末の経理処理などの大量事務処理の効率化を実現する。開発スキルが不要でExcelのマクロ程度の知識で対応できるのが一般的である。

●SaaS（Software as a Service）

「サース」と読む。業務アプリケーションを、ネットワーク経由で配信しWebブラウザから利用するサービスモデル。アプリーション機能の変更が難しいASP（Application Service Provider）とは異なり、ユーザー自身によるカスタマイズ機能が提供されているのが特徴である。CRMの機能を提供するサービスの例として、Salesforceなどがある。

●SFA（Sales Force Automation）

営業支援を目的とした情報システムを指す。もともとは、離職率が高く個人間のスキルのばらつきが大きい営業部門において、営業プロセスを標準化し底上げを図る目的で導入された。今では、顧客管理（CRM）やデータベースマーケティング、ビジネスインテリジェンス（BI）などの機能も取り込まれ、営業活動の効率化やチームセリングをサポートする目的で導入されることも多い。

●SLA／SLM（Service Level Agreement／Service Level Management）

SLAは、利用者と提供者の間で、情報システムの運用サービスの内容や範囲、品質について合意した要求水準であり、その水準を達成できなかった場合のルールも含まれる。SLMは、SLAの内容が日常のサービス提供活動において適正に実行されているかを監視し、評価を通じて維持・改善を管理する活動を指す。

●SOW（Statement Of Work）

作業範囲記述書。システム開発やERP導入に際して、サービス範囲、実施期間、前提要件、ガバナンス条件などを明確に定義した文書。ベンダーがクライアントに提示する契約書の付属文書として扱われることが多い。Time & Material契約の場合は、各作業項目と時間単価、想定工数が、一括請負契約の場合は、想定成果物と提供価格が記載される。プロジェクト実行中は、コンサルタントとクライアントの双方の役割分担や責任分界点を確認する際の拠り所にもなる。

●TCO（Total Cost of Ownership）

コンピュータシステムの導入と維持・管理にかかる総費用の意味であり、「総所有コスト」と訳される。従来、システムのコストは初期投資額（導入費用）で議論されることが多かったが、今日では、導入後の維持・管理にかかる費用（システム保守・管理、ユーザー教育やサポートなどの費用）、システムダウンによる業務上の損失など、いわゆる「隠れたコスト」の占める割合が相対的に大きくなってきている。したがってシステム投資に際しては、TCOをベースに検討することが重要である。

●TQM（Total Quality Management）

QC（Quality Control）やTQC（Total Quality Control）は、品質改善活動をボトムアップ方式で実行するが、TQMは、トップマネジメントからその活動を浸透させる品質管理手法である。経営目標に品質改善や顧客満足度の指標を設定し、企業全体のプロセスを構築、運用、管理する。TQMは、日本の優れた日本型TQCを研究し考え出され、1980～90年代のアメリカにおいて多くの成功を収めた。

●UML（Unified Modeling Language）

ユーザー要求やソフトウェアの構造、機能について、図や記号を多用し表現するためのモデリング言語。曖昧さを極力排除し、言葉では表現しにくい時間的な遷移なども図で記述できるのが特徴である。UML2.0以降では、静的な側面を記述するクラス図やコンポーネント図、動的な側面を記述するアクティビティ図やユースケース図など13種類のダイアグラムが定義されている。

●UTM（Unified Threat Management）

統合脅威管理。ファイアウォール、IDP、ウイルス対策、スパイウエア対策など、複数の異なる脅威への防御機能を１つのハードウェアに統合し、セキュリティ管理を一元的に実現できるシステム。セキュリティ管理のコストや運用負荷を低減できるメリットがある。選定に際しては、各脅威への対策内容について、信頼性の高い最新機能が盛り込まれているかどうかを確認する必要がある。

●UX（User eXperience）

ユーザー体験。製品やサービスの利用者（ユーザー）の体験を指す。顧客と企業とのコンタクトポイントの1つひとつが、ユーザー体験を生み出している。たとえば、店舗で製品を購入する際の陳列や説明のわかりやすさ、Webサイトのユーザーインターフェイスのよさや決済手段の豊富さなどが、ユーザー体験に直接影響を与える。

●VoC（Voice of Customer）

お客様の声。主にコールセンターでのやり取りやアンケート調査を通じて、顧客の要望やクレームを直接ヒアリングすることにより、商品・サービスの改善、新企画の検討に役立てることができる。またSNSにおける「いいね!」や「リツイート」など、口コミの動向から貴重なVoCを取得することも可能である。

●WAF（Web Application Firewall）

「ワフ」と読む。Webアプリケーションの脆弱性を悪用した攻撃を検知し、防御するシステム。アクセス元とWebサーバとの通信（HTTP／HTTPS）の内容を監視して、Webアプリケーションへの攻撃を検出する。パターンマッチングによって不正なアクセスを見極め、通信をブロックすることで、Webサイトを保護することができる。

●xR

VR、AR、MRなどの総称を指す。「x」は未知数を示しており、「さまざまなリアリティ体験」という概念である。VR（Virtual Reality）は、「仮想現実」で、3Dや実写により、あたかも現実にその場にいるように感じさせる技術。AR（Augmented Reality）は、「拡張現実」で、現実の世界とデジタルを組み合わせて、人の知覚を拡張し新たな利用方法を生み出す技術である。MR（Mixed Reality）は、「複合現実」で仮想の世界と現実の世界を密接に融合させるものである。また、新しい現実の拡張方法としてSR（Substitutional Reality）「代替現実」という技術も登場している。SRは、仮想世界を現実の世界に置き換えて認識させてしまう技術で、現実とは違う事象を現実であるかのように認識させることができる。

50音順

●アーキテクチャ

システムの基本構造、性能や信頼性に大きな影響を及ぼす要素について、ソフトウェアの全体構造とそれぞれの部分を構成する要素間の関係を指す。アーキテクチャは開発効率や品質に大きな影響を与える。記述するための言語の研究も進んでおり、Wright（カーネギーメロン大学）、Acme（カーネギーメロン大学）、xADL（UCI）などがある。

●アグリゲーションサービス

アグリゲーション（aggregation）とは「集約する」「集合させる」といった意味をもつ英単語。アグリゲーションサービスとは、複数の企業が提供するサービスや複数のサイトの情報をまとめて、1つのサービスやサイトとして提供すること。特に、金融機関（銀行、証券会社、クレジットカードなど）やEC、ポイントサービスなどに分散している同一利用者の口座情報をオンラインで集約して提供することをアカウントアグリケーションと呼んでいる。

●アジャイル

「俊敏な」という意味であり、変化する要件に対し迅速・柔軟にシステム開発を進めること、また、その手法を指す。背景に従来手法への反省がある。開発対象を多数の機能に分割し、1つの反復で1機能を開発し、反復サイクルを繰り返して完成させる。具体的な開発手法として、エクストリーム・プログラミングが代表的である。

●インダストリー4.0（Industry 4.0）

「第四次産業革命」を指す。人や機械、パートナー企業などがデータを交換することで、製造工程や進捗情報などを共有し、製造プロセス革新、さらにバリューチェーンの変革や新たなビジネスモデルの構築を目指すコンセプト。2011年に、ドイツ政府が製造業の競争力強化と空洞化防止のための構想として国家プロジェクトを開始し注目された。

●ウォーターフォールモデル

もっとも古くからある開発モデル。要求分析、方式設計、ソフトウェア詳細設計、コード作成及びテスト、ソフトウェア結合及びソフトウェア適格性確認テスト、導入・運用の各作業工程を順に後戻りせずに進める。水が瀧を流れ落ちるように開発を進めることから、ウォーターフォールモデルと呼ばれる。全体が見通し易いという良さもあるが、一方で工程間のフィードバックが発生するソフトウェア開発作業の実情にそぐわない面がある。

● オムニチャネル

オムニ（omni）はラテン語で「あらゆる、すべての」という意味をもつ。顧客満足度の向上を図るため、ブランド認知から情報収集、購買にいたる一連の購買プロセスにおけるデジタルな顧客接点（PCやスマートフォン、タブレット、デジタルサイネージなど）やアナログな顧客接点（実店舗やTV、ラジオ、新聞、チラシなど）を統合し、シームレスな顧客体験を提供すること。

● オンプレミス（On-premises）

業務アプリケーションを、自社内（On-premises）で保有するコンピュータ上に導入して運用する形態を指す。略して「オンプレ」と呼ばれる。企業が、大型コンピュータやオフィスコンピュータを用いて業務アプリケーションを運用していた時代には、唯一の選択肢であったが、クラウドコンピューティングの普及、SaaSの提供機能の充実にともない、マーケットシェアをSaaSに奪われつつある。SaaSに比べ運用保守に手間がかかり、要員の確保が必要、初期導入やバージョンアップ時の費用負担が大きいなどの点で不利であるが、パフォーマンスやセキュリティレベルの要求度が高い企業では、引き続きオンプレミスが有利となっている。

● 国際会計基準（IFRS／International Financial Reporting Standards）

国際会計基準委員会が策定した世界共通の会計基準。現在では国際会計基準審議会が国際財務報告基準として策定している。ＥＵで全ての上場企業に適用されるなど、適用国は100カ国を超えている。日本の企業は、会計基準の選択を認められており、日本会計基準・米国会計基準・国際会計基準から選ぶことができる。国際会計基準の採用により、国外の投資家からも理解されやすく資金調達方法の多様化などメリットもあるが、適用までにかかる負担が大きいこと、また、個別財務諸表については、日本会計基準で提出が求められているため、変換が必要になるなどのデメリットもある。

● シェアリングエコノミー

遊休状態にある物や場所、人的リソースなどを多くの人と共有したり交換したりすることで新たな価値を生み出す社会・経済のこと。インターネットやスマートフォンの普及により、貸し手と借り手を容易に繋げることができるようになった。代表的な例としては自室の空き時間を他人に貸す民泊や自家用車に同乗させるライドシェアなどがある。

● 進化型プロトタイピング

プロトタイピングを利用方法の観点から分類したもの。作成したコード類が改訂／改良されながら、もしくは再利用可能な部品群として本システムで利用されるものを進化型という。一方、プロトタイピングのあと、実際に利用されるのはその仕様のみで、作成したコード類が捨てられる廃棄型もある。

●進化的モデル

要求を最初に明確に定義することが難しい場合に適用されるモデル。部分的に定義された要求から開発を開始し、後続する開発単位ごとに毎回要求を洗練し、本当に求めている要求に近づけていく。これを完成するまで続ける。開発単位ごとに、要求分析、方式設計、ソフトウェア詳細設計、コード作成およびテスト、ソフトウェア結合およびソフトウェア適格性確認テストを実施する。

●ゼロトラスト

クラウドコンピューティングやIoTの普及にともない、社内ネットワークと外部との接点を監視して対処する「境界型」の防御策だけでは、セキュリティの確保がむずかしくなっている。すべてのアクセス元を信用できない存在（ゼロトラスト）と想定し、要求ごとにきめ細かな信用性評価を行ない、信頼できるユーザー、デバイス、ネットワークであることを確認してITリソースへの必要最小限のアクセスを許可することで、安全性（ゼロトラストセキュリティ）が担保される。

●段階的モデル

要求をもとに、順序づけられた部分的な機能に分けて開発するモデル。最初は、要求のコア部分のみを開発し、次では要求の一部を追加し先に開発したものを含めて開発する。これを完成するまで続ける。優先度の高い順に適切な大きさの機能をリリ－スできるのが特徴である。要求分析や方式設計は、まとめて最初の１回のみ実施することもあり、その後のソフトウェア詳細設計、コード作成およびテスト、ソフトウェア結合およびソフトウェア適格性確認テストは、開発単位ごとに実施する。

●チェンジマネジメント

「どのように意識や仕事のやり方を変えるべきか」を社員ひとりひとりに浸透させることで、変化への抵抗を少なくして、改革を成功裡に導くためのマネジメント手法。ERPやSCMシステムの導入など、企業における大規模な業務改革を円滑に進めるために、経営トップ自らが明確なビジョンと新しい改革のあり方を示す必要がある。改革委員会やPMOを中心に、改革の目標や新業務プロセスを提示し、合意を形成しながら必要に応じてトレーニングを実施するなどの取り組みが重要となる。

●データウェアハウス

企業活動における売上金額や在庫数といった定量情報を蓄積して分析し、意思決定を支援するデータベースおよびシステム。たとえば流通業では、顧客の売れ筋情報や死に筋情報を分析し品揃えや新商品開発に利用されている。

●データレイク

DXの進展とともに急増する、企業を取り巻くさまざまな種類の大量データを生のまま格納するためのデータ管理基盤、いわゆるビッグデータの貯蔵庫（貯蔵湖）を指す。格納対象となるデータは、マスターデータ、計画系データ、業務トランザクションのほか、Eコマース取引やWebアクセス、SNS、メール、文章、音声、画像、動画、IoT関連の計測・制御データなど、幅広い。

●デジタルフォレンジック（digital forensics：デジタル犯罪捜査）

不正アクセスや機密情報漏えいなど、コンピュータやネットワーク関連犯罪の捜査手法や手順を指す。クラウドコンピューティングやモバイルデバイス、情報家電などを含むデジタルデータの収集と保全、サイバーセキュリティ技術などの幅広い知識に加え、法的手続きに関する知識も必要となる。公的機関に相談する以外に、民間の専門事業者に、証拠保全、解析、報告書作成の一連のサービスを依頼することもできる。

●トレーサビリティ

物品の流通経路を生産から最終消費あるいは廃棄の各段階まで追跡可能な状態を指す。不良品の原因追究などの品質管理、安全管理、グリーン調達、環境規制による製品回収などへの迅速対応に必要なしくみである。また、設計情報の変更履歴などに関する設計トレーサビリティも登場している。

●ナーチャリング（Nurturing）

企業の製品・サービスについて、まだ必要性の自覚をもっていない潜在顧客（Lead）に気づきを与え、見込み客（Prospect）化し、さらに継続的な双方向のコミュニケーションを通じて顧客（Customer）に育てあげるプロセスを指す。なお、潜在顧客そのものは、主にデジタルマーケティングをはじめとするマーケティング活動で発掘し、明らかに顧客とはなりえないセグメントや競合企業などを除外して認識されたMQL（Marketing Qualified Leads：マーケティング認定リード）が、ナーチャリング対象の候補となる。

●ビッグデータ

従来からあったデータウェアハウスをより高速化し、大量かつ幅広いデータを分析対象にできる技術である。Volume（量）、Velocity（頻度）、Variety（多様性）、つまり３Vに対応するという特性をもつ。Volumeは、流通業のPOSデータなど年に数億件にもなるようなデータ量に対応できること。Velocityは、株価の変動など現場で発生したデータを素早く取り込んで分析できること。Varietyは数値データだけではなくFacebookなどソーシャルネットワークサービスのログや画像、音声などのデータにも対応できることを意味している。

●フィンテック（FinTech）

Finance（金融）とTechnology（技術）を組み合わせた造語で、情報技術を活用し、既存の金融サービスに非連続的なイノベーションを生み出すものを言う。たとえば、銀行の店舗にて営業担当者と対面で行なっていた融資の申込を、オンラインでスマートフォンから申し込めるようにし、AIが自動的に融資の可否判断をして回答するといったサービスがある。

●ブロックチェーン

分散型ネットワークを構成する複数のコンピュータに暗号技術を組み合わせ、取引情報などのデータを同期して記録する技術。「分散型台帳」とも呼ばれ、ビットコインなどの仮想通貨（暗号通貨）に用いられる。取引データを一定時間ごとにブロック単位にまとめ、コンピュータ同士で検証し合いながら正しい記録をチェーン（鎖）のようにつないで蓄積するしくみである。

●ベストプラクティス

一般的には、最も優れた手法や方法の実践例の意味。データモデルや業務プロセスにおいて、世界で最も優れていると考えられるパターンを示す場合もある。

●マーケティングオートメーション（MA：Marketing Automation）

企業のマーケティング活動を自動化するツールやコンセプト。MAを使うことで、見込み顧客の情報収集や蓄積、興味や関心に合わせたメールの発信などの商談プロセスを自動化できる。また、Webサイトのアクセス履歴やメール内のリンクをクリックした反応などを蓄積、分析することで、マーケティング施策の改善につなげることができる。

●マクレランドの氷山モデル

心理行動学者のマクレランド教授が提唱したコンピテンシー理論を説明し

たモデル。業務に対する適性は、目に見える知識やスキルだけで測ることはできず、水面下に隠れている価値観や性格、行動特性の方が仕事の成果を大きく左右する、という考え方を分かりやすく氷山にたとえている。人材採用や育成において「望まれる人材像」を明確にする際に、氷山モデルがよく活用される。

●ユーザストーリーズ

アジャイルソフトウェア開発にて活用される要求抽出の手法である。完璧な要件定義書を作ることをやめ、ステークホルダーが集まって「ストーリー」を語るようにしたもの。ステークホルダー目線で簡潔に記述するために、たとえば、[ユーザー／顧客] として 、[目標] を達成したい 、なぜなら [理由] だから 、というようなフォーマットが用意されている。

●リーン（lean）

トヨタ生産方式（TPS：Toyota Production System）を基に、1980年代に米国で体系化された顧客への提供価値の最大化をはかるための思考方法や生産方式を指す。顧客の価値を定義し、顧客に至るバリューストリームの視点でムダを排除して業務を改善する方法は、製造業に限らず、あらゆる業種に適用でき、ムダなコストを低減させながら、同時に顧客の信頼を得ることが可能になる。

●リエンジニアリングモデル

リバースエンジニアリングとフォワードエンジニアリングを結合したシステム開発モデル。既存ソフトウェアを分析し上流の仕様情報を取り出しソフトウェア仕様を理解する（リバースエンジニアリング）。たとえばデータベースシステムの定義情報から、ERDなどで表現した設計書を生成する。これによって得られた知見に基づき、新しいシステムを再構築する（フォワードエンジニアリング）。

●ロボティクス（Robotics：ロボット工学）

ロボットを設計し制作するための工学的な研究を指す。機械工学、センサー技術や電子工学、ロボット制御プログラム作成のための情報工学など、さまざまな工学の知見が結集されている。ドローンやお掃除ロボット、RPAなどは、ロボティクスの具体的な成果であり、IoT、AIとの連携強化により自動運転システムを実現するなど、ビジネスや社会生活全般への応用、展開がますます期待されている。

INDEX

数字・アルファベット順

50音順

ア行

カ 行

サ 行

タ 行

ナ 行

ハ 行

マ 行

ヤ 行

ラ 行

ワ 行

著者一覧

井海　宏通（いかい　ひろみち）https://www.ikai.jp/
株式会社経営戦略オフィス代表取締役。中小企業専門の経営コンサルタント。システムエンジニア、財務コンサルタントを経て独立。事業再生と課題解決をテーマに沖縄で活動中。著書は『小さな会社のIT担当者になったら読む本』（日本実業出版社）ほか。中小企業診断士。

井形　元彦（いがた　もとひこ）
製造業にて生産管理・経営管理のシステム企画開発保守を経て、大学講師及び中小企業のITコンサルティングに従事、ISO監査・認証機関に所属。著書は、『地域活性化のための戦略的農業経営：概念データモデルによる創造的アプローチ』（千倉書房 共著）、『図解でよくわかる SEのための業務知識』（JMAM 共著）ほか。博士（学術）、技術士（情報工学）、ITコーディネータほか。

上野　健一郎（うえの　けんいちろう）
ITメーカーでSE、外資系ソフトウェアベンダーで技術コンサルティング、モバイルベンチャーでサイト制作・スマホアプリ開発などを経て、経営コンサルティングファームにてコンサルティング業務に従事。新事業企画・計画、DX化戦略、UX最適化、ビッグデータ活用、AI導入などを専門とする。

鈴木　伸一郎（すずき しんいちろう）
linkedin.com/in/shinichiro-suzuki-it-consultant-jp/
ITコンサルファーム、ERP/CRMベンダー、システムインテグレーター、サイバーセキュリティサービス、IT資格認定試験運営企業にて、システム提案・導入、マネジメントに従事。著書は『図解でよくわかる SEのための業務知識』『個人情報保護士認定試験公式テキスト』（いずれもJMAM 共著）、『ERPとビジネス改革』（日科技連出版社 共著）ほか。MBA、日本ITストラテジスト協会所属。

新田　龍（にった　りょう）https://wsiri.jp
働き方改革総合研究所株式会社代表取締役。労働環境改善支援と労務トラブル解決による企業のレピュテーション改善を手掛ける。各種メディアで労働問題についてコメントし、優良企業を顕彰する。『人生を無駄にしない会社の選び方』（日本実業出版社）など著書多数。厚生労働省ハラスメント対策企画委員。

森下　剛靖（もりした　たけやす）
エイドリームコンサルティング株式会社代表取締役。デロイト トーマツ コンサルティングの西日本オフィス統括パートナーを経て独立。経営戦略立案からIT化構想策定に至るコンサルティングを得意とし、25年のキャリアの中で140社250以上のプロジェクトに従事。経営学修士、システム監査技術者。

山口　透（やまぐち　とおる）https://mt-brain.jp
「経営とIT」のコンサルティングを提供する株式会社エムティブレイン代表取締役。中小企業向け社外CIOサービス提供中。著書は『生産性向上の取組み事例と支援策』（同友館 共著）、『IoTのしくみと技術がこれ１冊でしっかりわかる教科書』（技術評論社 共著）ほか。中小企業診断士、ITコーディネータ。

克元　亮（かつもと りょう）
SEやITアーキテクト、ITコンサルタントとして、約30年にわたりシステム開発やITソリューションの導入などに携わる。現在は、ソリューションの事業開発に従事。
SEのキャリア形成やスキルアップをテーマに、書籍や雑誌、Web記事を執筆。これまでに企画・執筆した書籍は24冊、累計発行部数は20万部を超える。
著書は、『「しきる」技術 誰にでもできる超実践リーダーシップ』『SEの勉強法』（いずれも日本実業出版社）、『SEの文章術【第二版】』『SEのプレゼン術』（いずれも技術評論社）、『図解でよくわかる SEのための業務知識』『個人情報保護士認定試験公式テキスト』（いずれもJMAM 共著）ほか多数。

経済産業省 情報処理技術者（システムアナリスト、プロジェクトマネージャ、システム監査技術者ほか）などの資格を保有。

katsumoto.ryo@gmail.com

新版（しんばん） IT（あいてぃ）コンサルティングの基本（きほん）

2009年4月1日　初版発行
2021年5月20日　最新2版発行
2022年5月20日　第2刷発行

編著者　克元　亮
発行者　杉本淳一

発行所　株式会社日本実業出版社　東京都新宿区市谷本村町3-29 〒162-0845
編集部 ☎03-3268-5651
営業部 ☎03-3268-5161　振替　00170-1-25349
https://www.njg.co.jp/

印刷／理想社　製本／若林製本

ISBN 978-4-534-05852-2　Printed in JAPAN